Naegele · Praxisbuch LRS

Ingrid Naegele

Praxisbuch LRS

Hürden beim Schriftspracherwerb
erkennen – vermeiden – überwinden

Ingrid Naegele, Lehrerin und Diplom-Pädagogin, hat viele Jahre das von ihr gegründete Institut für Lernförderung in Frankfurt/M. geleitet und war Lehrbeauftragte an der Goethe-Universität in Frankfurt/M. Sie entwickelte das Konzept der Frankfurter integrativen Psycho- und Lerntherapie FIT für Kinder und Jugendliche mit LRS.

Bei Beltz hat sie zahlreiche Fachbücher und Ratgeber zum Thema Lese-Rechtschreibschwierigkeiten veröffentlicht.

www.abc-netzwerk.de

Dieses Buch ist auch als E-Book erhältlich (ISBN 978-3-407-29310-7).

Das Werk und seine Teile sind urheberrechtlich geschützt.
Jede Nutzung in anderen als den gesetzlich zugelassenen Fällen
bedarf der vorherigen schriftlichen Einwilligung des Verlages.
Hinweis zu § 52a UrhG: Weder das Werk noch seine Teile dürfen
ohne eine solche Einwilligung eingescannt und in ein Netzwerk
eingestellt werden. Dies gilt auch für Intranets von Schulen
und sonstigen Bildungseinrichtungen.

© 2014 Beltz Verlag · Weinheim und Basel
www.beltz.de

Lektorat: Heike Gras
Herstellung: Lore Amann
Satz: Markus Schmitz, Altenberge
Druck: Beltz Bad Langensalza GmbH, Bad Langensalza
Umschlagabbildung: Foto Firle, Frankfurt/M.
Umschlaggestaltung: Sarah Veith
Reihengestaltung: glas ag, Seeheim-Jugenheim
Printed in Germany

ISBN 978-3-407-62844-2

Inhalt

Einstieg in die Thematik 11

Vorwort 15

1 Was müssen Lehrkräfte über LRS wissen? Grundlagen 21

    *1.1 Von der Legasthenie zu Lese-Rechtschreibschwierigkeiten:
Begriffe und Inhalte im historischen Kontext* 21
        Kurzer geschichtlicher Rückblick 22
        Wie werden in diesem Buch Lese-Rechtschreibschwierigkeiten (LRS)
definiert? 27

    1.2 Einstieg in die Problematik der LRS 29
        Problemskizze 29
        Welche Rolle spielt der Anfangsunterricht für das Entstehen von LRS? 31
        Was führt zu Lese-Rechtschreibschwierigkeiten? 31
        Wie gelangen Kinder zur kognitiven Klarheit? 32
        Welche sprachanalytischen Fähigkeiten brauchen Kinder
beim Lesen- und Schreibenlernen? 33
        Welche Folgerungen lassen sich für die schulische Förderarbeit ziehen? ... 35

    1.3 Deutsche Bildungspolitik und schulrechtliche Bestimmungen bei LRS ... 38
        LRS-Erlasse und -Richtlinien früher und heute 38
        Erlassliche Vorgaben und schulische Umsetzung 43
        Kritik an der deutschen Bildungspolitik 45

    1.4 Thesen zur Verhinderung von LRS 47
        Woran erkenne ich LRS? 48
        Was ist bei der Förderung zentral wichtig? 48

**2 Wie kann LRS festgestellt werden?
Lernstandsdiagnose mit und ohne Tests** 51

    2.1 Probleme bei der Feststellung von LRS 51
        David – ein Beispiel divergierender Diagnosen 53

    2.2 Wege zur Einschätzung von Schülerleistungen 54

    2.3 Methoden der Förderdiagnostik 55
        Beobachtung 56
        Gespräch 58
        Lernstandsanalysen 58
        Normierte Tests 59

  Von der Diagnose zum Förderplan 60
 2.4 *Exkurs: Ein Entwicklungsmodell des Schriftspracherwerbs* 60
  Erläuterungen und Beispiele 61

3 In welchen Bereichen brauchen Lehrkräfte Fachwissen? 67

 3.1 *Allgemeine Thesen zur Förderung* 67

 3.2 *Bedeutung des Spiels und des Spielens für Schülerinnen und Schüler mit LRS* 71
  Spielen – dafür haben wir keine Zeit! 71
  Spielen im Unterricht und in der LRS-Förderung 73
  Spiele helfen lesen lernen 74
  Argumente für Spiele im Unterricht 75
  Praktische Hinweise zum Spielen im Unterricht 76

 3.3 *Lesen lernt man nur durch Lesen!* 79
  Lese-Selbsterfahrungstests 79
  Lesenlernen als Problem 82
  Gründe für Schwierigkeiten beim Lesenlernen 83
  Lesen und Literacy 86
  Wie wird ein Kind zum Leser? 88
  Hilfen zur Lernstandsanalyse 89
  Hinweise zur Förderung 90
  Welche Lesetechniken helfen? 91
  (Lesepfeil, Kennzeichnungen von schwierigen Einheiten, Blitzlesen, Lesen mit Aufnahmegerät)
  Welche Lesetechniken sind kontraproduktiv? 93
  Hilfen für ältere Kinder mit Leseproblemen 94
  Wie kann die Lesekompetenz durch Lernstrategien verbessert werden? 94
  Allgemeine Hinweise und Kriterien zur Auswahl von Lesetexten 97
  Hilfen zur Auswahl von Lese-Übungsmaterial 98

 3.4 *Richtig schreiben lernt man nur durch Schreiben!* 100
  Handschrift und Schreiben 100
  Gründe für »schludrige« Handschriften 101
  Zusammenhang von Schreiben und Schrift 102
  Schreiben mit der Hand und mit Computern 103
  Linkshändigkeit als Problem? 104
  Julia und die Schreibhaltung 105
  Freies Schreiben mit lese-rechtschreibschwachen Kindern 106
  Fünf freie Schülertexte zu unterschiedlichen Fragestellungen 107
  Anmerkungen zur Arbeit mit freien Texten 113

 3.5 *Auf dem Weg zur Richtigschreibung* 117
  »Können Sie richtig r(R)echt-S(s)schreiben?« –
  Rechtschreibtests zur Selbsterfahrung 117

Rechtschreibung als Problem 119
Wie lautgetreu ist die deutsche Rechtschreibung? 120
Prinzipien der Orthografie 122
Folgen für die Lernenden 123
Was sind sinnvolle Übungen? 123
Problem Auslautverhärtung 124
Bedeutung des Fehlers 125
Umgang mit Schreibfehlern 127
Rolle von Diktaten in der Schulpraxis 128
Wie sieht förderliche Rechtschreibpraxis aus? 129
Zweifelhafte Übungsformen und Alternativen 129
Die Rolle von Struktureinheiten 130
Verwirrspiele in Übungsmaterialien 131
Verunsicherung aufgrund der Ranschburgschen Hemmung 133
NLP und kinesiologische Übungsformen 134
Wie kann die Rechtschreibsicherheit gefördert werden? 135
Gezieltes Üben häufig vorkommender Wörter 136

4 Welches metakognitive Wissen brauchen Kinder mit LRS? 141

4.1 Lern- und Arbeitstechniken bei LRS 141
Üben 143
Zeitplanung 144
Lernkrücken beim Schriftspracherwerb und Lösungsansätze 145
Techniken der Schreib- und Lesehaltung 145
Lesestrategien 146
(Lesepfeil, Blitzlesen)
Technik des Abschreibens und Überprüfens der eigenen Leistung 147
Die Arbeit mit Übungskarteien und Wortlisten 149
Kommentiertes Schreiben 149
Verfahren zur Bearbeitung freier Texte 150
Fazit 151

4.2 Fragen der Konzentration und Motivation 153
Mangelnde Konzentrationsfähigkeit – wie reagiert die Umwelt? 153
Erfahrungen aus der Beratungspraxis 155
Worüber klagen Kinder? 156
Wie kann die Schule zusammen mit dem Elternhaus helfen? 157
Wie lässt sich die Aufmerksamkeitsspanne erweitern? 158
Welche Verfahren eignen sich für den Unterricht? 158

4.3 Lernblockaden aufbrechen – Motivation schaffen 160
Wie können Lehrerinnen und Lehrer helfen? 161
(An Interessen ansetzen, Schreibanlässe schaffen, Blickrichtung
ändern, Kinder positiv stärken, Eltern einbeziehen, Grenzen erkennen)

5 Wie kann LRS im Anfangsunterricht vermieden werden? 163

5.1 Prävention durch frühe Förderung 164

5.2 Was ist im Anfangsunterricht zu beachten? 166

5.3 Wie kann der Entwicklungsstand im Lesen und Schreiben im Anfangsunterricht festgestellt werden? Einige Vorschläge 167
Erwerbsstufen und ihre Bedeutung in der förderdiagnostischen Arbeit 168
Welche Rolle spielt die Schrift im Anfangsunterricht? 168
Erfahrungen mit Schreibwerkzeugen 169
Wahl der Ausgangsschrift 170
Übergang von der Druck- zur Schreibschrift 171
Linkshändigkeit und Stifthaltung 172
Hilfen für Linkshänder 172

6 Wie können Kinder mit LRS in der Grundschule gefördert werden? 175

6.1 Klagen über unzureichende schulische Förderung 175
Rückblick 176

6.2 Förderung im Unterricht 177

6.3 Förderunterricht 178
Konzepte erfolgreichen Förderunterrichts 179
Elternarbeit 181
Anna, ein Beispiel für gezielte Förderung 181
Kontrolle des Übungserfolgs von Fördermaßnahmen 184

7 Wie kann älteren Schülerinnen und Schülern mit LRS geholfen werden? 187

7.1 Prinzipien und Organisation der Förderung 189

7.2 Förderunterricht 190

7.3 Elemente erfolgreicher Förderarbeit in der Sekundarstufe 191
Lesen 191
Schrift 192
Abschreiben 192
Verfassen von Texten 193
Rechtschreibung 193
Fremdsprachen 194
Lob, Ermutigung und Motivation 197
Roland – ein Beispiel für späte Fördermaßnahmen 197

8 Was können Lehrkräfte Eltern raten, um ihr Kind zu unterstützen? 201

- 8.1 Elternberatung ist Aufgabe der Schule 201
- 8.2 Welche Anregungen und Unterstützung benötigen Eltern für das Üben mit ihrem Kind? 202
- 8.3 Wie können Eltern die Rechtschreibung ihres Kindes fördern? 203

9 Was ist bei außerschulischen LRS-Therapien wichtig? 205

- 9.1 Problemskizze 205
  - Ausgangslage für eine außerschulische Therapie 207
- 9.2 Das Frankfurter integrative Therapiekonzept FIT 207
  - Prinzipien in der Förderung 208
  - Ziele von FIT 209
  - Die sechs Bausteine des FIT-Konzepts 209
  - Daniela – ein Beispiel für eine Beratung 210
  - Lisa – ein Beispiel einer Einzelförderung 214

10 Wie kann einem Kind bei drohendem Analphabetismus geholfen werden? 217

- 10.1 Eine verhängnisvolle Kette: Missglückter Schulstart – LRS – Analphabetismus 217
- 10.2 Daten zum Analphabetismus in Deutschland und weltweit (2011) 219
- 10.3 Lehrende und Lernende ohne kognitive Klarheit 220
- 10.4 Hilfe bei funktionalem Analphabetismus 222
  - Beispiel Clara: Wie sah die Intervention aus? 222

Anhang 226

- Kleines linguistisches Glossar 227
- Berichtsbogen Schriftspracherwerb 228
- Individueller Förderplan 235
- 10-Wörter-Test 237
- Wochenplan 238
- Häufigkeitswörter nach dem ABC 239
- Tipps zum Üben von Wörtern 240
- Meine Übungswörter 241
- Matrix für das Üben von Vokabeln 242
- Zu Hause üben – ein Elternbrief 243

Literaturverzeichnis 250

Einstieg in die Thematik

Liebe Leserin, lieber Leser,

in diesem Praxisbuch kommen an vielen Stellen Schülerinnen und Schüler direkt zu Wort, die während ihrer Schulzeit mit »besonderen Schwierigkeiten beim Lesen und Rechtschreiben« (Grundsätze der KMK 2003/2007) zu kämpfen hatten. Zum Einstieg berichten Tom und Christina im Rückblick von ihren Erfahrungen:

> **Beispiel**
>
> Ich war einer der Schüler, um die es in diesem Buch geht. Inzwischen habe ich das Abitur geschafft, bin allerdings nach der mittleren Reife wegen den Fremdsprachen und dem Ärger mit dem Vokabellernen [S. 194 in diesem Buch] auf ein Wirtschaftsgymnasium gewechselt. Nach einem Sozialpraktikum in einer Grundschule in Kapstadt habe ich das Studium der Geschichte und Philosophie aufgenommen. In Anbetracht der erheblichen Lese-Rechtschreibschwäche war dies alles damals ein utopischer Gedanke, auch dass ich je Deutsch als Leistungskurs wählen würde. Meine Abschlussprüfung im Deutsch-Leistungskurs legte ich mit 6 Punkten ab, was mich sehr glücklich stimmte. Der Rechtschreibabzug von 3 Punkten konnte mir diese Stimmung nicht vermiesen. Mein Zeugnisdurchschnitt von 2,5 war für mich nach meiner schwierigen Schulkarriere mehr als zufriedenstellend.
> Während meiner Schulzeit habe ich erleben müssen, wie unterschiedlich Lehrkräfte mit Schülern wie mir umgingen. Da war die tolle Deutschlehrerin in der 5. und 6. Klasse, die an mich glaubte, doch es gab andere, die einen als Sonderling oder gar Kranken behandelten. Wenn ich einen Rat geben darf: Es ist exorbitant wichtig, die Individualität der Schüler zu erkennen und dementsprechend richtig zu reagieren. Ein Kind mit LRS sollte nicht zusätzlich belastet werden, etwa durch Vorlesenlassen oder durch eine öffentliche Diskussion seiner Arbeiten. Mein Leseverhalten hat sich im Lauf der Jahre sehr verändert, und das Interesse an Literatur verschiedenster Art ist drastisch gestiegen, aber nach wie vor stellt sich bei mir – wie bei vielen anderen Ehemaligen – beim Vorlesen Nervosität ein und ich versuche, diese Situation zu vermeiden. Auch gebe ich Skripte nur dann aus der Hand, wenn ich sie mehrfach kontrolliert habe, denn so sicher fühle ich mich nicht mit der Rechtschreibung.
> Ich glaube nicht, dass ich mein heutiges Selbstbewusstsein und die schulischen Erfolge ohne therapeutische und mütterliche Unterstützung erreicht hätte, denn auf schulischer Seite erhielt ich keine gezielte Förderung. In den Therapiestunden durfte ich Fehler machen, was mich erleichterte, und die gemeinsamen Spiele und

wichtigen Gespräche halfen mir sehr. Langsam stieg mein Leseinteresse an, und die Fortschritte bei der Fehlerminimierung machten sich durch die tägliche Karteiarbeit bemerkbar. Meine heutige Arbeitsmoral ist stark von dem regelmäßigen Erarbeiten von Lösungsansätzen geprägt.

Hoffentlich helfen Ihnen die Informationen in diesem Buch, dass Ihre Schüler von Anfang an mit Erfolg lesen und schreiben lernen können!

Erinnerungen an meine Schulzeit

Christina, 25 Jahre, die heute beim Film arbeitet, hat zwei Jahre nach ihrem Abitur ihren ersten Science-Fiction-Roman mit über 300 Seiten fertiggestellt. Das hat sie geschafft, obwohl, wie sie schreibt, »mir bis zum Abitur die Lehrer sowie auch ich mir selbst nichts zutraute. Ich wusste aber schon immer, dass ich einmal Geschichten schreiben will«. Ohne die Unterstützung durch die Mutter, eine Einzeltherapie und Gespräche, Übungshinweise und vor allem Motivation zum Durchhalten hätte das kreative und begabte Mädchen das Abitur nicht geschafft. Hier Auszüge aus den Erinnerungen an ihre Schulzeit:

Beispiel

Ich glaube, für mich war die größte Schwierigkeit das fehlende Selbstbewusstsein. Ich war ein sehr schüchternes kleines Mädchen, und das bisschen Selbstbewusstsein, was ich hatte, wurde mir zur Hälfte genommen, nicht alles, denn so viel Stärke möchte ich den Lehrern auch nicht geben. Zum Glück wurde meine Legasthenie sehr früh entdeckt, und von da an versuchte ich mit meiner Mutter und mit Ihnen [der Autorin] zusammen dagegen anzugehen. Doch als Kind sieht man die Erfolge nicht, die sich vielleicht abgezeichnet haben, ich sah nur im Unterricht, was ich schon wieder nicht geschafft hatte.

Was ich nie begriffen habe, war das wenige Verständnis der Lehrer, das mit jedem Jahr geringer wurde, sich zwar unterschiedlich zeigte, aber leider ist mir kein Lehrer in Erinnerung geblieben, der an mich glaubte, dass ich es schaffen kann, bei dem ich das Gefühl hatte, gut aufgehoben zu sein [...]

Ich musste mich damit auseinandersetzen, dass ich in der Grundschule eher schlecht als recht lesen und keinen fehlerlosen Satz auf Papier bringen konnte. Ich erinnere mich, dass sich meine Lehrerin einmal zu mir setzte, nachdem alle Kinder draußen waren, und mich tröstete. Sie hat sich Zeit für mich genommen. Das war es, was ich brauchte: Verständnis, Zeit und vor allem, nicht vor der ganzen Klasse bloßgestellt zu werden. Uns mit Druck zum Lernen zu bringen, hat bei mir Angst ausgelöst, die bewirkte, dass ich alles vergaß, was ich wusste. [...]

Es hat mich sehr wütend gemacht, wenn Freunde und Mitschüler, sobald sie nicht so gut in einer Sache waren, als Ausrede benutzten: »Ich bin ein Fahrrad-Legastheniker.« Oder: »Ich bin ein Sport-Legastheniker.« Je mehr sie übten, umso besser wurden sie. Ich aber übte jeden Tag, habe brav meine Karteikästen durchgeackert. Da ich voll auf die Rechtschreibung fixiert war, musste der Rest auf der Strecke bleiben. Ich hatte schlicht und einfach keine Zeit dafür. Deshalb ließ ich früher alles von meinen Eltern vorschreiben. Es war zwar meist mein Text, doch sie schrieben ihn vor und ich ihn ab.

Ich dachte lange, Fehler sind gleichbedeutend mit schlechter Form und Ausdrucksweise, wie ich es immer wieder in der Schule hören musste.

Rückblickend kann ich sagen, dass mir leider die Schule das Gefühl gab, in allem, was nur im Entferntesten mit Sprachen zu tun hatte unbegabt zu sein. Wie sollte ich auch gut sein, wenn ich mich selbst für schlecht hielt?

Was mir sehr geholfen hat, ist die Liebe zu Büchern, auch wenn ich erst in der Oberstufe freiwillig zu lesen begann, denn Lesen galt für mich als Teil des Lernens. Inzwischen gehören Bücher zu meinen stetigen Begleitern und ich liebe es, in ihren Geschichten zu versinken. Mit dem Schreiben verhält es sich ein wenig anders. Die Angst, Fehler zu machen, ist noch nicht ganz verschwunden, aber sie hält mich vom Schreiben nicht mehr ab.

Im Rückblick ist es sehr schön zu sehen, dass die ganze Quälerei wirklich was gebracht hat!

Notizen

> Ich wehre gerne kein legasteniga. Dan konnte ich auf die Rejalschule gehen. Ich will auch mal ein Dietad one feler schreiben. Ich gehe gerehe zur Schule. Ich brauch bisen lenger um ein buch zu lesen alz andere. Erkan

Erkan, 10 Jahre

Vorwort

Liebe Kollegin, lieber Kollege,

mit dieser Veröffentlichung möchte ich Ihnen meine langjährigen Erfahrungen in der praktischen Arbeit mit Schülerinnen und Schülern mit Lese-Rechtschreibschwierigkeiten weitergeben. Mein Anliegen ist, erfolgreiche Fördermaßnahmen darzustellen und dabei das Bewusstsein für die Unterschiedlichkeit jedes einzelnen Kindes zu schärfen, dessen Gesamtpersönlichkeit immer im Mittelpunkt der Handlungsweise der Lehrkraft stehen sollte. Mein integrativer Förderansatz FIT hat vielen Schülerinnen und Schülern bei der Überwindung ihrer Probleme mit der Schriftsprache geholfen. Veranschaulicht wird das Konzept durch Texte und Äußerungen von Kindern und Jugendlichen sowie Fallbeispiele und praktische Beispiele aus meiner schulischen und therapeutischen Arbeit. Ergänzt werden die Selbstdarstellungen durch die Erinnerungen ehemaliger Schülerinnen, Schüler und Eltern.

So ist die obige kurze Selbstdarstellung des Viertklässlers Erkan sowohl unter inhaltlichen als auch formalen Aspekten interessant. Er kann seine Frustrationen als »legasteniga« schriftlich kommunizieren. Er schreibt viele Häufigkeitswörter normgerecht, nur die zwei ihn belastenden Begriffe schreibt er mit großem Anfangsbuchstaben und er orientiert sich bei Unsicherheiten noch an seiner türkischen Muttersprache.

Auf die häufigsten Fragen, die mir im Zusammenhang mit Hürden beim Schriftspracherwerb und bei Lese-Rechtschreibschwierigkeiten (abgekürzt als LRS) gestellt wurden, gehe ich in zehn Kapiteln ein und versuche sie auf der Grundlage neuerer sprachwissenschaftlicher und sprachdidaktischer Erkenntnisse zu beantworten. Im

Hinblick auf nach wie vor existierende Ungereimtheiten über den Schriftspracherwerb und seine methodisch-didaktischen Umsetzungen, sowie aufgrund der unterschiedlichen wissenschaftlichen Konzepte über LRS erscheint mir dies dringlich. Unter den vielen Begrifflichkeiten Legasthenie, Dyslexie, Lese-Rechtschreib-Schwierigkeiten/-Schwäche/-Störung/-Versagen habe ich mich für den von der Kultusministerkonferenz verwendeten Terminus Lese-Rechtschreibschwierigkeiten entschieden und begründe dies im Verlauf der weiteren Ausführungen.

Dieses Buch fußt auf meinen über 50-jährigen Erfahrungen mit Kindern und Jugendlichen mit LRS. Beruflich sind sie mir zunächst Anfang der 1960er-Jahre beim »home teaching« in den USA begegnet, dann während der neunjährigen Förderarbeit mit lese-rechtschreibschwachen Schülerinnen und Schülern von der 2. bis zur 7. Klasse in einer Frankfurter Schule, während der ich mein Förderkonzept entwickelte (Naegele 1994b, 2001b). Über 20 Jahre konnte ich anschließend in meiner lerntherapeutischen Praxis mithilfe meines Frankfurter Integrativen Therapiekonzepts FIT vielen Kindern und Jugendlichen helfen, ihr Selbstwertgefühl und ihre schriftsprachlichen Kompetenzen aufzubauen (Naegele 2001c). Parallel dazu war ich viele Jahre in der Lehrerausbildung an der Goethe-Universität in Frankfurt/M. Lehrbeauftragte für den Schriftspracherwerb, seine Hürden und das Thema Spielen in der Schule. Im Modellversuch EULE entwickelten Dieter Haarmann und ich zusammen mit vielen Lehrkräften Hilfen zur Förderung der mündlichen Kommunikationsfähigkeit in multinationalen Anfangsklassen in Form einer Sammlung an Spielen und Liedern: »Darf ich mitspielen?« (Naegele/Haarmann 1993). In der Lehrerfortbildung, auf Kongressen der Internationalen Lesegesellschaft IRA und des Goethe-Instituts vertrat ich diese Themen, manchmal zusammen mit Renate Valtin, der ich viele Erkenntnisse zum Schriftspracherwerb verdanke. Wir haben gemeinsam u. a. Handbücher zum Thema LRS im Beltz Verlag sowie Material für Kinder mit LRS bei Schroedel herausgegeben. An verschiedenen Stellen greife auf meine eigenen Veröffentlichungen zurück, ohne dies jedes Mal ausdrücklich zu kennzeichnen.

Lesen, Schreiben und Rechtschreiben sind komplexe Fertigkeiten, deren Aneignung einer Reihe von Kindern schwerer fällt als anderen – aus unterschiedlichsten Gründen. So werden bereits im Kindergartenalter, also vor dem Eintritt in die Schule, beim Sprechen, Malen, Erzählen, Geschichten hören oder Spielen mit Sprache die Voraussetzungen für einen erfolgreichen Zugang zur Schrift geschaffen. Kinder mit Migrationshintergrund ohne ausreichende Sprachkenntnisse oder aus schriftfernen Familien, denen diese Erfahrungen fehlen, sowie Kinder mit verzögerter Sprachentwicklung sind oft darauf angewiesen, dass im Anfangsunterricht durch auf sie abgestimmte, methodisch-didaktisch sinnvolle Lernangebote, gezielte individuelle Zuwendung und zusätzliche Zeit die unzureichenden oder fehlenden Lernvoraussetzungen für den Schriftspracherwerb ausgeglichen werden. Ansonsten ist ein positiver Zugang zur Welt der Schrift häufig verbaut.

Bei Lese-Rechtschreibschwierigkeiten geht es also zunächst um eine erwartungswidrige Entwicklung der Schriftsprache, ausgelöst durch fehlende oder unpassende Vorstellungen des Kindes über unser alphabetisches Schriftsystem, z. T. verstärkt durch unzureichende mündliche Sprachbeherrschung. Woher im Einzelfall die Verzögerungen kommen und wie sich diese auswirken, ist – wie bereits erwähnt – von Kind zu Kind sehr unterschiedlich und hängt von vielen Faktoren und Bedingungen ab (Valtin u. a. 2010, Tarelli u. a. 2012). Es gibt, wie Untersuchungen belegen, viele Kinder, die trotz eingeschränktem Seh-, Sprach-, Intelligenz- oder Bewegungsvermögen problemlos im Schulalltag lesen, schreiben und rechnen lernen.

Je früher geholfen wird, je früher Kinder kognitive Klarheit im Bezug auf die Schriftsprache entwickeln können (Sasse 2007), desto weniger droht Gefahr, dass sich aus einem Entwicklungsrückstand im Lernen ein ernstes, umfassendes Lern- und Verhaltensproblem entwickelt.

Im Verlauf der Jahre habe ich erleben müssen, dass es fast nichts gibt, was nicht als Ursache für Probleme beim Lesen, Schreiben und Rechtschreiben herhalten muss. Dazu wurden – und werden leider weiterhin – auf eine jeweils vermeintliche Ursache abgestimmte Maßnahmen und Materialien präsentiert, oft mit beeindruckenden Statistiken geschmückt, die letztlich in der Arbeit mit der Zielgruppe keiner Überprüfung standhalten. Das geht von speziellen Brillen oder Folien, Hör- und Blicktrainings, kinesiologischen oder ergotherapeutischen Übungen, Delfinstreicheln, Kneten, Rückwärtsbuchstabieren und Computerspielen bis hin zu homöopathischen Tropfen, Tees oder Beruhigungspillen aus der Apotheke (vgl. Suchodoletz 2003, Zangerle 2001). Auch hier gilt nach wie vor die alte Churchill'sche Weisheit »Trau keiner Statistik, außer du hast sie selbst gefälscht«.

Verfolgt man die Berichterstattung in den Medien in den letzten Jahren, so fällt eine Renaissance längst überwunden geglaubter medizinischer Erklärungsmuster für Probleme beim Lesen- und Rechtschreiblernen auf. Es wird wieder versucht, unterschiedliche Qualitäten an Schwierigkeiten herzustellen und aus diesen unterschiedliche Förderansprüche abzuleiten. Besonders aktiv sind die Kognitions- und Neurowissenschaftler, die mithilfe von bildgebenden Verfahren (z. B. funktionelle Magnetresonanztomografie (fMRT) und Computertomografie (CT)) sogar bereits Kleinkinder untersuchen. Als Begründung wird angeführt, dass man damit – lange vor dem Beginn des Lesen- und Schreibenlernens – eine eventuell später entstehende Legasthenie vorhersagen könne, damit »eine physisch nachweisbare Lernschwäche [...] die Krankenkassen in Zugzwang bringen [würde], sich an Therapiekosten zu beteiligen« (Rasmus 2012). Und dabei liegen inzwischen US-Daten über die Nebenwirkungen dieser Untersuchungsmethoden bei Kindern vor (Pearce 2012, Wang 2013).

Selbst für Fachleute wird es immer schwieriger und zeitaufwändiger, im Internet sachliche Informationen zwischen Werbung und Selbstdarstellungen zu finden, Tageszeitungen und Zeitschriften verunsichern betroffene Eltern, aber auch Lehrkräfte mit

Schlagzeilen wie z. B. »Gendefekt bei Legasthenie auf Chromosom 6«. Der Bildungsserver Innovationsportal behauptet allen Ernstes im Jahr 2013, »Legasthenie gilt heute als eine genbedingte Störung im Bereich des Lesens und Schreibens« mit defizitärer Raumwahrnehmung und akustischen Wahrnehmungsstörungen (Schraml 2013).

Trotz sinnvoller erlasslicher Vorgaben in den meisten Bundesländern werden immer noch unzureichende Rahmenbedingungen und fehlende oder zweifelhafte Fördermaßnahmen beklagt. Die internationalen Leseuntersuchungen IGLU (Internationale Grundschul-Lese-Untersuchung) und PISA (Programme for International Student Assessment) haben dies mehrfach beschrieben (z. B. Valtin u. a. 2010). Ebenso gibt es nach wie vor Kolleginnen und Kollegen, die aus Unkenntnis oder Hilflosigkeit Kindern und Jugendlichen die erlasslich vorgesehenen Hilfen verweigern. Andere sind der Meinung, dass das gute Abschneiden der Viertklässlerinnen und Viertklässler in Deutschland z. B. bei der IGLU-Erhebung 2011 eine zusätzliche Förderung der Lesekompetenz überflüssig macht. Dabei fällt die Gruppe der besonders leistungsschwachen – und damit förderbedürftigen – Schülerinnen und Schüler der Kompetenzstufen I und II mit 15,4 Prozent nach wie vor relativ groß aus (Tarelli u. a. 2012, S. 13). Und immer noch gibt es Pädagogen, für die »eine ärztlich bescheinigte Legasthenie« Vorbedingung für die Förderung ist, z. B. für die Teilnahme an einem LRS-Projekt mit Schüler der 5. bis 10. Jahrgangsklassen (Schraml 2013).

Daher scheint es mir wichtig, mit dieser Veröffentlichung pädagogisches Wissen über den Komplex Lese-Rechtschreibschwierigkeiten weiterzugeben, das Ihnen und Ihrem Kollegium u. a. sachadäquate Argumentationshilfen liefert gegen die zunehmende Vereinnahmung durch Medizin und Neurowissenschaften, deren Erklärungen oft eher geglaubt wird als pädagogischem Fachwissen.

Ich möchte dazu beitragen, dass Kolleginnen und Kollegen mit den notwendigen sprachwissenschaftlichen Grundlagen vertraut sind, über methodisch-didaktisches Wissen verfügen, Kompetenzen im Bereich der Persönlichkeits- und Motivationspsychologie haben und an die »Kraft der Kinder« glauben. Wie schrieb Comenius bereits 1657 in seiner Didactica Magna:

> *Tätigkeit soll durch Tätigkeit erlernt werden. [...] Deshalb soll auch in den Schulen Schreiben durch schreiben, Sprechen durch sprechen, Singen durch singen und Rechnen durch rechnen gelernt werden.* (Comenius 1971, S. 54)

Irene Gaskins, Leiterin der Benchmark School in Pennsylvania (USA), zieht nach 45-jährigem Engagement für Kinder mit LRS Bilanz. Sie fasst ihre Erkenntnisse für eine erfolgreiche Förderung in den folgenden Thesen zusammen:
- Entscheidend für Lernerfolge sind die Lehrkräfte, nicht die Materialien.
- Kinder bleiben aus vielen unterschiedlichen Gründen beim Schriftspracherwerb zurück.

- Kindern mit LRS zu helfen umfasst mehr als nur die Vermittlung des Lesens und Schreibens und die Bereitschaft, sich ständig weiterzubilden. Dazu gehört unerschütterlicher Glaube an das Kind, Geduld und Einfühlungsvermögen.
- Förderung braucht Zeit. Es gibt keine schnellen Lösungen. Das Aufarbeiten von Rückständen ist ein langwieriger, anstrengender Prozess, der am besten gelingt, wenn er auf einer fachwissenschaftlich begründeten Didaktik beruht.

(Gaskins 2005, S. 245)

Aufgrund meiner Erfahrungen in der Lehreraus- und -fortbildung sowie dem eigenem Leseverhalten habe ich mich beim Schreiben bemüht, dass die zehn Kapitel dieses Buchs einzeln gelesen werden können. Dabei gehe ich jeweils von einem kritischen Schülerkommentar und einer Analyse des Problems aus, stelle dann das Thema unter Einbezug der mir wichtigen aktuellen Literatur dar und entwerfe Handlungsmöglichkeiten.

Praktische Hilfen samt einer positiven Schülersicht und Hinweise auf vertiefende Literatur beschließen die einzelnen Kapitel. Auf der Produktseite zu diesem Buch unter www.beltz.de finden Sie außerdem zahlreiches Zusatzmaterial (Passwort: NAEGE_14).

> ALLE Bösen LEHRER SOLLEN Mit einem Blitz zerstört werden und Lieber werden. Sie sollen lieber werden und wenn ein Schüler es nicht versteht
>
> Mit Liebe und Geduld helfen, das es den Kindern in der Schule spaß macht. Und ich möchte ein guter Lehrer werden

Marc, 10 Jahre

Danksagung

Da es mir nicht möglich ist, alle aufzuzählen, von denen ich im Verlauf der vielen Jahre gelernt und mit denen ich zusammengearbeitet habe, möchte ich mich besonders bedanken bei
- den vielen ehemaligen Schülerinnen und Schülern,
- den Kindern und Jugendlichen und ihren Familien, denen ich im Verlauf vieler Jahre in meiner Praxis helfen konnte und deren Lebenswege ich zum Teil bis heute begleite; besonders danke ich den Ehemaligen, die sich in diesem Buch äußern; die Namen und Daten der Kinder sind – bis auf Einzelfälle – verändert worden,
- den Kolleginnen und Kollegen aus Schule, Hochschule und der außerschulischen Förderarbeit,
- Herrn Hahnemann und vor allem Frau Gras vom Beltz Verlag für ihr Engagement bei der Bearbeitung des aufwändigen Manuskripts mit den vielen Kindertexten,
- meinem Mann Klaus R. Zimmermann für die inhaltlichen Diskussionen und seine Unterstützung.

Zusammen mit den vielen an diesem Projekt Beteiligten hoffe ich, dass Sie in diesem Buch umsetzbare Anregungen für Ihre wichtige Arbeit finden und schließe mit einem Ausspruch von Marc, der lange unter seiner LRS und den negativen Reaktionen seiner Umwelt litt.

Frankfurt/M., Juli 2013   *Ingrid Naegele*

> Ich kann mich erinnern, dass ich einen Test in der 1. Klasse zur Feststellung der Legasthenie machte, weil ich Probleme mit dem Lesen- und Schreibenlernen hatte. Ich wurde gefragt, wo links und rechts ist. Diese Frage habe ich falsch beantwortet. Aber die Lehrer wollten sie nicht anerkennen. Deshalb wechselte ich die Schule.

Isabella, 18 Jahre

1 | Was müssen Lehrkräfte über LRS wissen? Grundlagen

1.1 | Von der Legasthenie zu Lese-Rechtschreibschwierigkeiten: Begriffe und Inhalte im historischen Kontext

Damit der heutige Stand der Diskussion um Probleme beim Schriftspracherwerb und seine Auswirkungen auf die Schulpraxis und das einzelne Kind nachvollzogen werden kann, muss man einen Blick auf seine Geschichte werfen. Anhand kurzer Zitate aus Wissenschaft, Schulpraxis und Schulverwaltung soll gezeigt werden, wie versucht wurde, die Ursachen für gravierende Schwierigkeiten beim kindlichen Erwerb der Schriftsprache aus unterschiedlichen Blickwinkeln zu erklären, wie ministerielle Erlasse darauf reagiert haben und welche Förderansätze daraus abgeleitet wurden.

Obwohl kein Aspekt schulischen Lernens in den letzten 130 Jahren so gründlich erforscht und beschrieben wurde wie Probleme beim Schriftspracherwerb, gibt es bis heute weder Einhelligkeit über die Ursachen noch über die zu empfehlenden Maßnahmen zur Vermeidung oder Behebung. »Die pädagogische, psychologische und medizinische Forschung auf diesem Gebiet ist kontrovers und hat viele Fragen nicht abschließend geklärt«, hält die KMK in ihren LRS-Grundsätzen 2003/2007 fest (S. 38). Dies liegt unter anderem daran, dass sich neben der für den Schriftspracherwerb zuständigen Spracherwerbsforschung, der Fachdidaktik und der Entwicklungspsychologie auch viele andere Wissenschaftszweige mit diesem Phänomen beschäftigen und es aus ihren jeweils unterschiedlichen Blickwinkeln zu erklären und zu lösen versuchen. So werden Lehrkräfte und Eltern heute mit einer Fülle an Bezeichnungen konfrontiert, die im Zusammenhang mit Problemen beim Lesen, Schreiben und Rechtschreiben verwendet werden: z. B. Legasthenie, Dyslexie, Lese-Rechtschreibschwäche, Lese- und Rechtschreibstörung, isolierte Rechtschreibstörung, Wahrnehmungs-, Teilleistungsstörung. Mit der Wahl des Begriffs soll häufig eine bestimmte Teilgruppe oder Ursachenvermutung hervorgehoben und von anderen abgegrenzt werden.

Kurzer geschichtlicher Rückblick

Ausgangspunkt der wissenschaftlichen Auseinandersetzung waren Ende des 19. Jahrhunderts die Beobachtungen von Medizinern, dass einzelne Erwachsene nach Hirnverletzungen Ausfälle z. B. beim Lesen und Schreiben zeigten. Analog zu den erworbenen Störungen der Erwachsenen fanden sie auch Kinder, die scheinbar unfähig waren, das Lesen und Schreiben zu lernen.

Der Begriff »Legasthenie« wurde 1916 von dem ungarischen Mediziner und Psychiater Paul Ranschburg eingeführt und 1928 wie folgt definiert:

Leseschwäche bedeutet [...] eine nachhaltige Rückständigkeit höheren Grades in der geistigen Entwicklung des Kindes, sich äußernd in der Unfähigkeit, im Alter von 6 bis 8 Jahren oder auch darüber hinaus eine derart genügende Geläufigkeit des mechanischen Lesens anzuzeigen, welche die Vorbedingung eines erträglichen Verständnisses des Gelesenen wäre. [...] Mit der Leseschwäche geht ohne Ausnahme eine entsprechend hochgradige Schwäche des Diktat- und Kopfschreibens einher.
(Ranschburg 1928, S. 88–89)

Im Gegensatz zu der von ihm unterschiedenen therapieresistenten infantilen Leseblindheit (Alexie) des normalbegabten Kindes hielt er die Leseschwäche (Legasthenie) aber für heilbar.

Mit einer Verspätung von 2 bis 4 Jahren, mitunter auch noch später, tritt in allen Fällen von Leseschwäche, selbstredend unter stetiger pädagogischer Einwirkung und zumeist in einer deutlichen Abhängigkeit von der Qualität und Intensität derselben, dennoch die zum mindesten erträgliche, d. h. ein praktisch verwertbares Leseverständnis gestattende Lesereife ein. (Ranschburg 1928, S. 89)

In seinem Band »Die Lese- und Schreibstörungen des Kindesalters« (1928) fasste Ranschburg Arbeiten auf diesem Gebiet zusammen, entwickelte diagnostische Verfahren, überprüfte verschiedenen Lese- und Schreiblernmethoden auf ihre Effektivität und stellte medikamentöse Behandlungsmöglichkeiten vor. Für ihn galt jedoch:

Unserer Erfahrung nach führt eine einseitige medizinische Therapie [...] nicht zum Ziele. Stets muß der eigentliche heilende Faktor die in die richtigen Wege in richtiger Weise geleiteter Übung der Funktion sein, also der heilpädagogische Unterricht.
(Ranschburg 1928, S. 299)

Aufgrund des Verständnisses von »Legasthenie« als Lese- und Schreibschwäche bei Minderbegabten galten massive Probleme beim Schriftspracherwerb im deutschsprachigen Raum lange Zeit als Problem der Sonderschule und rückten erst nach dem Zweiten Weltkrieg durch das Bekanntwerden angelsächsischer und dänischer Veröffentlichungen in das Aufgabengebiet der Normalschule.

Die Schweizer Psychologin M. Linder definierte 1951 Legasthenie im Gegensatz zu Ranschburg:

Unter Legasthenie verstehen wir demnach eine spezielle und aus dem Rahmen der übrigen Leistungen fallende Schwäche im Erlernen des Lesens (und indirekt auch des selbständigen orthographischen Schreibens) bei sonst intakter oder (im Verhältnis zur Lesefähigkeit) relativ guter Intelligenz.
(Linder 1951, S. 100)

Für Linder war Legasthenie eine Teilleistungsstörung intelligenter Kinder, erkennbar an typischen Verwechslungsfehlern spiegelbildlicher Buchstaben, den Reversionen[1]. Linder schließt zusätzlich jene Kinder aus,

[...] deren Schwäche auf allgemeinen Schwachsinn, offensichtliche Seh- und Gehörstörungen, mangelnde Übung infolge von Krankheit und Fehlen in der Schule oder auf ungewöhnliche Schulumstände [...] zurückgeführt werden konnte.
(Linder 1962, S. 13)

Als Ursachen nahm sie und in der Folge vor allem Schenk-Danzinger Funktionsschwächen in der visuellen Wahrnehmung, der auditiven Differenzierung und der visuomotorischen Koordination an.

Wir wollen den Begriff der Legasthenie nicht undifferenziert auf alle schlechten Rechtschreiber anwenden, sondern nur auf solche, die in den ersten Schuljahren unter den

---

[1] Was sich in der Folge nicht halten ließ, da solche Vertauschungen viele Schulanfänger auf einer sehr frühen Stufe des Schreibenlernens machen, wenn sie noch nicht die Bedeutung der Lage der Buchstaben im Raum begriffen haben.

zahlreichen Fehlern im Lesen und Rechtschreiben auch solche symptomatischer Art machen. (Schenk-Danzinger 1975, S. 76 f.)

Diese Diskrepanzdefinition Linders – schlechte Lese- und Rechtschreibleistung bei mindestens durchschnittlicher Intelligenz – prägte die Forschung und das öffentliche Bewusstsein lange Zeit und hatte zur Folge, dass bis in die 70er-Jahre des letzten Jahrhunderts hinein weniger »Intelligenz-Test«-begabte lese- und rechtschreibschwache Kinder von speziellen schulischen Fördermaßnahmen und Erleichterungen ausgeschlossen blieben.

Der Wechsel vom *medizinischen Krankheitsbild* »Legasthenie« zum *Lernproblem LRS* fand in den 70er-Jahren statt, weil die Ergebnisse von Langzeitbeobachtungen und großen empirischen Untersuchungen die zentralen Annahmen des klassischen medizinischen Legastheniekonzepts widerlegt hatten (z. B. Valtin 1975/2006, 2001a, Scheerer-Neumann 1979, 2001, Weber/Marx/Schneider 2001). Zudem konnten Förderkonzepte mit Wahrnehmungs- oder Funktionsübungen keine Verbesserung der Lese- und Schreibfertigkeiten nachweisen.

Wesentliche Versäumnisse der Legasthenieforschung hatten in der Vernachlässigung der konkreten schulischen Lernbedingungen gelegen, im Mangel an Kenntnissen über Methodik und Didaktik des Lesens und Schreibens, in ihrer Zentriertheit auf das Kind und in ihrer willkürlichen Festsetzung bei der Definition zwischen den Leistungen in Lesen, Rechtschreiben sowie anderen Lernbereichen einerseits und einem bestimmten Intelligenzquotienten andererseits. Dazu vier Zitate von Kritikern des medizinischen Legastheniekonzepts:

Fehlleistungen im Lesen und Rechtschreiben bei Kindern beruhen [...] auf Fehlleistungen des Lernprozesses. Die heute angewandten Leselern- und Rechtschreiblernmethoden beinhalten Legasthenie verursachende Faktoren. (Sirch 1975, S. 12)

Der Legastheniebegriff ist weder wissenschaftslogisch noch begriffstheoretisch haltbar. Es gibt keine Anhaltspunkte dafür, wie sich Legasthenie als eigenständiges Persönlichkeitsmerkmal bzw. als Konstrukt etablieren ließe. Legasthenie ist eine Leerformel. (Schlee 1976, S. 135)

Unabhängig von der Intelligenz bereitet Kindern, die Mühe haben, das Lesen und Schreiben zu erlernen, die Aneignung der phonologischen Rekodierung zur Zuordnung von Sprache und Schrift die größte Mühe [...] Ähnliches [gilt] für den Unterricht bzw. für spezielle Fördermaßnahmen. Auch hier ist kein empirischer Beleg dafür vorhanden, dass Legastheniker, also lese-rechtschreibschwache Kinder mit durchschnittlicher oder guter Allgemeinbegabung, andere Fördermaßnahmen benötigen als andere lese- und schreibschwache Schüler. (Klicpera/Gasteiger-Klicpera 1995, S. 216 f.)

Die Evaluationsforschung im Bereich der Förderung bei Lese-Rechtschreib-Schwäche hat eindeutig gezeigt, dass isolierte »Funktionsübungen« (z. B. Training der visuellen Wahrnehmung) keinen Effekt auf die Lese- und Rechtschreibleistungen haben. [...] Am effektivsten sind Lese- und Rechtschreibtrainings, die unmittelbar am Problem ansetzen, klare Handlungsanweisungen geben und Lernstrategien vermitteln. Als flankierende Maßnahme ist eine emotionale Unterstützung notwendig, die das Selbstbewusstsein und die Leistungsmotivation stärkt. (Scheerer-Neumann 2008a, S. 270)

In der Folge richtete die Schriftspracherwerbsforschung den Schwerpunkt auf die Prozesse des Lesen- und Schreibenlernens mit dem Ziel, den Schriftspracherwerb so störungsarm wie möglich zu gestalten. Die Erkenntnisse der pädagogisch-sprachwissenschaftlichen Forschung belegen, dass die Hauptauslöser für LRS nicht kindliche Defizite, mangelnde Merkfähigkeit oder Teilleistungsstörungen, sondern fehlende sprachlich-kognitive Entwicklungsschritte sowie gezielte Förderung sind (Valtin 2001a).

»Die Befürworter einer (neuropsychologisch gefassten) Legastheniekategorie [...]«, so beklagt Bühler-Niederberger (2006, S. 28), »publizieren noch immer die alten Ergebnisse, denen sie gelegentlich neue hinzufügen, und gehen kaum oder gar nicht auf die falsifizierenden Befunde und methodenkritischen Diskussionen ein. Im Zuge des allgemeinen Aufschwungs ›naturalisierender‹ Erklärungen menschlichen Verhaltens haben zurzeit auch Untersuchungen Konjunktur, die die Ursache im Gehirn oder in den Genen suchen, und erbringen sie keine schlüssigen Ergebnisse, so werden Hinweise doch immerhin als ›strong evidence‹ interpretiert, und damit bleibt die Grundkonstruktion der Katagorie erhalten«.

Der Begriff »Legasthenie« wird seit 1978 wegen seines von der Medizin geprägten Bedeutungsgehalts von der Kultusministerkonferenz für den schulischen Raum nicht mehr verwendet und wurde durch die wenig griffige, aber präzisere Bezeichnung »besondere Schwierigkeiten beim Lesen und Rechtschreiben« ersetzt. Schrittweise hielt in die schulischen Erlasse die Erkenntnis Eingang, dass es sich bei LRS um ein Lernproblem und nicht um eine Krankheit handelt, bis Bayern (1999) und das Saarland (2009) wieder zur medizinischen Sicht von Legasthenie zurückkehrten.

Selbst die Weltgesundheitsorganisation verzichtet inzwischen auf die Begriffe Legasthenie und Teilleistungsstörung in ihrer Klassifikation psychischer Störungen:

F81.0 Lese- und Rechtschreibstörung: Das Hauptmerkmal dieser Störung ist eine umschriebene und eindeutige Beeinträchtigung in der Entwicklung der Lesefertigkeiten, die nicht allein durch das Entwicklungsalter, durch Visus-Probleme oder unangemessene Beschulung erklärbar ist. Das Leseverständnis, die Fähigkeit, gelesene Wörter wiederzuerkennen, vorzulesen und die Leistungen bei Aufgaben, für welche Lesefähigkeit benötigt wird, können sämtlich betroffen sein. Mit Lesestörungen gehen häufig Rechtschreibstörungen einher. Diese persistieren oft bis in die Adoles-

zenz, auch wenn im Lesen einige Fortschritte gemacht wurden. Kinder mit einer umschriebenen Lese- und Rechtschreibstörung haben in der Vorgeschichte häufig eine umschriebene Entwicklungsstörung des Sprechens und der Sprache. [...] Zusätzlich zum schulischen Misserfolg sind mangelhafte Teilnahme am Unterricht und soziale Anpassungsprobleme häufige Komplikationen, besonders in den späteren Hauptschule- und den Sekundärschuljahren. (Dilling et al. 2008, S. 298)

Unzureichende konsequente Förderung aller Kinder mit Schwierigkeiten beim Schriftspracherwerb sowie unzulängliche Mittelzuweisung für die Durchführung schulischer Differenzierungs- und Fördermaßnahmen haben das Wiederaufleben medizinischer, vor allem neuropsychologischer und genetischer Erklärungsmuster begünstigt. Seit 1999 werden im bayerischen LRS-Erlass wieder unterschiedliche Qualitäten von Lese-Rechtschreibschwierigkeiten mit jeweils besonderen Ursachenvermutungen und entsprechend unterschiedlichen Behandlungsformen festgelegt:

Legasthenie ist eine Störung des Lesens und Rechtschreibens, die entwicklungsbiologisch und zentralnervös begründet ist. Die Lernstörung besteht trotz normaler oder auch überdurchschnittlicher Intelligenz und trotz normaler familiärer und schulischer Lernanregungen. Die Beeinträchtigung oder Verzögerung beim Erlernen grundlegender Funktionen, die mit der Reifung des zentralen Nervensystems verbunden ist, hat demnach biologische Ursachen, deren Entwicklung lange vor der Geburt des Kindes angelegt oder durch eine Schädigung im zeitlichen Umkreis der Geburt bedingt ist.
(Bayerischer Erlass 1999, S. 381)

Aus den vielen kritischen Stellungnahmen (z. B. Brügelmann 2000, Bühler-Niederberger 2006, Valtin 2009c) zitiere ich Scheerer-Neumann, die aufgrund ihrer Forschungen feststellt, dass

[...] zahlreiche wissenschaftliche Untersuchungen der letzten Jahre erwiesen haben, dass das Konstrukt »Legasthenie« in der oben definierten [...] Form nicht brauchbar ist, weil zwischen den so definierten Gruppen keine Unterschiede bei den Problemen im Schriftspracherwerb bestehen (auch nicht in den Fehlertypen) und es ebenso keine spezifischen Interventionsverfahren gibt, die optimal nur Legastheniker (nach Diskrepanzdefinition), nicht aber Lese-Rechtschreib-Schwache fördern. [...] Stattdessen wird die Notwendigkeit gesehen, jedes Kind mit Schwierigkeiten beim Schriftspracherwerb als Einzelfall zu würdigen und für eine optimale Förderung den Entwicklungsstand, die individuellen Schwierigkeiten, vorhandenen Lernstrategien etc. zu berücksichtigen. (Scheerer-Neumann 2003a, S. 40)

Es bleibt zu hoffen, dass die Grundlagen des Schriftspracherwerbs und deren Förderung wegen der besonderen Bedeutung für alles Lernen noch mehr ins Zentrum der

Aufgaben der Schule rücken und die Lehrkräfte entsprechend qualitativ ausgebildet werden, denn Schülerinnen und Schüler mit LRS brauchen

> *[...] viele Phasen intensiver Instruktion, in denen sie beim Erwerb bestimmter Qualifikationen direkt angeleitet werden und sie brauchen ausreichend Zeit und Gelegenheit, das einmal Erlernte durch systematisches Üben zu sichern.*
> (Schründer- Lenzen 2007, S. 200)

Die Versuche der Hirnforschung, neurophysiologische Erklärungsansätze aus Beobachtungen von Hirnaktivitäten direkt auf pädagogische Fragestellungen zu übertragen, um daraus Konsequenzen für das Lernen abzuleiten (Spitzer 2003), müssen kritisch gesehen werden, denn »Lernen lässt sich nicht auf Hirnfunktion reduzieren. Das Wissen um die Biochemie des Hippocampus nützt den Lehrern im Klassenzimmer wenig« (Stern 2003). Zunehmend kritisch setzen sich Wissenschaftler mit den Grenzen der Aussagefähigkeit aus den mit bildgebenden Verfahren gewonnenen Informationen auseinander (Satel/Lilienfeld 2013).

Wie werden in diesem Buch Lese-Rechtschreibschwierigkeiten (LRS) definiert?

Da wie ausgeführt der Begriff »Legasthenie« in der Vergangenheit als »krankheitsähnliches Phänomen« besetzt ist und dadurch viele Kinder negativ etikettiert werden, wird in diesem Buch die von der KMK und im schulischen Umfeld verwendete Bezeichnung LRS für Lese-Rechtschreib*schwierigkeiten* übernommen.

> *Die Bezeichnung Lese-Rechtschreibschwierigkeiten (LRS) anstelle von »Störung« oder »Schwäche« vermeidet eine Ursachenzuweisung an Defekte im Kind und deutet auf das dynamische Wechselspiel von individuellen, häuslichen und schulischen Faktoren bei der Entstehung von Lese-Rechtschreibschwierigkeiten.* (Naegele/Valtin 2001a, S. 11)

LRS ist ein Sammelbegriff für eine Vielzahl von Problemen, die Schülerinnen und Schüler beim Erlernen des Lesens und Schreibens oder später beim Gebrauch der Schriftsprache haben können. Die Gründe für die Schwierigeiten sind im Einzelfall sehr unterschiedlich und meist komplex. So können z. B. schulische und unterrichtsspezifische Belastungen, ungünstige individuelle Lernvoraussetzungen – wie z. B. sprachliche Auffälligkeiten –, die familiäre Situation, seelische Belastungen die Ursache oder deren Folge sein.

Isabella, die wie auf S. 21 beschrieben seit der 1. Klasse unter der »Krankheit Legasthenie« litt, wechselte noch mehrmals die Schule auf der Suche nach gezielter Förderung. Ordner voller Übungsblätter aus einem Legasthenie-Training zeugen von ihrem frühen Kampf gegen Windmühlen:

> Ich erinnere mich, dass ich immer vorgegebene Übungsblätter auszufüllen hatte, erst mit Bildern, dann mit Buchstaben. Ich wurde immer unsicherer, weil ich z.~B. ee-eh-e oder f-ff-pf oder d-t in Wortlücken einsetzen sollte, obwohl ich die meisten Wörter nicht kannte und mir keine Lösung gegeben wurden.

Isabella, 18 Jahre

Manuel, 12 Jahre

Jonas, 13 Jahre

Einstieg in die Problematik der LRS | 1.2

Problemskizze

Der Tagebucheintrag von Jonas, einem 13-jährigen Realschüler, zeigt die Verzweiflung und Resignation als Folge seiner schulischen Probleme. Schlimmer noch: Aufgrund dieser perspektivlosen Situation will er nicht mehr leben.

Es ist alarmierend und bedrohlich, wenn jährlich fast 20 Prozent der 15-jährigen Schülerinnen und Schüler (Ergebnis PISA 2009) in Deutschland ohne ausreichende Lese- und Schreibkompetenz die Schule verlassen und kaum Chancen auf dem Arbeitsmarkt sowie an der Teilhabe am kulturellen und gesellschaftlichen Leben haben werden. Viele Schülerinnen und Schüler versagen, weil unser deutsches Schulsystem nicht in der Lage ist, den Anfangsunterricht in der Grundschule, also das Fundament der Bildung, inhaltlich und personell so zu verbessern, dass alle Kinder einen positiven Zugang erhalten.

Während Schulen für positive Leistungen ihrer Schülerinnen und Schüler gern Verantwortung übernehmen – so das Ergebnis der Fragebogenerhebung bei Schulleitungen und Lehrkräften zu IGLU (Internationale Grundschul-Leseuntersuchung) 2001 –, wird in Deutschland nur selten »das Schulversagen eines Schülers oder einer Schülerin als ein Problem der Lehrkraft oder der Schule betrachtet«, obwohl »schwierige Schülerinnen und Schüler, Lernprobleme, Defizite, Unterschiede in Begabungen,

Fähigkeiten und Interessen [...] Herausforderungen an die Professionalität des Lehrpersonals« sein müssten (Lankes u. a. 2004, S. 43). Ähnliches berichtet die Schulleiterin Kirschner in ihrem Abschlussbericht über vier Jahre Beratungsarbeit in einem hessischen Modellversuch. Sie beschreibt, wie Lehrkräfte Eltern für Lernschwierigkeiten oder Verhaltensauffälligkeiten ihrer Kinder verantwortlich machen, statt ihre eigene Beteiligung oder die der Mitschüler zu sehen. Kirschner bemängelt:

Gehäuft erlebte ich, dass Lehrkräfte unsensibel mit Gefühlen von Kindern umgehen, Kinder vor der Klasse bloßstellen oder abwerteten. [...] Fragen und Bitten der Eltern wurden oft als Angriffe oder Zumutung interpretiert. [...] Grundsätzlich fehlt bei den Lehrkräften fast jede Kenntnis des rechtlichen Rahmens für ihre Arbeit.
(Kirschner 2003, S. 6)

Seit Jahrzehnten werden Forderungen an die Politik zur Verbesserung der schulischen Rahmenbedingungen und Qualität der Lehrerausbildung herangetragen (z. B. vom Arbeitskreis Grundschule seit 1981, von der Deutschen Gesellschaft für Lesen und Schreiben (DGLS), mit den Bernburger Thesen zur Alphabetisierung 2006), deren Umsetzung bis heute aussteht. Vielerorts fehlt Lehrkräften immer noch eine fundierte Ausbildung in Methodik und Didaktik der Schriftsprache. Zu selten werden in der Aus- und Weiterbildung die Zusammenhänge von Lernen und Verhalten und deren Auswirkungen bei langsamer lernenden Schülerinnen und Schülern thematisiert. Daher sind immer noch Vorstellungen verbreitet, dass Kinder nur »lernen wollen müssen« und sie durch häufige Diktate und Abschreiben zu guten Rechtschreibern und Lesern werden könnten. Gefährlich ist die Einstellung, dass man nur abwarten müsse, bis der Knoten beim Kind irgendwann von alleine platze und sich die Lernschwierigkeiten ohne gezieltes Üben auflösten. Auf die Förderung von leseschwachen Schülern bezogen folgert Eurydice aus den Antworten des Lehrerfragebogens zu IGLU 2006

[...], dass in der Praxis etwa jeder dritte Schüler der vierten Jahrgangsstufe einen Lehrer hat, der angibt, dass sein Lösungsansatz darin besteht, abzuwarten, ob sich die schwachen Leseleistungen des Schülers nicht mit zunehmendem Entwicklungsfortschritt von selbst verbessern. (EACEA-Eurydice 2011, S. 69)

Aufgrund der exemplarisch beschriebenen schulischen Missstände ist es nicht verwunderlich, dass Eltern sich bei anderen Fachleuten Rat und Hilfe suchen, die ihnen eher den Eindruck von fachlicher Kompetenz vermitteln, denen aber in der Regel ebenfalls eine qualifizierte Ausbildung und Fachwissen in Fragen des Schriftspracherwerbs fehlt. Das medizinische Teilleistungs- oder Wahrnehmungsstörungs-Erklärungsmodell ist für Eltern und Lehrkräfte entlastend, denn dann sind sie nicht am Entstehen des Lernproblems beteiligt oder dafür verantwortlich.

Welche Rolle spielt der Anfangsunterricht für das Entstehen von LRS?

Wie bereits erwähnt, kommen Kinder mit unterschiedlichen Erfahrungen mit Schrift in die Schule. Während einige bereits lesen und schreiben können, fehlen anderen dafür wesentliche Voraussetzungen, da sie in der Vorschulzeit kaum Erfahrungen mit Schrift machen konnten. Dazu gehören viele Kinder mit Migrationshintergrund, »die in Deutschland geboren und in den heimatsprachlichen Milieus ihrer Familien aufgewachsen sind. Weder im Kindergarten noch in den ersten Schuljahren in der deutschen Sprache ausreichend gefördert, haben sie mit fortschreitendem Schulalter Schwierigkeiten, sich korrekt und genau auszudrücken und den Anforderungen gerecht zu werden, die Schule und Gesellschaft an sie stellen« (Lumpp 2011, S. 6). Sie benötigen ebenso wie Kinder aus schriftfernen Familien zusätzliche Lernzeit und spezifische Angebote, um im Anfangsunterricht den Zugang zur Welt der Schrift zu finden.

Beim Versuch, orthografisch korrekt zu schreiben, gelangen Kinder oft zu Hypothesen oder Problemlösungen, die dem Lerngegenstand Schriftsprache nicht angemessen sind. Sie entwickeln unklare oder falsche Vorstellungen und verwenden oft unangemessene Strategien. Forschungen zum Schriftspracherwerb seit Ende der 70er-Jahre des letzten Jahrhunderts haben zusammen mit den Erkenntnissen der Kognitionspsychologie und Psycholinguistik »ein Verständnis von Unterricht begründet, das die Eigenaktivität der Lernenden als Ausgangs- und Zielpunkt sieht« (Dehn 2006, S. 24). Kinder sind demnach keine passiven Lerner, sondern das Lernen wird als Prozess eigenaktiver Aneignung auf der Grundlage ihrer bisherigen Erfahrungen mit Schrift und Sprache verstanden.

Was führt zu Lese-Rechtschreibschwierigkeiten?

Lese-Rechtschreibschwierigkeiten werden also zunächst nicht als Beeinträchtigung der Lernfähigkeit betrachtet, z. B. durch »Teilleistungsstörungen«, sondern als Beeinträchtigung der Lernmöglichkeiten. Diese entstehen, wenn Kinder im Unterricht nicht zur kognitiven Klarheit über den Lerngegenstand Schriftsprache gelangen und ihnen die dafür notwendige gezielte Förderung und Lernzeit verwehrt wird (Valtin/Naegele 2006, S. 10).

Sie entstehen in einem ungünstigen Bedingungsgefüge, bei dem verschiedene Risikofaktoren sich gegenseitig beeinflussen und verstärken können:
- personale Faktoren des Kindes (z. B. Sprachauffälligkeiten, verlangsamte Entwicklung phonemanalytischer Fähigkeiten)
- Umweltfaktoren (z. B. Schriftnähe bzw. -ferne des Elternhauses, familiäre Probleme wie häusliche Krisen, z. B. Streit, Trennung der Eltern, ständig wechselnde Bezugspersonen, Tod eines Familienmitglieds, Umzug, Mehrsprachigkeit)

- schulische Bedingungen (z. B. fehlende Anknüpfung an die Lernausgangslage, Lehrerwechsel, ungeeignete methodisch-didaktische Konzepte, fehlende Lern- und Arbeitstechniken)
- motivationale und emotionale Vorgänge

Betroffene weisen ihre jeweils eigene, sich aus vielen Facetten zusammensetzende Problemgeschichte auf. Allen gemeinsam ist, dass sie erhebliche und lang andauernde Probleme mit der Schriftsprache haben. Kennzeichen ausgeprägter Lese-Rechtschreibschwierigkeiten sind:
- gravierende Lesefehler,
- Skelett- oder phonetische Schreibung,
- Auslassen, Hinzufügen und Ersetzen von Buchstaben,
- eine Vielzahl an Verstößen gegen die Rechtschreibregelungen.

Solch gravierende Probleme haben in der Regel Auswirkungen auf das kindliche Selbstwertgefühl in Form von Angst- und Vermeidungsreaktionen. Weil alles schulische Lernen die Lese- und Schreibfähigkeit voraussetzt, erlebt sich das Kind bei einem Rückstand rasch in der Schule und zu Hause als Versager, und die Lernmotivation schwindet. Bleibt nun frühzeitige differenzierte Hilfe aus, so vergrößert sich der Abstand zur Bezugsgruppe. Misserfolgserlebnisse beeinträchtigen das Selbstwertgefühl und die Gesamtpersönlichkeit. Es wächst die Gefahr, dass psychosomatische Störungen und Fehlentwicklungen entstehen, die bis zur Lernblockade in allen Fächern führen können.

Wie gelangen Kinder zur kognitiven Klarheit?

Kindern mit Lese- und Rechtschreibproblemen fehlen nach heutigem Erkenntnisstand Erfahrungen, die vor allem im sprachlich-kognitiven Bereich liegen. Um den Aufbau und die Funktion unserer Schrift begreifen zu können, muss das lesen und schreiben lernende Kind (nach Valtin 2001, S. 49, Valtin/Naegele 2006, S. 10) folgende Leistungen vollbringen. Es muss
- die kommunikative Funktion von Schrift begreifen: Schrift ist eine besondere Form von Sprache und nicht Zeichen beliebig auswechselbaren Inhalts. Schrift ermöglicht es, mit anderen raum- und zeitunabhängig zu kommunizieren.
- bestimmte sprachstrukturelle Merkmale kennen, die in unserem alphabetischen Schriftsystem repräsentiert sind, also Laute, Buchstaben, Silben, Wörter und Sätze.
- sich Wissen über geeignete Lern- und Übungsstrategien sowie effektive Arbeitstechniken aneignen, damit es zum »Lernen des Lernens« befähigt wird.

Im folgenden Abschnitt konzentriere ich mich zunächst auf den Lerngegenstand Schriftsprache und veranschauliche, welcher sprachanalytischen Fähigkeiten das Lesen- und Schreibenlernen bedarf:

Welche sprachanalytischen Fähigkeiten brauchen Kinder beim Lesen- und Schreibenlernen?[2]

Nach Valtin (2001b) sind es vier grundlegende Einsichten in den Aufbau der Sprache, die Kinder für das Lesen- und Schreibenlernen brauchen:

1. Bewusstwerdung der Funktion und Form von Schrift

Das Kind muss sich der kommunikativen Funktion der Schrift bewusst werden. Unser alphabetisches Schriftsystem erfordert vom Kind die Fähigkeit, sich vom Inhalt der Sprache zu lösen und sich der Form zuzuwenden. Dies vollzieht sich in verschiedenen Schritten: Zunächst muss es z.B. in der Lage sein, die Anfangslaute von Wörtern zu erkennen, Wörter in Silben zu gliedern und Reimwörter zu bilden. Kinder, die noch nicht zu dieser Abstraktion fähig sind, antworten z.B. auf die Frage nach den Anfangslauten des Wortes »Auto« mit »Stoßstange«. Dieses Beispiel zeigt, dass die Alltagsvorstellungen eines Kindes vom Wort zunächst handlungs- und kontextbezogen sind. In der Regel wird es erst in der Schule auf die lautliche Seite der Sprache hingelenkt. Hierfür muss das Kind von der Handlung abstrahieren lernen, was nicht auf Anhieb gelingt. Bosch (1937/1984, S. 89) hat in seinen Untersuchungen zur Vergegenständlichung der Sprache festgestellt, dass viele Schulanfänger dazu noch nicht in der Lage sind. Er ließ, in Fragen verpackt, Kinder Wörter bezüglich ihrer Länge miteinander vergleichen: »Welches Wort ist länger: das Wort ›klitzeklein‹ oder das Wort ›groß‹ [›Piepvögelchen‹ oder ›Kuh‹]?« »Die Begründungen der Kinder zeigten, dass viele Antworten nicht aufgabengerecht, sondern irgendwie komplexbestimmt waren« (Bosch, S. 83).

2. Begreifen des Wortkonzepts

Während die Alltagsvorstellungen eines Kindes vom Wort zunächst handlungs- und kontextbezogen sind, wird es in der Schule auf die lautliche Seite hingelenkt. Dazu muss das Kind von der Handlung abstrahieren lernen, was oft nicht auf Anhieb gelingt, wie die obigen Beispiele von Bosch zeigen.
Kindern fällt es zu Beginn des Schriftspracherwerbs nicht leicht, Sätze in Einzelwörter zu segmentieren, weil sie nach Sinneinheiten gliedern: »Ronja tsaienMaiiten« (»Ronja ist ein Mädchen«; Ronja, 9 Jahre). Sie müssen verstehen, dass Sätze aus

---

2 Ausführlich Valtin 2001b, S. 48–69, 2001c, Valtin/Naegele 2006, S. 10–12, Naegele/Valtin 2008b, S. 5–6.

einzelnen Wörtern bestehen und dass die Reihenfolge der geschriebenen Wörter derjenigen der gesprochenen Wörter entspricht. Viele Kinder lassen sich zunächst beim Versuch, Sätze in einzelne Wörter zu gliedern, vom Inhalt lenken. So sind viele Schulanfänger zunächst der Meinung, dass nur Nomen und Verben verschriftet werden, nicht aber Artikel und Funktionswörter.

3. Phonembewusstsein und Lautanalyse

Die Lautanalyse ist deshalb so schwierig, weil die elementare Redeeinheit die Silbe ist und wir keine Einzellaute nacheinander sprechen. In der Silbe werden die einzelnen Laute miteinander verschmolzen.

Dementsprechend ist die auditive Analyse eines gesprochenen Wortes für Lernanfänger nicht leicht. Die Kinder können diese Aufgabe am ehesten bewältigen, wenn sie das Schriftbild vor Augen haben. Auch wenn die Kinder die Zuordnung von einzelnen Lauten und Buchstaben erlernt haben, dauert es noch eine ganze Weile, bis sie zur vollständigen Phonemanalyse – vor allem bei Wörtern mit Konsonantenhäufungen – fähig sind.

4. Kenntnis der Phonem-Graphem-Zuordnungen und der orthografischen Regelungen

Die von den Kindern zu meisternde Schwierigkeit besteht hier darin, dass es keine Eins-zu-Eins-Zuordnung von Sprachlauten (Phonemen) und Schriftzeichen (Graphemen) gibt, denn die etwa 40 Phoneme des Deutschen können, je nach Zählung, durch 60 bis 100 Schriftzeichen wiedergegeben werden. Das bedeutet: Einerseits sind Grapheme unterschiedlich komplex und können aus einem Buchstaben bestehen, aber auch aus zwei oder drei Buchstaben, die aber jeweils nur ein Phonem repräsentieren:

Das aus drei Buchstaben bestehende Graphem <sch> steht für das Phonem /ʃ/.
Das aus zwei Buchstaben bestehende Graphem <ie> steht für das Phonem /i:/.
Das aus einem Buchstaben bestehende Graphem <a> steht für die Phoneme /a/ oder /a:/.

Neben eingliedrigen Graphemen, die nur ein Phonem repräsentieren (wie <l>, <r>, <m>, <t>, <f>, <h>, <p>), gibt es Grapheme, die zwei und mehr Phoneme repräsentieren (z.B. <b> für /b/ in Ball und /p/ in lieb; <e> für /e/ in Geld und /e:/ in Weg) (vgl. Meiers 1998, S. 42).

Keinesfalls darf den Kindern vermittelt werden, unsere Schrift sei eine Lautschrift. Das Deutsche ist eine lautorientierte Buchstabenschrift, in der nicht nur lautliche, sondern auch grammatische (z.B. dass – das, Groß- und Kleinschreibung) und semantische Informationen (z.B. wieder – wider, Lerche – Lärche, Miene – Mine) wiedergegeben werden.

Welche Folgerungen lassen sich für die schulische Förderarbeit ziehen?

Diese sprachanalytischen Einsichten und Kenntnisse werden von allen Kindern nach und nach erworben. Beim Lesen und beim Schreiben, vor allem von unbekannten Wörtern, lassen sich unterschiedliche Stufen beobachten, die jeweils durch eine dominante Strategie gekennzeichnet sind – wobei ein Kind zu einem Zeitpunkt durchaus unterschiedlichen Strategien folgen kann.

Solche Analysen zeigen, dass Verlesungen oder Schreibfehler beim Schriftspracherwerb ganz normal sind und Hinweise auf den Entwicklungsstand geben. Fehler sind also generell Ausdruck von Lernprozessen und nicht, wie man es früher annahm, auf besondere Defizite der Kinder zurückzuführen wie Raumlagelabilität oder auditive Differenzierungsmängel (Valtin 2001a, S. 18 ff.). Das Vertauschen spiegelbildlicher Buchstaben, das früher als Kriterium für Legasthenie angesehen wurde, wird heute als ein normales Durchgangsstadium gesehen, weil Kinder die Lage und Anordnung der Buchstaben im Raum noch nicht als bedeutungsunterscheidend wahrnehmen. Ebenso haben zunächst alle Kinder Schwierigkeiten, ein Wort in seine einzelnen Lautbestandteile zu zerlegen, ohne dass es sich hierbei um auditive Wahrnehmungsmängel handelt.

Für die Arbeit in der Schule gilt es zunächst

> *[...] herauszufinden, auf welchem Niveau der Entwicklung im Schriftspracherwerb sich das Kind befindet, und von diesem Entwicklungsstand ausgehend die weiteren noch fehlenden Voraussetzungen für erfolgreiches Lernen zu identifizieren. [...] Maßnahmen [zeichnen] sich dadurch aus, dass sie spezifisch auf das Erlernen der Schriftsprache ausgerichtet sind.* (Mannhaupt 2004, S. 20–21)

Da bekannte Wörter und häufig geübte Texte zunächst meist auswendig gelernt werden, eignen sich freie Texte zur Analyse besser als bereits geübte. Ziel muss es sein, die jeweiligen Zugriffsweisen der Kinder zu verstehen und sie zu unterstützen, damit sie selbstständig die »Zone der nächsten Entwicklung« (Vygotskij 2002, S. 331) erreichen können. In Kapitel 2 wird im Zusammenhang mit der Diagnose ein Entwicklungsmodell vorgestellt und mit Beispielen erläutert.

Jede Fördermaßnahme sollte die Stärken und Interessen einbeziehen, damit die bislang misserfolgsorientierten Kinder einen positiven Zugang zum Lesen und Schreiben bekommen und so ihre Fertigkeiten verbessern können. Daher müssen schulische Fördermaßnahmen (Binnendifferenzierung oder Förderkurse) am jeweiligen Lernentwicklungsstand ansetzen, die individuellen Lernstrategien berücksichtigen, die jeweiligen Stärken der Kinder einbeziehen und das oft angegriffene Selbstwertgefühl aufbauen. Förderung muss, wenn sie erfolgreich sein soll, kontinuierlich und langfristig angelegt sein. Sicherheit im Lesen und Rechtschreiben ist ohne regelmäßiges Üben nicht zu erreichen, weshalb die Unterstützung durch das Elternhaus hilfreich – und leider oft unerlässlich – ist.

Problemen beim Schriftspracherwerb muss also mit individueller Förderung begegnet werden, die auf einem diagnostischen Ansatz beruht. Kernfragen eines solchen förderdiagnostischen Ansatzes sind (Naegele 2006e, S. 176):
- Welche spezifischen Stärken und Schwierigkeiten hat das Kind?
- Über welche Lern- und Arbeitstechniken verfügt es?
- Welche Einstellungen zum Lernen und speziell welche Motivation zum Schriftspracherwerb weist es auf?
- Wie ist sein Selbstkonzept ausgeprägt?
- Was sollte das Kind als Nächstes lernen?

Intentionen, Ziele, Prinzipien und Bausteine eines Förderkonzepts, das sich in der schulischen und einzeltherapeutischen Förderarbeit bewährt hat, werden in den Kapiteln 4 und 9 ausführlich dargestellt.

Auch bei bestem Unterricht und intensiver schulischer Förderung gibt es einzelne Schülerinnen und Schüler, deren komplexe Lern- und Verhaltensprobleme nicht im Rahmen schulischer Förderung aufgefangen werden können. Dies sind Kinder, die im Unterricht auffallen, weil die Schwierigkeiten in ihrer schriftsprachlichen Entwicklung gravierende Auswirkungen auf ihre Persönlichkeit, ihr Selbstwertgefühl und alles Lernen haben. Bei ihnen kann nur mithilfe einzeltherapeutischer Förderung der Aufbau von Lese- und Schreibkompetenz sowie psychischer Stabilität gelingen.

Lese-Rechtschreibschwierigkeiten müssen also kein lebenslanges Schicksal sein, denn den meisten Kindern und Jugendlichen hilft bereits schulische Förderung, um ihren schriftsprachlichen Rückstand aufzuholen. Doch auch Schülerinnen und Schüler mit gravierenden Lese-Rechtschreibschwierigkeiten und Beeinträchtigung ihres Selbstwertgefühls können eine altersgemäße Lesekompetenz und befriedigende Rechtschreibleistungen erreichen, wenn sie intensiv Förderung durch einen integrativen lern- und psychotherapeutischen Ansatz wie das FIT-Modell (Kap. 9) gefördert werden. Das bestätigen Befragungen ehemaliger LRS-Schülerinnen und -Schüler in NRW (Hofmann/Sasse 2006b) sowie die, die ich in der Vorbereitung dieses Buchs durchgeführt habe. Aus diesen Analysen geht auch hervor, dass sie in den meisten Fällen den damals für nicht möglich gehaltenen erwünschten Schul- oder Studienabschluss erreicht haben.

Ein gestärktes Selbstwertgefühl und eine positive Zukunftserwartung zeigt auch Jonas, der das erschreckende Eingangszitat geschrieben hat, nach zweijähriger Einzelförderung, die im Übrigen auch einen Schulwechsel von der Realschule zu einer integrierten Gesamtschule einschloss.

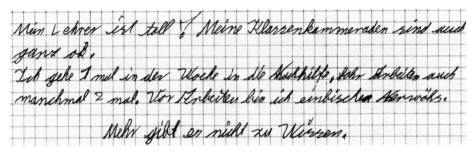

Jonas, 15 Jahre

Weiterführende, vertiefende Literatur

Bredel, U./Fuhrhop, N./Noack, Ch. (2011): Wie Kinder lesen und schreiben lernen. Tübingen: Narr.

Dehn, M. (2006): Zeit für die Schrift I. Lesen lernen und Schreiben können. Berlin: Cornelsen.

Dehn, M./Hüttis-Graff, P. (2006): Zeit für die Schrift II. Beobachtung und Diagnose. Berlin: Cornelsen.

Hofmann, B./Sasse, A. (Hrsg.) (2006): Legasthenie. Lese-Rechtschreibstörungen oder Lese-Rechtschreibschwierigkeiten? Berlin: DGLS.

Naegele, I./Valtin, R. (Hrsg.) (2003): LRS – Legasthenie in den Klassen 1–10. Band 1. 6. Auflage. Weinheim und Basel: Beltz.

Naegele, I./Valtin, R. (Hrsg.) (2001): LRS – Legasthenie in den Klassen 1–10. Band 2. 2. Auflage. Weinheim und Basel: Beltz.

Schründer-Lenzen, A. (2007): Schriftspracherwerb und Unterricht. 2. Auflage. Wiesbaden: VS Verlag für Sozialwissenschaften.

Topsch, W. (2005): Grundkompetenz Schriftspracherwerb. 2. Auflage. Weinheim und Basel: Beltz.

> Ich hatte viele Erlebnisse in meiner Schulzeit, in denen mir aufgefallen ist, dass das Verständnis fehlte.
> Eine Lehrerin hat es nicht eingesehen die Rechtschreibfehler nicht zu bewerten und wenn sie darauf angesprochen wurde, meinte sie nur, dass der Ausdruck schlecht genug war und sie da ein Auge zugedrückt habe. Falls man sich beschwere, könne sie ja die Punkte umlegen.
> Auch heute höre ich noch Sätze, wenn es um Rechtschreibung geht, wie „Ach Legasthenie? Dann bringt das ja alles sowieso nichts."

Christina, 25 Jahre

1.3 | Deutsche Bildungspolitik und schulrechtliche Bestimmungen bei LRS

LRS-Erlasse und -Richtlinien früher und heute

Wegen der Bedeutung der Schriftsprache für alles Lernen gibt es seit Ende der 70er-Jahre des letzten Jahrhunderts in allen Bundesländern sowie der damaligen DDR schulische Sonderregelungen für Schüler und Schülerinnen mit LRS. Sie haben Erleichterungen und Förderung für die Betroffenen zum Ziel.

Mit ihren Grundsätzen »zur Förderung von Schülern mit besonderen Schwierigkeiten beim Erlernen des Lesens und Rechtschreibens« entfernte sich die Kultusministerkonferenz (KMK) 1978 vom medizinischen Verständnis von Legasthenie als einer Krankheit, die lebenslang die schriftsprachliche Kommunikation der Betroffenen behindert. Sie reagierte auf die Erkenntnisse der Schriftspracherwerbsforschung, die LRS primär als pädagogisch-didaktisches Problem der Schule und als Folge der Vernachlässigung eines qualifizierten Erstlese- und Schreibunterrichts sah. Allen Kindern – und nicht wie zuvor nur einer Teilgruppe der intelligenten »Diskrepanz-Legastheniker« – sollte mithilfe eines differenzierten Erstlese- und Schreibunterrichts durch besser qualifizierte Lehrkräfte so geholfen werden, dass keine lang andauernden Lernprobleme entstehen. Der Begriff »Legasthenie« wurde ebenfalls 1978 durch den beschreibenden Terminus »besondere Lese- und Rechtschreibschwierigkeiten« ersetzt, »denn der Störungs- bzw. Krankheitsbegriff ist nicht hilfreich, weil er suggeriert, dass nur durch eine besondere Behandlung außerhalb des schulischen Kontextes die Störung beseitigt werden kann« (Bildungsserver Berlin-Brandenburg 2013, S. 1).

In der Folge erarbeiteten und verabschiedeten alle Bundesländer eigene Erlasse und Richtlinien, die sich jedoch in wesentlichen Details unterschieden, und zwar hinsichtlich der möglichen Ursachen, der Zielgruppe, der Förderkonzepte und der Dauer der Berücksichtigung bei der Leistungsbewertung (Naegele 2003a). Daher veröffentlichte die KMK 2003 neue »Grundsätze zur Förderung von Schülerinnen und Schülern mit besonderen Schwierigkeiten im Lesen und Rechtschreiben« (Beschluss der Kultusministerkonferenz vom 4.12.2003). Im Jahr 2007 wurden diese um Grundsätze zu »besonderen Schwierigkeiten im Rechnen« ergänzt, die jedoch nur für die Grundschule gelten.

Ziel der Vorlage der Kultusministerkonferenz war es, die von den Kultusverwaltungen der Länder getroffenen, weit divergierenden Regelungen einander anzugleichen und durch Vorschläge zur Verbesserung des Anfangsunterrichts sowie frühzeitige Beobachtung und Differenzierung der Lernprozesse das Entstehen von Schwierigkeiten zu verhindern und, falls notwendig, Fördermaßnahmen und Möglichkeiten differenzierter Leistungsbewertungen in Arbeiten und Zeugnissen eindeutig zu regeln. Die KMK stellt fest: »Unbestritten ist, dass Diagnose und die darauf aufbauende Beratung und Förderung der Schülerinnen und Schüler mit besonderen Schwierigkeiten im Lesen und Rechtschreiben zu den Aufgaben der Schule gehört« (KMK 2003, S. 1). Das heißt eindeutig und klar: Die Schule hat den Auftrag, allen Kindern, »die erforderlichen individuellen Entwicklungsmöglichkeiten zu bieten«, um Einsichten in Funktion und Aufbau der Schriftsprache zu gewinnen. »Ein Lese- und Schreibunterricht, der am jeweiligen Lernentwicklungsstand des Kindes ansetzt, ausreichend Lernzeit gibt und die Ergebnisse gründlich absichert, ist die entscheidende Grundlage für den Erwerb der Fähigkeit zum Lesen und Rechtschreiben« (KMK 2003, S. 1).

Es ist sicherlich richtig, dass bei Durchführung der aufgeführten prophylaktischen Hilfen »Maßnahmen der Differenzierung und individuellen Förderung […] bis zum Ende der 10. Jahrgangsklasse abgeschlossen sein« sollten (KMK 2003, S. 1), aber es wird jetzt erstmals grundsätzlich möglich, auch in Abgangs- und Abschlusszeugnissen die Erteilung einer Teilnote in Lesen oder Rechtschreibung auszusetzen, »wenn eine mehrjährige schulische Förderung unmittelbar vorausgegangen ist. Die Abweichungen von den allgemeinen Grundsätzen der Leistungserhebung und -beurteilung sind in den Zeugnissen zu vermerken« (KMK 2003, S. 2).

Zwar wird weiterhin die Qualität des schulischen Anfangsunterrichts für den Erwerb der Schriftsprache als ausschlaggebend benannt, aber sie ist im Gegensatz zu 1978 nur noch eine, nicht mehr die Hauptaufgabe des Grundschulunterrichts. Durch die Aufnahme von Erleichterungen gemäß des Nachteilsausgleichs (SGZ) werden Kinder mit LRS nun jedoch in vielen Bundesländern zur Gruppe der Behinderten gerechnet, eine – wie ich meine – verhängnisvolle Entwicklung, denn Lese-Rechtschreibschwierigkeiten sind keine Behinderung. So sind im Internet z. B. die KMK-Grundsätze oder die LRS-Erlasse einzelner Bundesländer nur unter sonderpädagogischer Förderung zu finden.

Verzeichnis der Erlasse und Richtlinien zur Förderung von Schülerinnen und Schülern mit LRS (Stand 10.04.2013)

Baden-Württemberg	»Kinder und Jugendliche mit besonderem Förderbedarf und Behinderungen«; Verwaltungsvorschrift vom 22.08.2008 – Az 31-6504.2/534.
Bayern	»Förderung von Schülern mit besonderen Schwierigkeiten beim Erlernen des Lesens und des Rechtschreibens«; Bekanntmachung vom 16.11.1999 Nr. IV/1a-S7306/4-4/127883, geändert durch die KM Bek vom 11.08.2000 Nr. IV/1-S7306/4-4/86591.
Berlin	»Besondere Förderung bei Lese-Rechtschreibschwierigkeiten und bei Rechenstörungen«; § 16 der Grundschulverordnung (GsVO) vom 19.01.2005, in der Fassung vom 09.09.2010. »Förderung bei Lese- und Rechtschreibschwierigkeiten«; § 14 und § 46 Nachteilsausgleich der Verordnung über die Schularten und Bildungsgänge der Sekundarstufe I (Sek I-VO) vom 19.01.2005, in der Fassung vom 11.02.2010.
Brandenburg	»Verwaltungsvorschriften über die Förderung von Schülerinnen und Schülern mit besonderen Schwierigkeiten im Lesen und Rechtschreiben oder im Rechnen« vom 6.6.2011 – GZ: 32.1-53212.
Bremen	»Richtlinien zur Förderung von Schülerinnen und Schülern mit besonderen Schwierigkeiten im Lesen, Schreiben und Rechnen (LSR-Erlass)« in der Fassung vom 01.02.2010 (Erlass Nr.02/2010; Verfügung Nr. 30/2012).
Hamburg	»Schülerinnen und Schüler mit besonderen Schwierigkeiten beim Lesen, Rechtschreiben oder Rechnen« vom 06.10.2006 – SchulRHH Ziff. 1.11.3.
Hessen	»Schülerinnen und Schüler mit besonderen Schwierigkeiten beim Lesen, Rechtschreiben oder Rechnen«; 6. Teil, § 37–44, sowie § 7 Nachteilsausgleich der »Verordnung zur Gestaltung des Schulverhältnisses« vom 19.08.2011 – Gült. Verz. Nr. 721.
Mecklenburg-Vorpommern	»Förderung von Schülerinnen und Schülern mit besonderen Schwierigkeiten im Lesen, Rechtschreiben oder Rechnen«; Verwaltungsvorschrift vom 08.09.2005 – 280-3211-05/483.
Niedersachsen	»Erlass zur Förderung von Schülerinnen und Schülern mit besonderen Schwierigkeiten im Lesen, Rechtschreiben oder Rechnen; vom 04.10.2005 – 26-81631-05 VORIS 22410.
Nordrhein-Westfalen	»Förderung von Schülerinnen und Schülern bei besonderen Schwierigkeiten im Erlernen des Lesens und Rechtschreibens (LRS)«; RdErlass vom 19.07.1991 – GABl. NW I S. 174.

Rheinland-Pfalz	»Förderung von Kindern mit Lernschwierigkeiten und Lernstörungen in der Grundschule«; Verwaltungsvorschrift vom 30.08.1993 – 943 B – Tgb. Nr. 56/93. »Förderung von Schülerinnen und Schülern mit besonderen Schwierigkeiten im Lesen und Rechtschreiben«; Verwaltungsvorschrift vom 28.08.2007 – 9321 – Tgb. Nr. 2308/07, ab Sekundarstufe I.
Saarland	»Richtlinien zur Förderung von Schülerinnen und Schülern mit besonderen Schwierigkeiten beim Erlernen des Lesens und/oder Rechtschreibens« vom 15.11.2009 – Az: A4/B5-3.7.2.0.
Sachsen	»Verwaltungsvorschrift [...] zur Förderung von Schülern mit Lese-Rechtschreib-Schwäche«; Verwaltungsvorschrift LRS-Förderung vom 29.06.2006 – Az: 34-6504.20/237; geändert durch Verwaltungsvorschrift vom 23.01.2008 (MBl.SMK S. 284) mit Wirkung vom 06.06.2008.
Sachsen-Anhalt	Keine gesonderte Verordnung. Verweis auf Schulgesetz des Landes vom 18.01.2011, §1 sowie Verordnungen zur Leistungsbewertung und sonderpädagogischen Förderung.
Schleswig-Holstein	»Förderung von Schülerinnen und Schülern mit Lese-Rechtschreibschwäche (Legasthenie)«, Erlass vom 27.06.2008 – III 316-321.01-20.
Thüringen	»Fachliche Empfehlung zu Fördermaßnahmen für Kinder und Jugendliche mit besonderen Lernschwierigkeiten in den allgemein bildenden Schulen (außer Förderschule) in Thüringen« vom 20.08.2008.

Die Originaltexte aller LRS-Ländererlasse können im Internet heruntergeladen werden.

Tab. 1: Verzeichnis der Erlasse und Richtlinien zur Förderung von Schülerinnen und Schülern mit LRS (Stand 10.04.2013)

Wie der Tabelle zu entnehmen ist, haben alle Bundesländer Verwaltungsvorschriften, Erlasse oder zumindest Passagen in ihren Schulgesetzen, die Schülerinnen und Schüler mit LRS in irgendeiner Weise berücksichtigen; einige lehnen sich z. T. wörtlich an die Vorgaben der KMK-Grundsätze an. Alle erkennen die Bedeutung eines an den individuellen Lern- und Entwicklungsvoraussetzungen orientierten Anfangsunterrichts an, woran die Erwartung geknüpft wird, dass so das Entstehen von Lese-Rechtschreibschwierigkeiten verhindert oder ihnen zumindest entgegengewirkt werden kann. Die Ländererlasse weisen folgende Gemeinsamkeiten auf:
- Durch Verbesserung des Anfangsunterrichts soll das Entstehen besonderer Lese-Rechtschreibschwierigkeiten (LRS) verhindert werden.
- Alle Kinder mit LRS haben – zumindest in den ersten Schuljahren – Anspruch auf schulische Förderung.
- Frühzeitige Beobachtung und Differenzierung der Lernprozesse sollen das Entstehen und Verfestigen von Schwierigkeiten verhindern.
- Besondere Fördermaßnahmen sollen nach einer gewissen Beobachtungszeit eingerichtet werden, Förderpläne erstellt und ihre Umsetzung überprüft werden.

- Auch Kinder mit LRS unterliegen vom Grundsatz her den für alle geltenden Maßstäben der Leistungsbewertung. Eine verbale Leistungsbeschreibung kann in einzelnen Bundesländern die Rechtschreibnote ersetzen, in einigen kann die Benotung ausgesetzt werden. Für Zeugnisse gilt, dass je nach Bundesland den Lehrkräften unterschiedlich große pädagogische Freiräume in der Gewichtung der mündlichen und schriftlichen Leistungen im Lesen und Rechtschreiben eingeräumt werden.
- Lese-Rechtschreibschwierigkeiten allein dürfen kein Grund sein, Schülerinnen und Schüler vom Übergang in eine weiterführende Schule auszuschließen bzw. sie nicht zu versetzen.
- Förderung kann je nach Bedarf binnendifferenziert oder in gesonderten Kursen in enger Abstimmung mit dem Klassenunterricht durchgeführt werden.

Zwar weisen die Erlasse und Verordnungen die aufgelisteten Gemeinsamkeiten auf, die vor allem den Anfangsunterricht betreffen, ansonsten zeichnet ein Vergleich der Verordnungen im Jahr 2013 jedoch wieder ein heterogenes Bild: So fällt auf, dass trotz der Forderungen der KMK, alle Kinder unabhängig von ihrer Intelligenz zu fördern, einzelne Bundesländer wieder zwischen Legasthenikern und allgemein lese-rechtschreibschwachen Kindern unterscheiden und dies mit dem Rückgriff auf ein medizinisch-neurologisches Legasthenie-Konzept begründen; zunächst 1999 Bayern, seit 2009 auch das Saarland. Die Richtlinie des Saarlands definiert Lese- und/oder Rechtschreibstörung als »entwicklungsbiologisch und zentralnervös begründet […]. [Sie] ist eine nur schwer therapierbare Krankheit« (S. 1815). Das Legasthenie-Konzept, das dem bayerischen LRS-Erlass von 1999 zugrunde liegt, erhielt viele negative Stellungnahmen aus den zuständigen Fachwissenschaften, u. a. von Valtin (2009b), die das Konzept zum zehnjährigen Inkrafttreten als theoretisch nicht haltbar, methodisch und diagnostisch nicht ergiebig, wissenschaftlich nicht haltbar und therapeutisch nicht brauchbar beschrieb. Für sie ist Legasthenie keine schwer heilbare Krankheit, sondern mit sachlogisch richtigen Methoden behebbar.

In anderen Bundesländern hat inzwischen die Durchführung von Intelligenztestverfahren zur Diagnose (Hamburg, Schleswig-Holstein, Sachsen und Mecklenburg-Vorpommern) wieder Eingang in die Erlasse gefunden, obwohl Forschungsergebnisse belegen, dass Intelligenzquotient und Lese-Rechtschreibleistungen nur in mittlerer Höhe korrelieren. Diese Einschränkungen können Folgen haben für die praktische Umsetzung der Erlasse und die Bestimmung und Auswahl der zu berücksichtigenden Kinder bzw. bei der Gewährung von Erleichterungen.

In den Erlassen einiger Bundesländer (Berlin, Mecklenburg-Vorpommern, Thüringen und vor allem Sachsen) wird die Bildung von LRS-Kleinklassen oder temporären Lerngruppen in der Grundschule als mögliche Fördermaßnahme erwähnt – ein Relikt aus der Pädagogik der DDR. Die Verwaltungsvorschrift von Sachsen z. B. sieht vor, dass Kinder, die große Probleme beim Erwerb der Schriftsprache zeigen, ab der

2. Klasse zwei Jahre in besonderen Klassen intensiv gefördert werden sollen, um dann am Ende der Grundschulzeit wieder in die Regelschule rückgeführt zu werden.

Erlassliche Vorgaben und schulische Umsetzung

Die Konferenz der Kultusminister forderte bereits 1978 und bestätigte 2003 in ihren Grundsätzen »zur Förderung von Schülerinnen und Schülern mit besonderen Schwierigkeiten im Lesen und Rechtschreiben«, dass *alle* Kinder mit LRS – unabhängig von ihrer Intelligenz – in der Schule gefördert werden sollen. Selbst dort, wo diese Vorgaben per Erlass nicht umgesetzt sind, benötigen alle Kinder mit einem Rückstand in ihrer schriftsprachlichen Entwicklung gezielte Hilfe, abzuleiten auch aus den Kompetenzstufenmodellen zu den Bildungsstandards Deutsch der KMK für die Primarstufe und für den Mittleren Schulabschluss.

Langfristige Erfolge in der Förderung von Kindern mit LRS sind dann möglich, wenn günstigere Rahmenbedingungen, wie sie seit Jahrzehnten von Verbänden gefordert werden, vor allem in der Grundschule geschaffen werden:

- Lehrende müssen Fachleute in Fragen des Schriftspracherwerbs sein, um auf die individuell sehr unterschiedlichen Lernvoraussetzungen ihrer Schülerinnen und Schüler mit sachlogisch richtigen Angeboten beim Lesen- und Rechtschreibenlernen reagieren zu können.
- Eine Erweiterung der Unterrichtszeit ist in den Anfangsklassen nötig, damit jedes Kind seinen Weg zur Schriftsprache finden kann.
- Es sollten mehr Lehrerstunden zur Verfügung stehen, damit bei zeitweiliger Doppelbesetzung intensiver auf die unterschiedlichen Förderbedürfnisse und Schwierigkeiten der Kinder eingegangen werden kann.
- Fachleute mit besonderen Förderkompetenzen in Fragen des Schriftspracherwerbs sollten bei schulischen Lernproblemen zur Verfügung stehen. Ausgangspunkt jeder Maßnahme muss die Analyse des aktuellen Lernstands des Kindes sein, aus dem sich ein Förderplan mit Lernzielen ableiten lässt.
- Nur in einer langfristig angelegten Förderung lassen sich auch die motivationalen und emotionalen Schwierigkeiten der durch Misserfolge beeinträchtigten Kinder aufarbeiten, wozu eine positive Lehrer-Schüler-Beziehung Voraussetzung ist.
- Eine verbesserte Lehrerausbildung in Fragen des Schriftspracherwerbs muss endlich konkretisiert werden.

Leider hat die Kultusministerkonferenz bislang keine Möglichkeiten, um die Länder zur Aus- und gezielten Weiterbildung ihrer Studierenden und Lehrkräfte zu verpflichten. Theis, bis 2012 Generalsekretär der KMK, beklagte in einem Interview:

Die Lehrerausbildung findet in den Universitäten statt. Die sind erstens autonom, und zweitens rüsten sie sich, etwa mit der sogenannten Exzellenzinitiative, für den weltweiten Forschungswettbewerb. Da kann man mit der Lehrerbildung keine Lorbeeren gewinnen. […] Man muss den Universitäten zweckgebunden Geld für die Lehrerbildung geben.
(Theis 2012)

Kinkel, ehemaliger Bundesaußenminister und inzwischen Vorsitzender der Deutschen Telekom Stiftung, fordert in ähnlicher Weise:

Exzellenz in der Lehrerbildung muss den gleichen Stellenwert wie Exzellenz in der Forschung bekommen. […] Nur Lehrer mit einer soliden Ausbildung, die Fachwissen, Fachdidaktik und Pädagogik angemessen kombiniert, werden Begeisterung für ihre Fächer wecken. Nur gut ausgebildete Lehrer werden in der Lage sein, Kinder und Jugendliche individuell zu fördern. […] Wir brauchen Exzellenz, nicht nur in der Theorie, sondern vor allem in der Praxis.
(Kinkel 2009)

Es muss endlich Schluss damit sein, dass Lehrkräfte und Eltern in ihrer Unwissenheit und Hilflosigkeit Zuflucht in medizinischen und esoterischen Erklärungsmustern suchen – was nicht verwundert, so lange die Schule nicht in die Lage versetzt wird, ihren Förderauftrag ausreichend zu erfüllen. Dabei wurden diese Annahmen in den letzten Jahren immer wieder, wie mehrfach erwähnt, in wissenschaftlichen Untersuchungen widerlegt.

Die Folgen eines medizinischen Verständnisses von Legasthenie sind verhängnisvoll:
- Resignation beim Kind; denn warum soll es üben, wenn Legasthenie eine genetisch bedingte Krankheit und damit unheilbar ist?
- Entlassen der Eltern und Lehrkräfte aus der Verantwortung für das Lernen, wenn die Ursachen für die schulischen Lernprobleme in Defekten des Kindes liegen;
- eine aufwändige und kostenintensive, das Kind etikettierende psychologische, psychiatrische und/oder neurologische Diagnostik mit Tests, die vom Konzept der Teilleistungs- und Wahrnehmungsstörung ausgehen und die schriftsprachlichen Erwerbsprozesse weitgehend ausklammern;
- Fördermaßnahmen, die bei LRS ungeeignet sind, wie z. B. Prismenbrillen, Blicksteuerungsgeräte, Ergotherapie, Tomatis, Kinesiologie, NLP, Psychopharmaka (vgl. Zangerle 2001, Suchodoletz 2003a);
- Reduktion der Finanzierung von Fördermaßnahmen nach dem Kinder-Jugend-Hilfe-Gesetz (KJHG) auf medizinische Diagnosen von Teilleistungsstörungen mit drohender seelischer Behinderung (nach § 35a SGB VIII);
- Verhinderung der Finanzierung von außerschulischen Fördermaßnahmen, die gezielt am Lesen und Schreiben ansetzen.

Isabellas Gefühlslage zeigt, welche negative Langzeitwirkung dieses medizinische Verständnis hat. Obwohl sie in der gymnasialen Oberstufe in Deutsch neun Punkte erhält, viel und gern liest und schreibt, steckt diese Urangst nach wie vor in ihr. Ihre Erinnerungen beginnt sie mit den Sätzen:

> *Ich habe LRS, ich hatte es, ich habe es, ich werde es haben. Es ist, wie wenn man in eine besondere Kategorie gesteckt wird. Ich habe LRS – Stempel – und weiter zur nächsten Akte.*
> (Isabella, 18 Jahre)

An den Grundsätzen der Kultusministerkonferenz für die Förderung von Schülerinnen und Schülern mit besonderen Schwierigkeiten beim Lesen und Rechtschreiben liegt das Scheitern so vieler Kinder an der Schriftsprache jedenfalls nicht. Was dringend notwendig wäre, sind veränderte Rahmenbedingungen, die die Umsetzung dieser Grundsätze sicherstellen. Feilke (2001) folgt aus der Analyse der jüngeren Forschung zur Entwicklung der Literalität:

> *Auch die schwachen Leser und Schreiber durchlaufen im Prinzip dieselben Erwerbsphasen wie die leistungsstärkeren. Sie brauchen vor allem mehr Entwicklungszeit und Gelegenheit zur Beschäftigung mit der Schrift. Dieser auf den ersten Blick beruhigenden Beobachtung steht das Ergebnis gegenüber, dass die zeitlichen Entwicklungsspielräume sehr eng sind. Je länger der Erwerb grundlegender Schreib- und auch Rechtschreibfähigkeiten dauert, desto problematischer sind die Konsequenzen für die Gesamtentwicklung. [...] Je früher Kinder mit schriftspezifischen Handlungskontexten zu tun bekommen und je früher eine direkte, auf den Entwicklungsstand bezogene schrift- und schreibspezifische Förderung einsetzt, desto besser. Die Grundschule legt hier alle Fundamente der Literalität.*
> (Feilke 2001, S. 38)

Kritik an der deutschen Bildungspolitik

Seit Jahrzehnten fordern Verbände wie die Deutsche Gesellschaft für Lesen und Schreiben (DGLS) oder der Grundschulverband, seit PISA und IGLU auch die OECD, dass Deutschland mehr in die grundlegende Bildung in der Grundschule und in die Lehrerausbildung investiert. Im Länderüberblick der OECD 2012 fällt auf, dass Deutschland bei den jährlichen Ausgaben je Schüler die Primarstufe besonders benachteiligt – sowohl im Vergleich mit den anderen Schulstufen als auch mit dem OECD-Durchschnitt (OECD 2013, S. 11). Die Bundesregierung und die Wirtschaft kümmern sich vor allem um die berufliche, gymnasiale und universitäre Bildung. Dies ist ein verhängnisvoller Kurzschluss, denn die schlechten bildungspolitischen Rahmenbedingungen und die geringe gesellschaftliche Wertung der Vor- und Grundschule als dem Fundament aller

Bildung bedingen, dass zu viele Schülerinnen und Schüler in Deutschland scheitern, die Schule abbrechen oder keine qualifizierte Ausbildung machen können. Aus den Ergebnissen von PISA 2009 folgt Valtin:

> *In Deutschland ist die Zahl der Verlierer oder »Ausgesonderten« besonders hoch: 24 Prozent werden nach Angaben von PISA 2009 auf Grund von schwachen Schulleistungen, Verhaltensproblemen oder speziellen Lernbedürfnissen abgeschult. In den PISA-Siegerländern Finnland sind es nur 1.7, in Korea und Kanada unter 10 Prozent.*
> (Valtin 2011)

In der Folge der Veröffentlichungen der Ergebnisse der ersten internationalen Vergleichsstudie PISA 2000, in der deutsche Neuntklässlerinnen und -klässler in Bezug auf ihre Leseleistungen nur im unteren Mittelfeld rangierten, wurden 2004 von der KMK länderverbindliche Bildungsstandards für die Fächer Deutsch und Mathematik verabschiedet. Ohne an dieser Stelle auf die Problematik der Umstellung von Input- auf Output-Orientierung und die damit verbundene Ablösung der Lehrpläne und ihr Ersatz durch Zielvorgaben einzugehen, wäre eine Diskussion darüber fällig, was die vielen seither von der KMK, den Kultusministerien der Länder, der OECD oder anderen Organisationen durchgeführten Überprüfungen und Testverfahren in Bezug auf die Förderung der Kinder im Unterricht bewirken – zumal die zuständigen Lehrkräfte nicht immer Einsicht in die Ergebnisse ihrer Schülerinnen und Schüler zur Umsetzung in Fördermaßnahmen bekommen. Bei der zumindest in Deutschland geringen Unterrichtszeit stellt sich die Frage, ob weniger nicht mehr wäre. Jogschies (2008, S. 143) gibt zu bedenken: »Jene Förderzeit, die zu Diagnosezwecken verwendet wird, steht dem Kind nicht als Lernzeit zur Verfügung«. Ähnlich kritisch äußert sich Dehn zu den Auswirkungen der seit 2000 regelmäßig durchgeführten internationalen Studien, wodurch »[…] das Interesse an den Lernergebnissen zu und an den Lernprozessen abgenommen [hat]. Schulpolitisch steht nun das Bestreben im Vordergrund, die Leistungen zu steigern – und durch Messungen zu prüfen, inwieweit dieses Ziel erreicht wird. Damit besteht die Gefahr, Befunde über Gesetzmäßigkeiten von Lernprozessen zugunsten von vermeintlich effektiven Methoden hintanzustellen« (Dehn 2006, S. 24).

Mit besseren Lernbedingungen und mehr Qualifikation der Lehrkräfte ließe sich ein Großteil an schulischem Versagen vermeiden. Es ist seit Langem bekannt, wie flexibel das menschliche Gehirn durch Umwelt und Erfahrungen beeinflusst wird und so neue Informationen verarbeitet. Die Kompetenz der Lehrkraft, ihr methodisch-didaktisches Wissen, ihre Empathie für das individuelle Kind und ein positives, ermutigendes Lernumfeld mit klaren Strukturen sind wesentliche Voraussetzungen dafür, dass jedes Kind lesen und schreiben lernen kann. Wie schreibt Isabella, die ihre Deutsch-Realschul-Abschlussprüfung mit der Note 2 ohne Bonus geschafft hat:

Niemand soll sich entmutigen lassen.

Isabella, 18 Jahre

Thesen zur Verhinderung von LRS | 1.4

Mit Konzepten der »Literacy-Erziehung« sollen in den vorschulischen Einrichtungen »die (schrift-)sprachlichen Fähigkeiten und Interessen der Kinder durch eine reiche Gesprächs-, Erzähl- und Schriftkultur unterstützt und gefördert werden« (Sasse 2007, S. 3). Diese Anregungen sind besonders wichtig für Kinder, die in ihrer häuslichen Lebensumwelt vor Eintritt in die Schule wenig Sprachanregungen erhalten und kaum Erfahrungen mit Schrift machen. Ansonsten müssen diese fehlenden Erfahrungen im Anfangsunterricht nachgeholt werden.

Der Anfangsunterricht muss daher den unterschiedlichen Lernvoraussetzungen und dem Entwicklungsstand der einzelnen Kinder angepasst sein und Kindern die Funktion von Schrift als Kommunikationsmittel von Beginn an positiv erfahrbar und einsichtig machen.

Um Kindern gezielt helfen zu können, müssen Lehrkräfte Verständnis für die Bedürfnisse ihrer Schüler haben und über Wissen zu den folgenden Aspekten verfügen:
- Wie ist der Lerngegenstand Schriftsprache beschaffen?
- Wie lernen Kinder lesen und schreiben?
- Welche Übungen sind sinnvoll?
- Wie können Kinder positiv motiviert werden?

Die kritische Phase für das Entstehen von Lese-Rechtschreibschwierigkeiten sind die Erfahrungen von Kindern mit Schrift in den ersten beiden Schuljahren. Der Erwerb der Schriftsprache ist ein langwieriger Lernprozess und stellt eine große Herausforderung für alle Kinder dar, und erst allmählich erwerben sie die Einsichten, die für die Aneignung erforderlich sind. Einige Kinder benötigen längere Zeit und gezielte Unterstützung, um diese Denkentwicklung zu meistern. Dies kann unterschiedliche Gründe haben. Daran beteiligt sind individuelle, häusliche und schulische Faktoren. Langsam lernende Kinder laufen Gefahr, im Unterricht zurückzubleiben, wenn die Lernangebote sie überfordern. Die Misserfolgserlebnisse beeinträchtigen das Selbstwertgefühl und die Gesamtpersönlichkeit und können in schwerwiegenden Fällen zu Lernblockaden führen.

Wichtig zu wissen ist, dass jedes Kind mit LRS eine individuell unterschiedliche Genese seiner Schwierigkeiten aufweist. Beteiligt daran sind neben dem schulischen Lernen (Methodik, Didaktik und Lehrerpersönlichkeit) und ungünstigen individuellen Lernvoraussetzungen beim Kind auch die familiäre Situation und die Beziehungen zu Gleichaltrigen und Freunden.

Woran erkenne ich LRS?

- An auffällig vielen Rechtschreibfehlern in ungeübten, manchmal auch geübten Diktaten und freien Texten,
- an einer meist nicht altersadäquaten Lesefähigkeit und/oder einem nicht altersadäquaten Verständnis des Gelesenen,
- die Betroffenen haben sich falsche oder gar keine Vorstellungen hinsichtlich des Systems unserer Schriftsprache angeeignet, sind auf frühen Erwerbsstufen im Lese- und/oder Schreiblernprozess stehen geblieben und haben unangemessene Lernstrategien entwickelt.

Was ist bei der Förderung zentral wichtig?[3]

Auch wenn es trivial klingt, so muss bei der Fülle an Interventionskonzepten klargestellt werden: Lesen kann man nur durch Lesen und schreiben nur durch Schreiben lernen. Lehrkräfte müssen wissen, dass erfolgreiche Förderarbeit gezielte, auf den Lernstand der einzelnen Kinder abgestimmte, sie motivierende Lese- und Schreibübungen und emotionale Unterstützung braucht.

- Förderung ist nur dann erfolgreich, wenn sie regelmäßig – in den ersten beiden Klassen möglichst binnendifferenziert – stattfindet und motivierend gestaltet ist. Neben den gezielten Hilfen zum Erwerb der Schriftsprache sollten Gespräche, Spiel- und Entspannungsangebote sowie sinnvolle Arbeits- und Lerntechniken in die Förderung integriert sein.
- Lesen und Schreiben lernt man nur, wenn man dazu motiviert ist und die Bedeutung dieser Kulturtechniken für das eigene Leben begreift. Förderung muss deshalb auch die emotionalen Probleme und die Versagensängste von Kindern einbeziehen.
- Die Förderung aller Kinder mit Lese-Rechtschreibschwierigkeiten muss dem förderdiagnostischen Ansatz verpflichtet sein. Stufenmodelle des Schriftspracherwerbs und Analysen der kindlichen Zugriffsweisen geben Aufschluss, über wel-

---

[3] Siehe Naegele u. a. 1980, Naegele/Valtin 2001c, Hofmann/Sasse 2006, Bernburger Thesen zur Alphabetisierung 2006.

che Strategien Kinder verfügen und welche Hilfestellung bzw. Förderung sie brauchen, um die Hürden der Schriftsprache zu meistern.
- Für Lehrkräfte ist es aber auch wichtig zu wissen, dass es einzelne Kinder geben kann, deren Schwierigkeiten derzeit mit schulischen Fördermöglichkeiten nicht aufzufangen sind – wenn zu einem großem Rückstand in der schriftsprachlichen Entwicklung psychische Belastungen oder komplexe Entwicklungsverzögerungen hinzukommen. In solchen Einzelfällen werden außerschulische integrative psycho- und lerntherapeutische Maßnahmen notwendig, die jedoch immer systematische Lese- und Schreibförderung beinhalten müssen. Sie sollten über die Institutionen der Jugendhilfe ohne Einengung auf eine medizinische Diskrepanz-Legasthenie-Definition finanziert werden.
- Das Einbeziehen der Lehrkräfte und der Eltern in die Förderung ist eine wichtige Voraussetzung für den Erfolg der Arbeit.

Lehrer dürfen nicht ungerecht sein.

Daniela

Daniela, 11 Jahre

Notizen

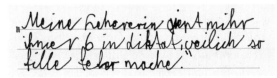

Bülent, 10 Jahre

2 | Wie kann LRS festgestellt werden? Lernstandsdiagnose mit und ohne Tests

Probleme bei der Feststellung von LRS | 2.1

In der medizinischen und psychologischen Forschung werden in der Regel Lese-Rechtschreibschwierigkeiten auf Defizite im Kind zurückgeführt. Ich zitiere einige Störbilder aus ärztlichen und psychologischen Berichten, die dort diagnostizierte Ursachen von Lese-Rechtschreibstörungen sowie Therapievorschläge enthalten, z. B.: »Wahrnehmungsverarbeitungsschwierigkeiten sowohl in der visuellen als auch in der auditiven Wahrnehmungsverarbeitung«, »serielle Kurzzeitspeicherungsschwierigkeiten, gravierende Teilleistungsschwächen im auditiven Kurzzeitgedächtnis, Aufmerksamkeitsdefizit-Syndrom«, »Störungen der Blicksteuerung wegen Auslassungsfehlern, binokulare Instabilität«. In diesen Untersuchungen kommt der eigentliche Anlass, nämlich Lese-Rechtschreibschwierigkeiten bei Kindern und Jugendlichen, meist zu kurz. Allenfalls werden Ergebnisse aus Lese- und/oder Rechtschreibtests aufgeführt, um daraus schulische Erleichterungen zu erlangen.

Den aus den Störungsbildern abgeleiteten Therapievorschlägen fehlt fast immer der Bezug zur Schriftsprache: »Therapien oder Trainings von sogenannten Vorläuferfunktionen mithilfe von Ergotherapien«, »Training der neurobiologischen Wahrnehmungsfunktionen (Blicksteuerung, Simultanerfassung und Hörverarbeitung)«, »visuomotorische Übungen (zur Koordination von visueller Wahrnehmung und Bewegungsapparat), Konzentrationstraining, grafomotorisches Training«, »Therapie mit Methylphenidat (z. B. Ritalin)«. Die Liste ließe sich erweitern.

Falls in der Anamnese neben einem Intelligenztest ein Rechtschreibtest durchgeführt wird, geht es meist nur um die Fehleranzahl, selten um eine qualitative Auswertung, die differenzierte Hinweise auf den schriftsprachlichen Entwicklungsstand geben könnte. Die Folge sind Gutachten, die keinerlei oder sehr wenig Bezug zu den individuellen Strategien und den kognitiven Vorstellungen des Kindes in seinem schriftsprachlichen Lernprozess haben. Hier ein Auszug aus einem Gutachten:

Ursache für die Teilleistungsstörung Lese-Rechtschreibschwäche sind eine sensorische Integrationsstörung sowie funktionelle Störungen der binokularen visuellen Wahrnehmung und der visuomotorischen Koordination. Sie ist charakterisiert durch erhebliche Leseprobleme sowie Verzögerungen und Fehler in der visuellen Erfassung von Wortbildern. Die Entwicklung eines sicheren Wortbildgedächtnisses als Grundlage der deutsch- und fremdsprachigen Orthografie ist dadurch stark erschwert.

In der Vergangenheit wurden außerschulische Fördermaßnahmen oft im Rahmen einer Maßnahme der Hilfen zur Erziehung nach § 27 SGB VIII ohne aufwändige Testdiagnostik finanziert, und zwar als Nebenleistung zur Erziehungsberatung (§ 28 SGB VIII). Nach Durchführung eines Hilfeplanverfahrens mit allen Betroffenen, und verbunden mit regelmäßigen Elterngesprächen, erwies sich diese Fördermaßnahme in der Praxis als sehr erfolgreich. Inzwischen ist jedoch eine Kostenübernahme für außerschulische LRS-Therapien meist nur noch als »Eingliederungshilfe für seelisch behinderte Kinder und Jugendliche« gemäß § 35a SGB VIII in Einzelfällen möglich.

Von einer seelischen Behinderung bedroht [...] sind Kinder oder Jugendliche, bei denen eine Beeinträchtigung ihrer Teilhabe am Leben der Gesellschaft nach fachlicher Kenntnis mit hoher Wahrscheinlichkeit zu erwarten ist.
(Bundesministerium der Justiz § 35a (1))

Für die Bewilligung von Leistungen der öffentlichen Jugendhilfe ist nun eine medizinische, psychiatrische oder psychotherapeutische Stellungnahme auf der Grundlage der ICD Voraussetzung, wobei »darzulegen ist, ob die Abweichung Krankheitswert hat oder auf einer Krankheit beruht«. Dies bedeutet, dass nach diesem Paragrafen Lese-Rechtschreibschwierigkeiten Krankheitswert haben müssen, die nur sehr eingeschränkt, wenn überhaupt, eine gezielte Diagnose der Lese- und Rechtschreibentwicklung beinhalten müssen.

Halten Sie als zuständige Lehrkraft eine außerschulische LRS-Therapie im Einzelfall für dringend erforderlich oder können Sie keine schulische Förderung anbieten, so bleibt Ihnen oft nichts anderes übrig, als die dort geforderten Diagnosen zu befürworten, obwohl sie weder den neueren Erkenntnissen über den Schriftspracherwerb, der Definition von Lese- und Rechtschreibstörung der ICD-10 von 2008, noch den meisten schulischen Ländererlassen entsprechen.

Es darf auch nicht verschwiegen werden, dass es immer noch Lehrkräfte gibt, die an die »echte Legasthenie« glauben, sich für Diagnose und Förderung nicht zuständig erklären und Kindern die notwendige Förderung im Unterricht verweigern. Der Schulpsychologe Falb (2004) hat so einen Fall ausführlich beschrieben. Diese Lehrkräfte sehen zwar die Probleme der Kinder, haben jedoch ihre »privaten« Theorien über Legasthenie, wie mehrfach an Beispielen aufgezeigt wird.

David – ein Beispiel divergierender Diagnosen

Ein Fallbeispiel soll die unterschiedliche Aussagekraft von defizit- und förderdiagnostischer Diagnose verdeutlichen:

> **Beispiel**
>
> Drei Monate nach Schulanfang als Kannkind erhielten die Eltern von David einen Bericht des sprachheilpädagogischen Dienstes seiner Grundschule, in dem ihrem Sohn »Auffälligkeit im Hörgedächtnis, in der Raum-Lage-Wahrnehmung, im Gleichgewicht, Auffälligkeiten in der visuellen und auditiven Wahrnehmung« attestiert wurden und eine ärztliche Überprüfung empfohlen wurde. Aufgrund dieser Diagnose wurde zunächst eine Ergotherapie durchgeführt. Im Unterricht der 1. und 2. Klasse, der im möglichst sauberen Abschreiben und Ausfüllen von Fibel- und Sprachbuchseiten bestand, merkte weder die Lehrerin noch die Mutter, dass David letztlich den Bezug zwischen gesprochener und geschriebener Sprache nicht erfasst hatte. Mit riesigem Gedächtnisaufwand lernte er ganze Wörter und Sätze auswendig. Er litt unter der Diskrepanz zwischen seiner guten mündlichen Ausdrucksfähigkeit, seinem großen Wortschatz mit umfangreichem Sachwissen und den Überforderungen im Unterricht. Er stand unter immensem Druck und reagierte auf die Überforderungen mit Abgelenktsein, woraufhin er von der Kinderpsychologin ein Aufmerksamkeitsdefizit-Syndrom attestiert bekam. Im Zeugnis der 1. Klasse werden seine Abschreibfertigkeiten gelobt, auch dass er geübte Wörter und kurze Sätze lesen kann. »Die Umsetzung von gesprochenen, lautgetreuen Wörtern in Schriftsprache bereitet ihm noch Schwierigkeiten.«
>
> Gegen Ende der 2. Klasse wurde mir David von seinen Eltern vorgestellt. Sie suchten Gründe für die schulischen Auffälligkeiten und die Lernblockaden ihres Sohnes. Die Analyse der Lesefähigkeit mithilfe eines Bilderbuchs ergab, dass er jedes Wort einzellautlich erlesen musste, gleiche Wörter nicht wiedererkannte, Endungen wegließ, Wörter ersetzte, die vom Kontext her aber passten.
>
> Bei der Analyse des Schreibens fiel auf, dass David die im Unterricht verlangte Schreibschrift zwar sorgfältig, aber nur sehr langsam ausführen konnte. Deshalb, und weil ihm, wie er sagte, die Buchstaben oft nicht einfielen, kam er im Unterricht beim Abschreiben nicht mit. Die Analyse seiner Schreibentwicklung ergab, dass er die Laut-Buchstaben-Zuordnungen noch nicht sicher beherrschte. Durch langsames Vorsprechen bemühte er sich, den Lauten Buchstaben zuzuordnen. So schrieb er: »Ich bien 7 Jare alt. David iest aien Jone.« Sein Wortbegriff war noch nicht gefestigt, die Vergangenheitsbildung unregelmäßiger Verben fiel ihm schwer.
>
> Der große Rückstand in der schriftsprachlichen Entwicklung und seine Anstrengung, dies vor der Lehrerin, der Familie und seinen Freunden zu verdecken, erklärten Davids auffälliges Verhalten. Die Erwartungen seiner schulischen und häusli-

chen Umwelt hatten ihn permanent überfordert. Die Analyse zeigte, dass die medizinische Diagnose am Schulanfang für David schädlich war, denn sie verstellte den Blick auf die Lernprozesse. Allerdings fehlten im Anfangsunterricht auch der Einbezug seiner individuellen Lernausgangslage sowie gezielte Angebote, die ihn erfolgreich zum Aufbau schriftsprachlicher Einsichten hätten führen können. Ende der 2. Klasse war David mit seiner Strategie des Auswendiglernens gescheitert. Die kämpfenden Ritter, die er während der Beratung malte, spiegelten seine Lage wider.

Den Eltern wurde empfohlen, die Ergebnisse der Beratung mit der Klassenlehrerin zu besprechen und gemeinsam zu überlegen, wie David in der Schule geholfen werden könne. Anstelle der bislang das Kind überfordernden häuslichen Lese- und Rechtschreibübungen wurde den Eltern abendliches Vorlesen empfohlen, dafür sollte David Bilderbücher mit wenig Text, aber interessantem Inhalt lesen. Um vom einzellautlichen Lesen wegzukommen, wurde empfohlen, häufig gebrauchte Wörter mit der Technik des Blitzlesens zu üben (Kap. 3.3).

In Anbetracht der psychischen Auswirkungen auf Davids Selbstkonzept und die Notwendigkeit der Schaffung einer tragfähigen schriftsprachlichen Basis entschieden sich die Eltern nach mehreren Gesprächen mit der Klassenlehrerin für eine Wiederholung der 2. Klasse sowie für eine außerschulische integrative lern- und psychotherapeutische Maßnahme, in der er über das Schreiben von Fantasy-Geschichten und gezielte Übungen langsam weitere Einsichten in das Schriftsystem erwerben sowie seine Lernstrategien beim Lesen und Schreiben verändern konnte. Seine Unruhe verschwand mit den Lernerfolgen, und nach einem Jahr gezielter Einzelförderung nach dem FIT-Konzept (Kap. 9) hatte David den Lernstand seiner Klasse erreicht.

2.2 | Wege zur Einschätzung von Schülerleistungen

Die Grundsätze der KMK zum Problem LRS von 2003/2007 (S. 1) stellen klar, dass die Verantwortung für »Diagnose und darauf aufbauende Beratung und Förderung der Schülerinnen und Schüler mit besonderen Schwierigkeiten im Lesen und Rechtschreiben zu den Aufgaben der Schule gehört«. Dazu gehört die möglichst frühe förderdiagnostische Beobachtung der Lernschritte eines Kindes, deren Ergebnisse in Förderplänen festgehalten und regelmäßig überprüft werden sollen. So können differenzierte Einsichten in die Lernprozesse eines Kindes gewonnen, dokumentiert und fortgeschrieben werden. Die Betonung der förderdiagnostischen Beobachtung ist eine deutliche Abkehr von der früher praktizierten Testdiagnostik mit Intelligenz- und Lese-/Rechtschreibtest durch eine Person oder Institution, die oftmals in keinerlei Zusammenhang mit der sich anschließenden Fördermaßnahme stand oder steht, wie obige medizinische Diagnose belegt.

Die effektivsten Fördermaßnahmen bei Lese-Rechtschreib-Schwierigkeiten sind neben der Stärkung von Selbstbewusstsein und Motivation unmittelbar bereichsspezifisch: Ausgangspunkt der Förderung sollte deshalb die Analyse des derzeitigen Lernstandes beim Schriftspracherwerb sein, von dem sowohl ein langfristiger Förderplan als auch [...] zeitnahe Lernziele abgeleitet werden können.
(Scheerer-Neumann 2008a, S. 268)

Eine Diagnose, die die Lernprozesse einbezieht, richtet sich auf das einzelne Kind, der Fokus liegt auf den Prozessen und schließt auch deren Wechselwirkungen mit der Umwelt des Kindes ein. Daher müssen außer den Lernvoraussetzungen, den Lernmöglichkeiten und dem Lernverhalten des Kindes alle unterrichtlichen Faktoren, das Verhalten der Lerngruppe und der Lehrkräfte, der Einfluss der Familie und die jeweiligen Wechselwirkungen berücksichtigt werden. Ebenso muss die Sachstruktur des Lerngegenstands Schriftsprache Gegenstand der Beobachtung sein.

Um die Förderbedürftigkeit festzustellen, reichen die Ergebnisse einmalig durchgeführter Tests, Diktat- und Zeugnisnoten oder aber sprachheilpädagogische Analysen nicht aus. Die spezifischen Lernprozesse der Kinder müssen herausgefunden werden. Nur die sorgfältige Analyse des aktuellen Lernstands und der individuellen Lerngeschichte ermöglicht es der Lehrkraft, herauszufinden, welche Einsichten ihre Schülerinnen und Schüler in die schriftsprachlichen Erwerbsprozesse haben, auf welchem Entwicklungsniveau sie sich jeweils befinden und welche besondere Unterstützung sie individuell benötigen. Diese Analysen müssen regelmäßig erfolgen.

Die meisten Informationen über die schulische und unterrichtliche Situation können Lehrkräfte situationsbezogen durch Selbst- und Fremdbeobachtung, durch das Gespräch mit den Kindern und Kolleginnen und Kollegen erhalten. Gegenseitige Hospitationen und Unterrichtsbeobachtungen durch sogenannte »neutrale« Beobachter wie Beratungslehrpersonen, Schulpsychologinnen und Schulpsychologen liefern wichtige Informationen. Unverzichtbar ist auch das Feedback der Lernenden zu Unterrichtsstil und Lehrerverhalten.

Methoden der Förderdiagnostik | 2.3

Bei der Förderdiagnostik sind folgende Methoden wichtig:
- Beobachtung
- Gespräch
- Lernstandsanalysen ohne und mit Tests

Beobachtung

Wichtigste Grundlage für die Förderung eines Kindes ist die kontinuierliche Beobachtung seiner Lernwege in unterschiedlichen Situationen.

Beobachtung in unterschiedlichen Situationen, z. B. im Unterricht, in der Pause auf dem Schulhof und zu Hause können am besten die unterrichtenden Lehrkräfte und die Eltern leisten. Sie sehen tagtäglich, wie leicht oder schwer sich ein Kind beim Schreiben tut, wie es den Stift hält, die Buchstaben formt, wie es gesprochene Sprache in Schrift umsetzt oder dem Schreiben ausweicht, welche Informationen es einem Text entnimmt, ob es freiwillig liest oder sich weigert.

Genaues Beobachten ist Voraussetzung für das »Verstehen der Lehrpersonen« und notwendig, um zu sehen, was Kinder wie machen.

Verstehen ist dabei auf drei Gegenstände gerichtet: auf das Verhalten des Schülers, d. h. Lernen aus dem beobachteten Verhalten des Schülers, auf unser Verhalten und auf die Interaktion, d. h. wie behindert die Interaktion das Lernen des Schülers, was trage ich als Lehrender dazu bei? (Osburg 2003, S. 201)

Wichtig zu wissen ist auch, dass es Kinder gibt, die die Lehrerin, die Eltern – und im schlimmsten Fall sich selbst – lange über Schwierigkeiten hinwegtäuschen können, indem sie dank eines fotografischen Gedächtnisses oder mit einem riesigen Kraftaufwand zunächst Texte auswendig lernen, wie das Fallbeispiel David zeigt. Lehrkräfte müssen daher die aktuelle Lernsituation jedes Kindes beobachten und Verhaltensänderungen – im emotionalen, sozialen und im Lern- und Leistungsbereich – registrieren und deuten lernen. Hinweise und Beobachtungen der Eltern müssen ernst genommen werden.

Im Fokus der förderdiagnostischen Beobachtung sollte die Motivation eines Kindes und seine Einstellungen zum Lernen stehen, z. B. in welchen Situationen/Fächern wirkt das Kind motiviert/wo fehlt eine Leistungsmotivation, wie sieht die Motivation in Lese- und Schreibsituationen aus, welche Auswirkungen haben Misserfolge auf das Kind (Schulunlust, geringe Hoffnung auf Erfolg, Bauchschmerzen, Unruhe u. a.).

Die Beobachtungsergebnisse aus dem Unterricht sollten nach Portmann (1997, S. 88) möglichst unmittelbar festgehalten werde. Notiert werden sollte das tatsächlich beobachtete Ereignis mit einer kurzen Beschreibung der Situation, in der es stattgefunden hat – nicht seine Interpretation. Es genügt, die Beobachtungsergebnisse für jedes Kind auf einem Extrablatt in einem Ordner zu notieren. Portmann schlägt folgende Aufteilung vor:

Name:	Klasse:
Datum:	Stunde/Fach:
Besonderes Ereignis/Verhalten des Kindes:	Reaktionen:

Abb. 1: Beobachtungsprotokoll nach Portmann (1997, S. 88)

Über den Verlauf von Förderkursen können *Unterrichtsprotokolle* Auskunft geben, die entweder von der Lehrkraft oder von den Schülerinnen und Schülern geführt werden. In einer Mappe gesammelt und ergänzt von Texten und Berichten dokumentieren sie die Arbeit und die Entwicklung Einzelner und der Gruppe (z. B. Naegele 2002, S. 68–70, S. 82–87; G. Zimmermann 1983, S. 80). Hier ein Raster, das sich im Unterricht bewährt hat:

Förderkurs/Klasse: _____ Datum: _____

Anwesenheit: (Namen mit Unterschrift) _____

Zeit	Unterrichtsverlauf	Sozialform/Medien

Abb. 2: Unterrichtsprotokoll

In einem von Anfang an differenzierten Unterricht, der auf den individuellen Lernvoraussetzungen jedes Kindes aufbaut und unterschiedliche Lernangebote macht und Lernstrategien vermittelt, ist davon auszugehen, dass von vornherein weniger Lernschwierigkeiten auftreten bzw. sie rasch erkannt werden. Idealerweise wird das individuelle Lernangebot kontinuierlich dem Lernprozess und dem Lernstand des Kindes angepasst. Der Lernerfolg wird am individuellen Fortschritt des Kindes gemessen, sodass sich Misserfolgserlebnisse weitgehend vermeiden lassen sollten.

Gespräch

Im Gespräch mit dem Kind, seinen Eltern und anderen Kolleginnen und Kollegen, die es in der Schule unterrichten, lassen sich weitere Faktoren mit Einfluss auf den Schriftspracherwerb finden: in der Biografie des Kindes, in seiner familiären Umwelt und in seiner Lerngeschichte. Diese Informationen sollten zusammengetragen und in einem Berichtsbogen (s. Anhang) gesammelt werden, wofür es vielfältige Vorlagen gibt. Voraussetzung für das Gelingen eines Gesprächs ist jedoch eine vertrauensvolle Beziehung zwischen den Beteiligten.

In den Gesprächen mit dem Kind möchte man möglichst viele Informationen über seine bisherige Lerngeschichte und seine aktuelle Lernsituation erhalten sowie über seine Lernprozesse.
- Wie ist sein Selbstkonzept?
- Welche positiven und negativen Erfahrungen verbindet das Kind mit bestimmten Fächern und Lehrkräften?
- Welche Vorstellungen hat es über den Gegenstand Schriftsprache?
- Über welche Lern- und Übungsstrategien verfügt es?

Bei Gesprächen mit den Erziehungsberechtigten ist zu berücksichtigen, dass sie aus unterschiedlichsten Gründen wichtige Hintergrundinformationen über ihre Kinder verweigern können, z. B. über Krankheiten, häusliche Krisen, Fragen des häuslichen Übens oder über außerschulische Lernhilfen. Mit Eltern aus bildungsfernen Familien sollten Gespräche über die Bedeutung der häuslichen Lesesozialisation für die Lernerfolge ihrer Kinder geführt werden.

Lernstandsanalysen

> *Lernstandsdiagnosen dienen dem Ziel, den Unterricht bzw. die Förderung gezielt zu planen, den Lernerfolg einzuschätzen und Gesichtspunkte über die weitere Förderung zu liefern. Lernentwicklungskontrollen werden darüber hinaus vorgenommen, um die Wirkung und den Erfolg von Unterrichts- und Fördermaßnahmen abzuschätzen.*
> (May 2002, S. 44)

Lernstandsanalysen sollten in regelmäßigen Abständen während des Schuljahrs erfolgen. Wie mehrfach erwähnt, ist Voraussetzung, dass die Lehrkräfte qualifiziert sind, um die Lese- und Schreibversuche ihrer Schüler begleitend zu beobachten, zu interpretieren und sie durch differenzierte Angebote zu fördern. Dazu gehört das Wissen, dass der Schriftspracherwerb als Entwicklungsprozess verstanden wird, der in charakteristischen Stufen (Valtin 2001b,c) oder jeweils dominanten Strategien (May 2001) verläuft, die aufeinander aufbauen. An dessen Ende sollte ein Kind über Lesekompetenz und Sicherheit beim Schreiben (von Texten und in der Orthografie) verfügen. Mithilfe eines Entwicklungsmodells lassen sich die Schreibproben eines Kindes bzw. die Analyse seiner Leseentwicklung bestimmten Strategien oder Stufen zuordnen (Kap. 2.4). Informelle Verfahren zur Feststellung des Lernstands im Anfangsunterricht finden sich im Begleitmaterial vieler Erstlesewerke. Speziell für Kinder mit LRS sind vielfältige Verfahren und Hilfen im Schülermaterial »Das schaffe ich!« und seiner Handreichung dargestellt (Naegele/Valtin 2006a, b, 2007, 2008; Valtin/Naegele/Sasse 2013).

Normierte Tests

Um die eigene Einschätzung bei der Beurteilung von Schülerleistungen eines Kindes oder einer Klasse zu überprüfen, ist es durchaus sinnvoll, diese gelegentlich mit normierten Schultests abzusichern, die unabhängig von möglicher subjektiver Beurteilung durch die Lehrkraft die Lernstände objektiv und zuverlässig erfassen können. Es liegen inzwischen eine Reihe von Verfahren vor, mit denen die Rechtschreibstrategien und Zugriffsweisen der Kinder festgestellt werden können, beispielsweise:
- HSP – Hamburger Schreibprobe für 1. bis 10. Klassen (May 2002),
- gutschrift-1 und gutschrift-2 der Dortmunder Schriftkompetenzermittlung DoSE (Löffler/Meyer-Schepers 2008),
- OLFA – Oldenburger Fehleranalyse,
- AFRA – Aachener Förderdiagnostische Rechtschreibfehler-Analyse.

Zur Überprüfung des Leseverständnisses eignen sich u. a.:
- WLLP – Würzburger Leise Leseprobe,
- HLT – Hamburger Lesetest,
- die Stolperwörterlesetests (Metze o. J.), die neben der Lesegeschwindigkeit prüfen, inwieweit Kinder beim Satzlesen den syntaktischen Kontext berücksichtigen und das jeweils überflüssige Wort finden (S. 90).

Dehn und Hüttis-Graff stellen in einer Übersicht »Beobachtungs-, Diagnoseverfahren und standardisierte Tests zum Schrifterwerb (Klasse 1)« (2006, S. 149–157) vor und geben tabellarisch Hinweise zur Normierung, Durchführungsdauer, Aufgabenstellung mit Beispielen und zur Auswertung.

Weitere Hinweise finden sich am Ende des Kapitels.

Wenn alle Kinder – wie in den KMK LRS-Grundsätzen von 2003/2007 dargelegt – Anspruch auf Förderung haben, entfallen Intelligenztests als Auslesekriterium, zumal die Strategien, die Kinder mit Lese- und Rechtschreibschwierigkeiten beim Erwerb der Schriftsprache durchlaufen, weitgehend unabhängig von der im Intelligenztest gemessenen Begabung sind (Scheerer-Neumann 2008b, Weber/Marx/Schneider 2001).

Untersuchungen zeigen, dass Kinder mit Leseproblemen mit und ohne IQ-Diskrepanz vergleichbare Leistungen in vielen kognitiven Aufgaben, die mit dem Lesen verbunden sind, aufweisen und ähnliche phonologische Verarbeitungsdefizite, die mit angemessenem Unterricht korrigierbar sind. (Fuchs/Fuchs 2006, S. 41)

Das heißt: Sowohl intelligente als auch weniger intelligente Kinder können mithilfe jeweils passender Fördermaßnahmen lesen und schreiben lernen. Portmann stellt klar:

Die Feststellung eines IQ hilft einem Kind nur, wenn er überdurchschnittlich ausfällt. Ist er »unterdurchschnittlich« kann das für das Kind nicht wieder gutzumachenden Schaden anrichten: Es wird etikettiert, aber nicht gefördert. (Portmann 1997, S. 84)

Von der Diagnose zum Förderplan

Die durch Beobachtung, Analysen des schriftsprachlichen Entwicklungsstands, des Arbeitsverhaltens, der Motivation und der Ergebnisse von Befragungen gewonnenen Erkenntnisse nützen nur dann, wenn sie in individuellen Förderplänen festgehalten werden und diese als Grundlage für individuelle Fördermaßnahmen dienen. Sie sollten regelmäßig fortgeführt werden.

2.4 | Exkurs: Ein Entwicklungsmodell des Schriftspracherwerbs

Exemplarisch für die verschiedenen vorliegenden Entwicklungsmodelle (Frith 1986, Günther 1986, May 2001, Valtin 2001, 2003, 2008, Scheerer-Neumann 2001, 2003, 2008a) übernehme ich im Folgenden die Entwicklungsstufen von Scheerer-Neumann. Sie differenziert das dreistufige Modell von Frith (in Schründer-Lenzen 2007, S. 30) im Bereich der alphabetischen und orthografischen Strategien:

Strategien	Lesen	Rechtschreiben
logografisch	Erkennen von einigen wenigen Wörtern an ausgewählten Buchstaben	Auswendiglernen der Buchstaben einzelner Wörtern, z. B. »M« (»OMA« oder »MUTTER«)
beginnend alphabetisch	logografisches Worterkennen mit Lautelementen	Verschriften weniger Laute eines Wortes, z. B. »TG« (Tiger), »BÄMEN« (Badminton)
entfaltet alphabetisch	Erlesen mit Kontexthilfe; Schwierigkeiten bei langen Wörtern und Konsonanten-Clustern	weitgehend vollständiges Verschriften der Laute; Auslassungen bei langen Wörtern und Konsonanten-Clustern, z. B. »HAT« (Hand), »ast« (Arzt)
voll entfaltet alphabetisch	vollständiges systematisches Erlesen auf Graphemebene mit geringem Kontexteinfluss	vollständiges lautorientiertes Verschriften, z. B. »Schdrase« (Straße), »Farrhatfan« (Fahrradfahren)
beginnend orthografisch	Erlesen auf der Basis größerer Einheiten (Silben, Morpheme, kurze Funktionswörter)	erste Einsichten in orthografische Strukturen und deren Nutzung, z. B. von Morphemen (-ig, -lich, -ung), Vorsilben (ver-, vor-), Auslautverhärtung, z. B. »Rad« Übergeneralisierungen von Regelungen, z. B. »vertig« (fertig), »Blühte« (Blüte)
entfaltet orthografisch		zunehmend weitere Einsichten in orthografische Strukturen, z. B. Vokallängenmarkierung wie in »Fahrrad«
Automatisierung	Erkennen vieler Wörter/Morpheme über das mentale Lexikon	Abrufen vieler Wörter/Morpheme aus dem mentalen Lexikon, z. B. »Fußballfeld«

Tab. 2: Entwicklungsmodell des Schriftspracherwerbs nach Scheerer-Neumann (2008a, S. 268)

Erläuterungen und Beispiele

Im Folgenden werden die drei Hauptstrategien – logografische Strategie, alphabetische Strategie, orthografische Strategie – sowie die Stufe der Automatisierung, die während des Schriftspracherwerbs auftreten, näher erläutert (unter Einbezug der Ausführungen von Scheerer-Neumann 2008a, S. 269–270, Schründer-Lenzen 2007, S. 30–34 und Valtin 1997, S. 78–82).

Logografische Strategie

Die Kinder haben noch keine Einsicht in die Phonem-Graphem-Beziehung. Sie lernen Wörter oder Buchstaben in Wörtern auswendig. Es ist eine Art »Bilderkennen«, z. B. von Begriffen aus der Werbung oder aus dem Fernsehen.

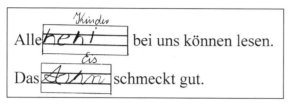

Abb. 3: Leon folgt noch der logografischen Strategie, wie den Diktatworten zu entnehmen ist.

Alphabetische Strategien

Die der alphabetischen Strategie zugrunde liegende Fähigkeit der phonologischen Analyse wird für den Erwerb einer alphabetischen Schrift als absolut notwendig erachtet und es ist übereinstimmend diese Entwicklungsphase, in der die meisten lese-rechtschreibschwachen Kinder zum ersten Mal scheitern. (Scheerer-Neumann 1998, S. 38)

Um die phonologische Analyse vornehmen zu können, bedarf es der sogenannten *phonologischen Bewusstheit*: Kinder müssen in der Lage sein, ihre Aufmerksamkeit auf die formalen Eigenschaften von Sprache zu lenken und Wörter in ihren lautlichen Bestandteilen wahrzunehmen. Nur so können sie die Phonemanalyse leisten.

Im Verlauf des ersten und – spätestens – zweiten Schuljahrs müssen die Kinder den Zusammenhang zwischen geschriebener und gesprochener Sprache erkennen. Sie lernen, dass Buchstaben Laute darstellen und erraten Wörter beim Lesen zunächst häufig aufgrund des Anfangsbuchstabens, wobei sich allerdings Verwechslungen ergeben können. Nach und nach versuchen die Kinder, Wörter einzellautlich zu erlesen, wobei oft der Wortsinn nicht erfasst wird. Je umfangreicher der Wortschatz eines Kindes ist, desto leichter gelingt ihm das Entschlüsseln der Bedeutung.

Auch beim Schreiben versuchen die Kinder, den Zusammenhang zwischen Buchstaben und Lauten schriftlich umzusetzen. Zunächst werden in sogenannten »Skelettschreibungen« wie »BÄMEN« (für Badminton) oder »FSBL« (für Fußball) besonders prägnante Laute festgehalten, meist Konsonanten. Zunehmend vollständiger wird nach und nach das lautorientierte Verschriften, das sich an der Artikulation des Kindes orientiert. Kinder sprechen Wörter langsam vor sich hin und notieren dabei die bei der Artikulation auftauchenden Laute, z. B. »aien« oder »aein« für »ein«, »unt« für »und«. Kinder anderer Muttersprachen orientieren sich häufig an deren Lautung. Obwohl Bülent gut deutsch spricht, zeigt seine kurze Notiz (S. 51) die türkischen Wurzeln (vgl. Becker 2011, S. 142 ff.). David schreibt in der 2. Klasse: »David iest aien Joge« für »David ist ein Junge«. Durch das gedehnte Artikulieren entstehen auch künstlich andersartige Laute.

Auch auf dieser Stufe gibt es noch Kinder, die keine oder nur gelegentlich Lücken zwischen den Wörtern lassen. Häufig wird zunächst noch nicht in Wörter segmentiert bzw. Lücken zwischen den Buchstaben haben für die Kinder keine Funktion. »SEeiNAeiS« für »Ich esse ein Eis«, verschriftet Thomas noch in Klasse 2.

SEeiNAeiS

Thomas, 8 Jahre

Orthografische Strategien

Beim Lesen lernt das Kind, allmählich größere Verarbeitungseinheiten wie Silben, Morpheme, Signalgruppen zu verwenden, durch die der Leseprozess schneller und flüssiger wird.

Kinder erkennen nun, dass es Schreibweisen gibt, die von der Lautung abweichen. Fehler können dadurch entstehen, dass das Kind fälschlich orthografische Regelungen dort anwendet, wo sie nicht gefordert sind. Man spricht dann von »Übergeneralisierungen«, z. B. »vertig« für »fertig« in Analogie zur Vorsilbe »ver-« oder »wier« (»wir«) für »hier«.

Neben einem immer größeren Bestand an gelernten Wörtern verfügen Kinder jetzt über Strategien, die sie beim Schreiben unbekannter Wörter anwenden. Je nach Übung und Kenntnis der Regelungen, wie z. B. Wortfamilie, Morphemkonstanz, Auslautverhärtung, Doppelkonsonanten u. a., kommen sie damit zur richtigen orthografischen Wiedergabe von Wörtern. In Stresssituationen ist zu beobachten, dass Kinder auf eine einfachere Strategie als die zunächst angewendete zurückgreifen, meist auf die alphabetische.

Stufe der Automatisierung

Im Verlauf des Leselernprozesses gelingt es Kindern, immer mehr Wörter automatisiert zu erfassen und gleichzeitig beim Lesen Vorauserwartungen aufgrund ihrer

Sprach- und Weltkenntnis zu bilden. Das Kind liest nun flüssig und kann sich auf den Inhalt konzentrieren. Wie beschreibt es Erich Kästner: »Wenn ein Kind lesen gelernt hat und gerne liest, entdeckt und erobert es eine zweite Welt, das Reich der Buchstaben. […] Wer lesen kann, hat ein zweites Paar Augen, und er muss nur aufpassen, dass er das erste Paar nicht verdirbt.«

Beim Schreibenlernen erwirbt das Kind Einsichten in das orthografische Regelwerk der Schriftsprache und kann diese normgerecht umsetzen. Hinzu kommen wortübergreifende Strategien, die die Schreibweise von Sätzen betreffen.

Was das Auftreten und die Abfolge einzelner Stufen betrifft, so ist hervorzuheben, dass einige Kinder zu Schulbeginn durchaus schon Anfänge orthografischer Strategien zeigen, da sie bereits mit schriftlichen Kenntnissen in die Schule kommen. Inwieweit sich erste Einsichten in orthografische Muster schon parallel zur alphabetischen Strategie entwickeln oder daran anschließen, wird sicherlich vor allem durch den Unterricht beeinflusst und lässt sich nicht verallgemeinern (Scheerer-Neumann 2002, S. 50). Gezielte Hilfen benötigen z. B. Kinder, die

- Ende der 1. Klasse noch nicht über die Einsicht in den Laut-Buchstaben-Bezug verfügen und Wörter auswendig lernen (Beispiel David, S. 53),
- Ende der 2. Klasse beim freien Schreiben noch skelettartig verschriften oder einzellautlich ohne Sinnverständnis lesen,
- Ende der 3. Klasse noch überwiegend die alphabetische Strategie anwenden, d. h. auch häufig verwendete Wörter aus dem Grundwortschatz schreiben, wie sie sie sprechen, oder noch synthetisierend lesen. Weitere Ausführungen finden sich in den entsprechenden Kapiteln.

Als ich lesen und schreiben konnte fand ich es sehr hilfreich. Endlich musste ich nicht mehr fragen was da stand.

Lilli, 9 Jahre

Als Download auf www.beltz.de

Fragebogen zur Selbsteinschätzung ab 5. Klasse (Lerne und wiederhole 2013)
Berichtsbogen Schriftspracherwerb für Kinder mit LRS in Klasse 3 und 4. (Deutsch differenziert, H. 3/2008); weitere Materialien und Artikel finden Sie unter www.deutsch-differenziert.de in der Rubrik »Suchen und Finden« → »Einzelheftarchiv«
6-Wörter-Test (Dehn/Hüttis-Graff 2006)
Übungslisten mit Häufigkeitswörtern

Weiterführende, vertiefende Literatur und Diagnoseverfahren

Dehn, M. (2006): Zeit für die Schrift I. Lesen lernen und Schreiben können. Berlin: Cornelsen.

Dehn, M./Hüttis-Graff, P. (2006): Zeit für die Schrift II. Beobachtung und Diagnose. Berlin: Cornelsen.

Forster, M./Martschinke, S. (2002): Diagnose und Förderung im Schriftspracherwerb, Band 2: Leichter lesen und schreiben lernen mit der Hexe Susi – Übungen und Spiele zur Förderung der phonologischen Bewusstheit, 2. Auflage, Donauwörth: Auer.

Füssenich, I./Löffler, C. (2005): Schriftspracherwerb. Einschulung, erstes und zweites Schuljahr. München: Reinhardt.

Füssenich, I./Löffler, C. (2009): Schriftspracherwerb Materialheft. Einschulung, erstes und zweites Schuljahr. München: Reinhardt.

Hofmann, B./Valtin, R. (Hrsg.) (2007): Förderdiagnostik beim Schriftspracherwerb. Berlin: DGLS.

Martschinke, S./Kirschbock, E. M./Frank, A. (2002): Diagnose und Förderung im Schriftspracherwerb, Band 1: Der Rundgang durch Hörhausen, 2. Auflage, Donauwörth: Auer.

Metze, W. (o. J.): Stolperwörtertests. www.wilfriedmetze.de

Scheerer-Neumann, G./Kretschmann, R./Brügelmann, H. (1986): Andrea, Ben und Jana. Selbstgewählte Wege zum Lesen und Schreiben. In: Brügelmann, H. (Hrsg.): ABC und Schriftsprache – Rätsel für Kinder, Lehrer und Forscher. Konstanz: Faude, S. 55–96.

Valtin, R. (2001b): Schwierigkeiten beim Schriftspracherwerb. In: Naegele, I./Valtin, R. (Hrsg.): LRS – Legasthenie in den Klassen 1–10. Band 2. 2. Auflage. Weinheim und Basel: Beltz, S. 48–69.

Beispiele für Berichtsbögen und Lernstandsdiagnosen, z. T. mit Kopiervorlagen

(Folgende Materialien sind auch in den Berichtsbogen im Anhang eingeflossen)

Bartnitzky, H./Hecker, U. (2006): Deutsch: Pädagogische Leistungskultur. Materialien für Klasse 3 und 4. Frankfurt/M.: Grundschulverband.

Brinkmann, E./Brügelmann, H. (2005): Deutsch: Pädagogische Leistungskultur. Materialien für Klasse 1 und 2. Frankfurt/M.: Grundschulverband.

Naegele, I./Valtin, R. (2006): Förderdiagnostisches Vorgehen. In: Deutsch differenziert H. 3/2006: Lese-Rechtschreibschwierigkeiten im Anfangsunterricht. Lernstandsanalyse. M 1a–c, S. 16–18.

Naegele, I./Valtin, R. (2008): Handreichung: Das schaffe ich! A+B. Braunschweig: Schroedel. KV 1a, 1b.

Sasse, A./Valtin, R. (2008): Erstellen eines Förderplans. In: Deutsch differenziert Heft 3/2008: Lese-Rechtschreibschwierigkeiten im weiterführenden Unterricht, S. 19 + Kopiervorlagen M 7 und M 8.

Notizen

Ich finde meine Lehrerin doof, weil sie nicht sitz wen ich mir mühe gebe. Und wen sie lange Texte schreibt meine feler imer als katastrofe findet.

Jannis, 11 Jahre

3 | In welchen Bereichen brauchen Lehrkräfte Fachwissen?

Allgemeine Thesen zur Förderung | 3.1

Da die Schule die Verpflichtung hat, alle Kinder Lesen und Schreiben zu lehren, sollte sie auch der Ort sein für Förderung, die unterstützend und ausgleichend wirkt. Doch leider ist dies aus unterschiedlichen Gründen bislang nicht der Regelfall.

Wenn akzeptiert wird, dass jede Schülerin und jeder Schüler eine eigene Geschichte mitbringt, die von seiner Lerngeschichte, der individuellen Persönlichkeit und den Kommunikationsbeziehungen mit seiner Umwelt abhängt, muss versucht werden, alle Beteiligten in die Förderung mit einzubeziehen.

In seinem »Krebsbüchlein oder die Anweisung zu einer unvernünftigen Erziehung der Kinder« beschreibt C. G. Salzmann Ende des 18. Jahrhunderts erzieherisches Fehlverhalten und deren negative Auswirkung auf die kindliche Entwicklung. Die Sammlung negativer Grundsätze aus Lehrerkommentaren soll exemplarisch aufzeigen, unter welch negative Belastungen Kinder mit LRS und ihre Eltern geraten können. In seinem »Ameisenbüchlein – die Anweisung zu einer vernünftigen Erziehung der Erzieher«, 24 Jahre nach dem Krebsbüchlein im Jahr 1805 veröffentlicht, gibt Salzmann (S. 5) Hinweise, wie eine förderliche Erziehung gelingen kann. Er fordert:

Ach, gebt uns gute Erzieher! Gebt uns Leute, die Neigung, Geschicklichkeit und Fertigkeit haben, Kinder vernünftig zu behandeln, sich die Liebe und das Zutrauen derselben zu erwerben, die Kräfte zu wecken, ihre Neigungen zu lenken und durch ihre Lehre und ihr Beispiel die jungen Menschen zu dem zu machen, was sie ihren Anlagen und ihrer Bestimmung nach sein können und sein sollen – und die Erziehung wird gelingen, ohne dass wir neue Theorien nötig haben.

Das ist es, was Kinder brauchen (zur Umsetzung der Förderthesen s. Kap. 5 und 9).

> **Beispiel**
>
> **Negative Originalzitate von Lehrkräften gegenüber Kindern mit LRS**
> (in Anlehnung an das »Krebsbüchlein« von Salzmann)
>
> - Legasthenie gibt es nicht! Ruh dich nicht auf der faulen Haut aus und übe mehr! (Grundschule)
> - Ich sehe, dass du nicht gründlich gelernt hast. Du machst häufig die selben Fehler! (Grundschule)
> - Dieser Text stand vorgedruckt im Buch. Hast du Augen?
> - Du machst nicht die richtigen Fehler, darum muss ich dich benoten!
> - Wenn du so weitermachst, hast du bald alles verlernt, was du in Rechtschreibung einmal konntest!
> - Konzentrier dich mehr, dann machst du weniger Leichtsinnsfehler!
> - Deine Schrift ist eine Zumutung! Ich lehne es ab, das zu lesen! Neu schreiben! (Förderstufe)
> - Wenn du mir kein LRS-Gutachten bringst, bin ich nicht bereit, die Rechtschreibfehler unberücksichtigt zu lassen. Aber auch dann werde ich jedes nicht ordentlich geschriebene Wort als Fehler anrechnen. (Gymnasium)
> - Ich erkenne deine LRS nur an, wenn du einen Nachweis über eine außerschulische Förderung vorlegst! (Gymnasium)
> - Leider macht es keinen Spaß deinen Text zu lesen, denn du gibst dir beim Schreiben überhaupt keine Mühe (Oder ich merke nichts davon). (Förderstufe)
> - Jede Woche eine Doppelseite adäquater Texte abschreiben und am Freitag zur Durchsicht vorlegen! (Gymnasium)
> - Wenn du mir kein LRS-Gutachten bringst, bin ich nicht bereit, die Rechtschreibfehler unberücksichtigt zu lassen. Aber auch dann werde ich jedes nicht ordentlich geschriebene Wort als Fehler anrechnen. (Gymnasium)
>
> **Formulierungen von Lehrkräften gegenüber Eltern**
>
> - Ihre Tochter las die Leseaufgabe heute verheerend schlecht. Ich hatte den Eindruck, dass sie diese überhaupt nicht geübt hat. (Grundschule)
> - Abwarten! Der Knoten platzt von allein! (Grundschule)
> - Leider muss ich Ihnen sagen, dass Ihr Kind nur mit Ihrer Hilfe oder durch von Ihnen organisierte zusätzliche Hilfe die Chance auf mehr als einen Hauptschulabschluss hat und selbst dieser ist gefährdet. (IGS)
>
> *Die Arbeit entspricht auch nur annähernd nicht den Mindestanforderungen in sprachlicher wie inhaltlicher Hinsicht. Eine „Korrektur" erscheint daher sinnlos, da sie einen größeren Umfang hätte als die Vorlage.*
>
> *6 (LRS)*

> **Beispiel**
>
> **Hinweise für eine erfolgreiche Förderung**
> (in Anlehnung an das »Ameisenbüchlein« von Salzmann)
>
> - Schaffen neuer Motivation für das Lesen und Schreiben in einem positiven, stimulierenden Umfeld
> - gezielter Aufbau der fehlenden schriftsprachlichen Grundlagen und Einsichten auf der Basis förderdiagnostischer Erkenntnisse
> - Vermittlung von Lern- und Arbeitsstrategien und Entspannungstechniken
> - Ausbau der persönlichen Stärken, Entwicklung von Selbstvertrauen
>
> **Allgemeine Prinzipien für die Förderung**
>
> - Das Kind abholen, wo es steht, nach vorangegangener Lernstandsanalyse
> - Schaffung eines Vertrauensverhältnisses zwischen Lehrkraft und Kind
> - Anbahnen von Erfolgserlebnissen durch Passung der Lern- und/oder Übungsangebote an den individuellen Entwicklungsstand
> - Aufbau von Lese- und Schreibkompetenz
> - Einplanung möglichst sofortiger Erfolgsrückmeldung
> - Positivbewertung bei allen Arbeiten und Spielen
> - Erwerb metakognitiver Arbeits- und Lernstrategien
> - Vermeidung didaktischer Fehler
> - Zusammenarbeit und Austausch mit den Kolleginnen und Kollegen
> - Einbezug der Eltern
>
> **Methoden der Förderung**
>
> - Erstellen und Umsetzen individueller Förderpläne
> - regelmäßige förderdiagnostische Analyse der Arbeiten der Kinder als Basis für neue Aktivitäten
> - schrittweises, aufeinander aufbauendes Vermitteln des fehlenden schriftsprachlichen Wissens, das sich an den Interessen und Lernwegen der Kinder orientiert. Dazu zählen z. B. freies Schreiben, regelmäßige Karteiarbeit, Erweiterung des Wortschatzes, das Lösen individueller Aufgaben, das Lesen von Büchern
> - strukturiertes und systematisiertes Vorgehen mit gezielten Erklärungen und individuelle Hilfen
> - Einplanen regelmäßiger Spiel- und Gesprächsphasen,
> - Vermittlung von sinnvollen Lern- und Arbeitsstrategien, z. B. Lesestrategien, kommentiertes Schreiben, Eigenkontrolle
> - Einsatz ausgewählter Medien: z. B. Spiele, didaktische Materialien, Computer, Kinder- und Jugendbücher
> - Gespräche mit Eltern sowie Austausch mit den unterrichtenden Lehrkräften

Notizen

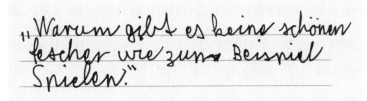

Lara, 13 Jahre

Bedeutung des Spiels und des Spielens für Schülerinnen und Schüler mit LRS[4] | 3.2

Spielen – dafür haben wir keine Zeit!

Laras Wunsch wird sicherlich von vielen in der Schule Tätigen geteilt. Dabei hatten zwischen 1970 und 1990 Spiele und Spielcurricula sogar Eingang in die Lehrerausbildung und in den Unterricht gefunden (Daublebsky 1977, Götte 1991). Es wurden im Rahmen der Freiarbeit Spielstunden eingerichtet – primär unter dem Aspekt des sozialen Miteinanders. Heute verweisen Lehrkräfte auf Zeitdruck, erhöhte curriculare Anforderungen, Überlastung, Stofffülle, die keinen Raum fürs Spielen zuließen, abgesehen von kurzen Besuchen der Spielecke, wohin sich schnell arbeitende Kinder manchmal zurückziehen dürfen.

Die Ergebnisse von Modellversuchen (EULE 1986, Naegele/Haarmann 1993) und Forschungsergebnissen (Einsiedler 1985) belegen jedoch die positiven Auswirkungen von Spielen im Unterricht z. B. auf die Persönlichkeitsentwicklung, die Motivation und Konzentrationsfähigkeit, die Sprachbildung sowie auf die Integration ausländischer Kinder in den Unterricht. Im Modellversuch EULE ging es zunächst um die Förderung von sozialen Kontakten und der mündlichen Kommunikationsfähigkeit in der deutschen Sprache. Der Versuch wurde in Schulanfangsklassen mit Kindern verschiedener Muttersprachen mit spielorientierten Lernangeboten durchgeführt. Dafür wurden Spiele, Lieder, Reime, Tänze gesammelt und von über 100 Lehrerinnen und Lehrern in ihren Klassen eingesetzt. Im Verlauf der dreijährigen Erprobung entstand die Sammlung »Darf ich mitspielen?«. Diese Spiele erwiesen sich in Fortbildungsveranstaltungen auch »in der Alltagsarbeit von Eingangsstufen, Vorklassen, Grund-

---

[4] Ganz bewusst verzichte ich in diesem Beitrag auf die Diskussion um den Einsatz von Spielen für Computer, Tablets, Smartphones oder Spielkonsolen im Unterricht, die im Privatleben vieler Kinder und Jugendlicher eine große Rolle spielen. Gründe sind z. B. bislang fehlende schulische Infrastruktur und verfügbare Unterrichtszeit in den Schulen, Schwierigkeiten beim Herstellen thematischer Bezüge zu den Lerninhalten des Unterrichts, oft unzureichende Medien- und Spielkompetenz der Unterrichtenden.

und Sekundarschulklassen, in der Lehreraus- und -fortbildung wie bei der Förderung von Kindern mit Sprach- und Kommunikationsschwierigkeiten sowie bei Deutsch als Fremdsprache erfolgreich« (Naegele/Haarmann 1993, S. 113). Wesentliche Ergebnisse des Modellversuchs waren, dass die Erprobungslehrerinnen und -lehrer mithilfe der Spielangebote eine Verbesserung des sozialen Miteinanders und der mündlichen Kommunikationsfähigkeit im Vergleich zu früheren Anfangsklassen feststellen konnten. Besonders bewährt haben sich vor allem die Spielanregungen, die eine Kombination bieten aus eingängiger Melodie, ansprechendem, möglichst mehrsprachigem Text und motorisch-stimulierenden Bewegungsabläufen, die sich szenisch umsetzen lassen. Dazu gehören lustige Lieder mit Bewegungen wie »Meine Tante aus Marokko«, »Hans Nasens Fahrrad« oder Lieder von Fredrik Vahle (Vahle 2012).

Die Erfahrungen haben gezeigt, dass der gezielte Einsatz von spielerischen Aktivitäten viele Fähigkeiten der Kinder weckt, erweitert oder differenziert, dass er das emotional-soziale Klima in der Klasse verbessert und damit letztlich allen Kindern weiterhilft: ausländischen und deutschen. (Naegele/Haarmann 1993, Vorüberlegungen IX)

Es fällt auf, dass selbst im »Handbuch Förderung« (Arnold u. a. 2008) der Begriff Spiel weder im Register zu finden ist, noch in den Beiträgen thematisiert wird. Die meisten der derzeitigen mit »Spiel« bezeichneten Materialien oder Übungen haben mit Spiel wenig zu tun. Es handelt sich um mündliche Sprachübungen zur Anbahnung oder Förderung der Sprachbewusstheit (Küspert/Schneider 2001) oder um Sprach-, Lese- oder Rechtschreibübungen oder Lauschspiele (Hingst 2008, Backhus 2011), meist unter dem Aspekt der Wahrnehmungsförderung (wie eine Recherche im Internet unter dem Stichwort »Spielen in der LRS-Förderung« bestätigt; Abruf 6.4.12). Ganz abgesehen von der inzwischen etwas relativierten Bedeutung der phonologischen Bewusstheit als Vorläuferfähigkeit für das Lesen- und Schreibenlernen (vgl. Andresen, H. 2009, Nickel 2005, Brügelmann 2003), stellt dies eine unangemessene Reduktion der Bedeutung des Spielens dar.

Im Englischen existieren zwei Begriffe für Spiel, um so die vielfältigen Formen des Spiels besser zu trennen. *Play* bezeichnet das freie, *game* das geregelte, vorstrukturierte Spiel. Im Deutschen dagegen wird unter dem Begriff Spiel sehr Unterschiedliches subsumiert: vom Sandkastenspiel des Kleinkindes bis zum professionellen Fußball- und Tennismatch, das Kind, das in sich versunken in der Pfütze spielt ebenso wie das leidenschaftliche Glücksspiel um Geld bei Erwachsenen, das artistische Spiel des Geigenvirtuosen wie das wüste Herumtoben Heranwachsender.

Scheuerl folgert:

Ob wir ein Tun, eine Bewegung als Spiel erkennen, hängt offenbar von Vorverständnissen ab [...]. Was die Kinder selber als Spiel verstehen, welchen Sinn sie ihm geben, ist von anderen immer nur schwer ganz eindeutig zu fassen. Doch trotz aller Mehr-

deutungen ist die Erschließung gerade dieses subjektiv von einem Spieler gemeinten Sinnes unerlässlich, wenn entschieden werden soll, ob eine Bewegung als Spiel oder Nicht-Spiel interpretiert werden darf. (Scheuerl 1985, S. 21)

Er erläutert dies am Bild eines Kindes, das in einer Pfütze plantscht. Ist es Spiel, Arbeit oder Lernen? Für Kinder sind diese Tätigkeiten keine Gegensätze: Wie sie empfunden werden, hängt von der individuellen Situation und dem jeweiligen Kind ab. Doch nicht jedes Spiel und nicht alles Spielen bedeutet in gleichem Maße Entwicklungsförderung, Lernen und Motivierung im pädagogischen Sinn. Und genau darum geht es in der Schule.

Überlegungen zum Spielen

Die Bedeutung des Spiels für die gesunde Entwicklung des Kindes ist aus unterschiedlichen Blickwinkeln hinreichend belegt: aus der Entwicklungs- und Lernpsychologie, der Psychoanalyse, der Philosophie, der Soziologie, der Pädagogik, der Anthropologie, dem Theater, der Kunst, der Musik …

Spielen im Unterricht und in der LRS-Förderung

Spiele – freie, didaktische, Bewegungs-, Schreib-, Situations- oder Sprechspiele – haben sich neben Lese- und Schreibphasen in der Förderung von lese-rechtschreibschwachen Schülerinnen und Schülern bewährt. Es liegen Erfahrungsberichte über den erfolgreichen Einsatz von Spielen und spieltherapeutischen Ansätzen in der schulischen und außerschulischen Förderarbeit vor (Breuninger/Betz 1996, MacCracken 1990, Naegele/Haarmann 1993, Rathenow/Vöge 1982, Naegele 2001d). Dass der empirische Nachweis über die Wirksamkeit von Spielen im Unterricht so selten erbracht wird, liegt an der Schwierigkeit, diese auf einzelne Funktionen einzugrenzen.

Was kann Spielen außer zur Lockerung und spielerischen Einkleidung von Lernaufgaben bewirken? Spiele sind geeignet zur Schaffung neuer Motivation, von Erfolgserlebnissen, sozialem Miteinander, selbst bei verdeckten Lese- und oder Schreibanlässen wie z. B. bei dem Spiel »Ich sehe was, was du nicht siehst. Das beginnt mit E«. Es schult genaue Beobachtung, zwingt zur Konzentration auf die Anlaute, fördert soziales Miteinander.

Alle Kinder brauchen Spiele für eine gesunde Entwicklung. Und ganz besonders Kinder, die durch ihre LRS Schulunlust oder Schulangst entwickelt haben, müssen ihr negatives Selbstwertgefühl, ihre Ängste und das Vermeidungsverhalten abbauen, um wieder Freude am Lernen und der Schule zu gewinnen. Dies verlangt jedoch, dass sie ermutigende und vergnügliche Situationen erleben und dabei ihr angegriffenes Selbstwertgefühl aufbauen können.

Spiele helfen lesen lernen

Bei Lese-, Schreib- und Wörterspielen, die es in vielfältiger Form gibt, ist der Bezug zum Lesen und Schreiben klar ersichtlich, z. B. bei »Stadt – Land – Fluss«, »Gefüllte Kalbsbrust« oder »Onkel Otto plätschert lustig in der Badewanne«. Leseanlässe unterschiedlichen Schwierigkeitsgrades bieten Brettspiele wie »Spiel des Lebens«, »Das Taschengeld-Spiel«, »Die Peking-Akte« oder »Schatz der Inka«. Bei älteren Kindern und Jugendlichen erfreuen sich Fantasy-Spiele großer Beliebtheit. Sie bestehen aus Geschichten, die in Rollenspiele umgesetzt werden, ganz nebenbei ein erfolgreiches Lesetraining! Indirekt wird Sprachbewusstheit, Ausdrucksfähigkeit und Sprachanalyse auch durch die Reime bei Ball-, Hüpf- oder Seilspielen gefördert, neben der Schulung der Grob- und Feinmotorik.

Beim gemeinsamen Spiel im Kreis wie z. B. bei »Feuer, Wasser, Erde, Luft«, auf dem Schulhof bei »Böser Zauberer«, bei Brettspielen in der Kleingruppe oder zu zweit, bei Zungenbrechern oder im darstellenden Spiel verschwinden Müdigkeit, Resignation, Unkonzentriertheit und Aggression. Bei der Spielauswahl sollte das soziale Miteinander und nicht das Verlieren oder Ausscheiden im Mittelpunkt stehen.

Neben freien Spielphasen mit didaktischen Spielen und materialfreien Kreis- und Rollenspielen eignen sich aus eigener Erfahrung besonders Interaktionsspiele. Sie sind auf die Bearbeitung der Problemlage der oft misserfolgsorientierten Kinder ausgerichtet und helfen bei der Entwicklung eines positiven Selbstbildes, von Selbstvertrauen und Selbstbewusstsein, bei der Herausbildung einer positiven Arbeitshaltung und verbessern die Beziehungen zwischen den Kindern. In einem mehr therapeutischen Ansatz muss die negative Einstellung zum Fach oder zur Schule zunächst verändert, die emotionalen und sozialen Spannungen der Kinder müssen vermindert und neue Motivationen für den Erwerb schriftsprachlicher Fertigkeiten geschaffen werden.

Spielanleitungen bieten motivierende Leseübungen, Regeln lassen sich verändern und neu schreiben, z. B. für »Boggle«, damit auch Kinder mit LRS daran Freude haben: Alle sichtbaren Buchstaben können für jedes zu bildende Wort benutzt werden, nicht nur nebeneinander liegende. So lassen sich weit mehr Wörter finden, die dann jeweils vorgelesen und verglichen werden. Gleiche Wörter oder falsch geschriebene werden durchgestrichen. Die übrig gebliebenen Wörter werden gezählt und dann je nach orthografischer Sicherheit mit einem »Handicap« multipliziert, sodass sich Erwachsene ganz schön anstrengen müssen, um eine Gewinnchance zu haben.

Spielprojekte, wie die Herstellung einer Spielzeitung, unterstützen die Förderung von Lesen, Schreiben und Rechtschreiben. Ein Förderkurs einer 6. Klasse stellte z. B. eine »Spielesammlung für den Unterricht, für Pausen und für die Klassenfahrt« zusammen mit Kreis- und Wortspielen, Kreuzworträtseln und Witzen (z. B. Fördergruppe P. P. S. 1983).

Argumente für Spiele im Unterricht

Für das Einbeziehen von Spielen in den Unterricht gibt es gewichtige Argumente. Im Folgenden wird versucht, die vielfältigen Erfahrungen, die im Spiel wirksam sind, einzelnen Funktionsbereichen zuzuordnen.

Spiele im Unterricht – sechs wichtige Gründe

1. Allgemeine Funktion

Das Spiel ist die vom Kind selbst gewählte und selbst gesteuerte Aktionsform, durch die es seine Kräfte und Fähigkeiten erprobt und entfaltet, mit der es sprachliche, sachliche und soziale Erfahrungen sammelt, kurz: sein Selbstbewusstsein aufbaut und sich die Umwelt erschließt. Das Spiel ist mithin die »natürlichste« Form kindlichen Lernens. Spielen ist die geeignete Lernform, um aus Individuen unterschiedlichster familiärer, sozialer, nationaler und kultureller Herkunft eine Klassengemeinschaft zu bilden, die die Regeln des Miteinanders und gegenseitige Rücksichtnahme akzeptieren kann.

2. Diagnostische Funktion

Das Spiel eignet sich vorzüglich dazu, die unterschiedlichen Fähigkeiten und Fertigkeiten der Kinder kennenzulernen (Diagnose) und Rückstände auszugleichen (Förderung), und zwar im gleichen Handlungsvollzug.

3. Kompensatorische Funktion

Der Anfangsunterricht setzt beim Schulanfänger stillschweigend bestimmte Fähigkeiten bzw. Qualifikationen voraus, die das Kind im Vorschulalter gewöhnlich durch das Spiel erwirbt. Nach wie vor finden sich Defizite an vorschulischen Spielerfahrungen aufgrund eingeschränkter Handlungsmöglichkeiten (Wohnung, Umwelt), verminderter sozialer Kontakte (Kleinfamilie, fehlende Geschwister, Isolierung von der Nachbarschaft) und rein rezeptiven Mediengebrauch (TV, Video, Computer-»Spiele«). Sie ziehen häufig Mängel nach sich, die wiederum nur durch schulische Spielangebote in den ersten Schuljahren ausgeglichen werden können.

4. Motivationale Funktion

Für misserfolgsorientierte Schülerinnen und Schüler bieten Spielerfahrungen in entspannter Atmosphäre ohne Leistungsdruck eine große Chance, Selbstvertrauen und neue Motivation aufzubauen. Was mit Freude und intrinsischer Motivation gelernt wird, wird länger behalten (vgl. Kap. 4.2). Die Auswahl der Spielangebote durch die Lehrkraft will positive Erfahrungen vermitteln, Spaß beim Spielen erreichen und gleichzeitig Lernvorgänge initiieren, die Lernschwierigkeiten abbauen.

5. Kommunikative Funktion

Sprache wird im Spiel als eine Form sozialen Handelns in komplexen, wirklichkeitsnahen Lebenssituationen erlebt. Sprachliches Lernen im Kontext von Spielhandlungen hat sich, wie Modellversuche in Anfangsklassen belegen, als effizienter und motivierender erwiesen als systematische Belehrungen in isolierten Sprachlehrgängen oder -trainingsprogrammen – vor allem am Schulanfang und bei Problemen.

6. Therapeutische Funktion

Schüler, die durch Versagenserlebnisse Schulunlust oder Schulangst entwickelt haben bzw. emotionale und oft auch soziale Probleme aufweisen, bedürfen veränderter und damit verändernder Schulerfahrungen, um die negative Einstellung zum Fach und zur Schule abzubauen und wieder Freude an der Schule zu bekommen. Sie erleben beim Spiel ermutigende und vergnügliche Situationen und können notenfrei lernen.

Praktische Hinweise zum Spielen im Unterricht

Spielen soll den Kindern Freude bereiten. Deshalb dürfen sie nicht zum Mitspielen gezwungen werden. Natürlich sollte die Lehrperson versuchen, alle Kinder für das Spiel zu gewinnen. Es muss dabei allerdings akzeptiert werden, dass zunächst einige Kinder noch zurückhaltend sind und das Spielgeschehen beobachtend verfolgen.

- Wer eine Schulklasse zum Spielen motivieren will, sollte selbst Freude und Spaß am Spielen haben, sonst wird jeder gut gemeinte Versuch scheitern. Nur in einer entspannten, fröhlichen Atmosphäre werden alle ihre Bedürfnisse und Gefühle einbringen können. Wettbewerb und Konkurrenz sollten zugunsten gemeinsamer Handlungsweisen und solidarischen Verhaltens zurücktreten. Die nonverbalen Kommunikationsmöglichkeiten (Gestik, Mimik, Gesichtsausdruck, Körperhaltung, Stimmlage) sind vorzüglich dazu geeignet, sprachliche Verständigung zu erleichtern und Schwierigkeiten zu überbrücken.
- Wer glaubt, aufgrund fehlender Stimm- oder Instrumentenbeherrschung auf den Einsatz von Liedern verzichten zu müssen, kann auf Tonträger zurückgreifen und sie zum Kennenlernen eines Liedes sowie als Hintergrundmusik abspielen.
- Die Spielauswahl sollte abwechslungsreich sein und möglichst viele ansprechen. Die Planung von Spielen sollte flexibel und offen bleiben. Sie muss Raum lassen für die Spontaneität des Augenblicks und an die Bedürfnisse und Lage der Beteiligten angepasst sein (z. B. Was lief in der vorangegangenen Stunde? War der Morgen bisher besonders anstrengend? Wurde eine Arbeit geschrieben?).

- Spielhemmungen und Ängste, die vor allem bei jüngeren Kindern zu beobachten sind, können nur durch Ermutigung und Geduld abgebaut werden. Dazu muss die Lehrerin oder der Lehrer die einzelnen Schüler und Schülerinnen kennen, mit vertrauten Spielen beginnen, eventuell an Spielen aus den Heimatländern anknüpfen, die es z. T. in ähnlicher Form auch hier gibt (Naegele/Haarmann 1993).
- Ob die Lehrerin oder der Lehrer mitspielt oder nicht, hängt von vielen Faktoren ab: der Größe der Gruppe, die bei manchen Spielen eine Aufteilung in Kleingruppen nötig macht, der eigenen Sicherheit und Fähigkeit, trotz Mitspielens die Gesamtsituation beobachten zu können, der Fähigkeit der Kinder, aufeinander Rücksicht zu nehmen und Probleme und Konflikte gemeinsam zu lösen, der momentanen Gestimmtheit der Gruppe.
- Es ist wichtig, dass Spielregeln eindeutig und einfach formuliert sind. Eine Proberunde zeigt, ob alle die Anleitung verstanden haben. Die von den Verlagen beigefügten Spielregeln erweisen sich oft als schwer verständlich und zu kompliziert. Bei Brettspielen ist es sinnvoll, die Regeln im Kollegium oder mit den Schülern je nach Sprachstand und Lesefertigkeit neu zu fassen oder die wichtigsten Abschnitte farbig zu markieren. Somit geht auch die ideale motivierende Lesesituation für die Kinder vor dem ersten Kontakt mit einem neuen Spiel nicht verloren.
- Bei der Auswahl der Spiele und Lieder ist zu beachten, dass sie nicht nur inhaltlich, sondern auch sprachlich auf die Situation der Gruppe Rücksicht nehmen und daher z. B. keine zu schwierigen Satzmuster und grammatischen Strukturen enthalten. Fast alle Spielanleitungen lassen sich verändern und neu schreiben – das verbindet eine Lese- und Schreibgelegenheit.
- Es erfordert Spielpraxis, um ein Gespür dafür zu entwickeln, wann ein Spiel abgebrochen werden soll oder eine Verlängerung für die Gruppe wichtig ist. Misserfolge, Störungen und Disziplinprobleme einzelner Schüler und Schülerinnen – oder auch Gruppen – sollten die Lehrerin oder den Lehrer nicht entmutigen, weiter Spiele anzuregen und in den Unterricht zu integrieren.
- Eltern sollten über die Bedeutung des Spielens im Unterricht für die soziale und kognitive Entwicklung der Kinder aufgeklärt und gegebenenfalls einbezogen werden.

Spielauswahl: Brettspiele

Eine kleine Liste an käuflichen Brettspielen, die in der Förderung gern gespielt werden, soll die Auswahl erleichtern. Sie ist nach Verlagen alphabetisch geordnet und enthält auch einige z. T. vergriffene, aber besonders beliebte Spiele, die aber oftmals noch über das Internet erhältlich sind. Spielanalysen und Beurteilungsraster zur pädagogischen Effektivität von Brettspielen finden sich u. a. in Naegele/Haarmann/Rathenow/Warwel 1981, Naegele/Portmann 1983, Naegele/Valtin 1992, Naegele/Valtin 2003.

Kleine Spielauswahl:

- **Amigo:** »Halli Galli«, »Rinks & Lechts«
- **Hasbro (MB und Parker):** »Agathas letzter Wille«, »Boggle«, »Cluedo«, »Die Peking-Akte«, »Looping Louie«, »Mankomania«, »Slotter«, »Spiel des Lebens«, »Tabu«, »Wer ist es?«
- **Kosmos:** »Gregs Tagebuch – Das Stinkestiefel-Spiel«, »Der Hobbit«
- **Noris Spiele:** »Wissensquiz-Spiele«
- **Ravensburger Spiele:** »Der Natur auf der Spur«, »Deutschlandreise«, »Differix«, »Jagd der Vampire«, »Labyrinth – Das Kartenspiel«, »Lotti Karotti«, »Sagaland«, »Schatz der Inka«
- **Schmidt Spiel + Freizeit:** »Frag doch mal«, »Das Taschengeld-Spiel«, »Lachen, lachen für Kinder – Lustiges Frage- und Antwort-Spiel«
- **Spear-Spiele:** »Denk fix«, »Kinderparty«, »Scrabble«

Und was sagen Schülerinnen und Schüler zum Spielen in den Förderstunden?

Aus der Spielzeitung eines LRS-Förderkurses mit Fünftklässlern steht unter einem Foto: »Hier sind wir. Noah, Lilli, Raul und Ben. Wir spielen sehr gern ›Die Peking-Akte‹, weil wir unser Gehirn anstrengen müssen Es macht Spaß, weil man gewinnen kann, wenn man als Detektiv einen Fall löst.«

»Am schönsten waren die Spiele, die wir gespielt haben!«, erinnert sich Tom im Rückblick an seine Therapie.

Hinweise auf empfehlenswerte Spiele- und Liedersammlungen

Naegele, I./Haarmann, D. (Hrsg.) (1993): Darf ich mitspielen? Kinder verständigen sich in vielen Sprachen – Anregungen zur interkulturellen Kommunikationsförderung. 4. Auflage Weinheim und Basel: Beltz.

Jacoby, E./Berner, R. S. (2010): Himmel, Hölle, Blindekuh. Kinderspiele für drinnen und draußen. München: dtv.

Thiesen, P. (2010): 500 klassische Kinderspiele für Kindergarten und Hort. Weinheim und Basel: Beltz. (identisch mit: Klassische Kinderspiele 2000, 3. Auflage).

Vahle, F. (2010): Die Fredrik Vahle Schatzkiste. CD-Audiosammlung. Düsseldorf: Patmos.

Vahle, F. (1990): Anne Kaffekanne. 12 Lieder zum Singen, Spielen und Tanzen. Audio-CD. Düsseldorf: Patmos.

Neuner, G./Vahle, F. (1991): Paule Puhmanns Paddelbuch. Zehn Lieder zum Singen, Spielen und Lernen. Songbook. München: Langenscheidt.

Vahle, F. (2012): Die schönsten Lieder von Fredrik Vahle. Mannheim: Sauerländer.

Kostenlose Downloads von Liedern von Fredrik Vahle finden Sie auf der Webseite des Sauerländer-Verlags: www.sauerlaender.de

„Ich lese nicht gern, weil die Bustaben nicht reten göin"

Marius, 10 Jahre

Lesen lernt man nur durch Lesen! | 3.3

Lese-Selbsterfahrungstests

SET 1

Was ist das? Ein chinesisches Gedicht? Es ist ein deutsches Gedicht von Waechter (1981), allerdings in Geheimschrift – für jeden Buchstaben ein anderes Zeichen.

Euer Opa H U C K E

SET 2

WEN NEIN KINDL ES ENGE LERN THA TUND GER NELI ES TENT DECK TUN
DER OB ER TESE IN EZ WEIT EWELT DASRE ICH DERB UCHS TAB END
ASL ANDD ESLE SEN SISTE INGE HEIM NISVOL LERUN END LICHE RERD TEIL.

(Kästner 2011, S. 90)

SET 3

Aus den »Bolidische Gedangen« des Josef Filser:
Die Brofesser auf der Unifersatat wohlen keine Inschbeksion nichd hawen, wo doch jäder Schuhlehrer einen Inschbekter had, der wo seine Schieler brieft, sonzt weis man nichd, hob sie was gelehrnt haben. [...] Jäder Mentsch der wo ein Gewehrbe bedreibd muhs sich ausweißen das er was kahn und bald ein Schuhster solchene Schtifel machd, wo mahn nichd braugen kahn, krigt er kein Gäld nichd. Waruhm missen mir die Professer zallen, die wo plos die Wält fier einen Ahfenkefig hinschtehlen und eine Wiesenschafd daher bringen, wo nichz werth ist?

(Thoma 1983, S. 81)

SET 4

←

hcep nebah eis reba ‚serhajluhcs netiewz sed relühcs redeiw tztej dnis eiS
negithciw ella rawz eis nebah segnagrhelesel sed nereivlosba hcaN .tbaheg
eis reba ‚nendrouz etual eid nehcieznen dnu tnreleg nebatshcub
-ebnu ‚neuen uz nehcieztual netnnakeb eid ‚netiekgireiwhcs hcon nebah
mehclew ni ‚snesel sed muidats seseiD .neheizuznemmasuz nretröw netnnak
‚nednifeb efutsnessalk reseid relühcs ehcawhcsesel eleiv hcon hcis
."nesel sednereisitehtnys-mashüm" riw nennen

(Rathenow/Vöge 1982, S. 16)

SET 5

»Der Weg vom Auge zum Gehirn beginnt an der Stelle, an der die Axone der retinalen Ganglienzellen die Retina verlassen und sich zum Sehnerv zusammenschließen. An diesem Punkt, an der ›Papille‹, finden sich keine Fotorezeptorzellen, sodass die Axone der Ganglienzellen das Auge verlassen können. Die Papille ist daher für Licht unempfindlich, sodass das Sehfeld jedes Auges einen ›blinden Fleck‹ aufweist. Die beiden Sehnerven nähern sich dem Gehirn entlang aufeinander zu führender Wege. Sie treffen sich unterhalb des Diencephalons in einem als ›Chiasma opticum‹ bezeichneten Punkt. Von dort werden die Nervenzellen an ihre Zielpunkte auf derselben bzw. auf der gegenüberliegenden Seite des Gehirns weitergeleitet.«

(O'Shea 2008, S. 100–101)

SET 6

Lesetest für Profis

Lesen Sie den folgenden Text laut und zügig vor! Sie haben dafür 3 Minuten Zeit.
Im Heroindunst, sagte der Papst, versinke die ganze Pornoindustrie. Der Vatikan lehne die These Vati-kann-alles ebenso ab wie die andere: Mein Bauch gehört mir.

> Ein Kardinal übersteht eine Operation ohne Betäubung nach kurzer Betübung. Denn mit Gleichstrom fahren die O-Busse in Ostrom. Korrekte Beinhaltung beinhaltet beim Tragen der päpstlichen Standarten verschiedene Standarten. Man hat mir öffentlich beigepflichtet, das Fahnentuch ist beigefarben. Bei der Spendensammlung dient der Reinerlös dem Nachweis der Reinkorporation des Heiligen durch Gott, den Alleinen. Auf alle Nachlassfächerchen erstrecken sich die Recherchen der Inquisition. Durch das Buschfeuer steuerte kein Buschauffeur den Wagen wie dieser Missionar. Es ist auch keine Legende, dass er das Zugende noch erreichte, obwohl die Nachteile eines Nachteilzuges nicht zu leugnen sind. Sein Seelentröster war ein Seeleopard, ein Häscher, der kein Häschen entkommen ließ. Auf dem Estrich stand: Bindestriche bieten bei manchem Politikersatz Schreiberleichterung. Große Bilderfolge hatte der Textilingenieur mit seinen Textilillustrationen zur Salonalbumserie. In diesen Wonnetagen meidet man die schönsten Wohnetagen, und selbst in der Versandabteilung beugt man sich über die Verandabrüstung. Vor allem der Talentförderung diente der Wettbewerb zur Talentwässerung durch Stauseen. Die Staubecken müssen gesäubert werden, am besten nimmt man dazu ein Staubtuch. Die Heimat ohne jede Heimatmosphäre war für die Weise ideal, ging es hier doch babygerecht zu trotz der babylonischen Sprachverwirrung. Alles war großzügig, nur die Alträume waren wahre Elternalbträume. So gab es zum Beispiel nur ein Schuhregal für alle Stiefeltern. Doch auf dem anschließenden Presseessen wurden Seeigeleier geboten, Tiefkühlautomatensalat, Wurzelenden mit Schweinelenden, Nachtischweine etc. Die am meisten gefürchtete Profiamazone der Panamazone behauptete, weder Gage noch Visagebühren seien ihr wichtig. Sie legte zu ihren Spargeldern, was sie bei der Spargelernte verdient hatte.
>
> (Genuneit 2007, S. 67)

Liebe Kollegin, lieber Kollege, »Tests« wie diese sechs wollen Sie als erwachsenen, kompetenten Leser künstlich in unterschiedliche Stadien des Lesenlernens zurückversetzen, um Ihre Sensibilität für die Schwierigkeiten von Schülerinnen und Schülern mit LRS zu wecken (Schwartz 1976, Naegele u. a. 1983, Grissemann 1986).

- **SET 1:** Hier wird der Stand der Leseanfänger simuliert, die nur wenige Buchstaben kennen. Sie haben es jedoch viel leichter, denn Sie kennen die Strukturprinzipien der Buchstabenschrift (Links-Rechts-Folge, Entsprechung Zeichen/Buchstaben usw.), nach denen dieses Gedicht gesetzt wurde.
- **SET 2:** Hier erleben Sie, wie es jemandem geht, der Wortgrenzen nicht erkennt und über Punkt und Komma hinweg liest. Die syntaktischen und semantischen Lesestützen, auf die Sie sich sonst verlassen können, sind zerstört. Sie müssen erst sinnvolle Einheiten erlesen. Ihre Lesezeit hat sich verlängert, und Sie haben sich sicherlich häufig verlesen.
- **SET 3:** Das lautierende, mitsprechende Lesen vieler Leseanfängerinnen und -anfänger soll Ihnen mit diesem Textausschnitt von Ludwig Thoma nahe gebracht

werden, denn die meisten Leser außerhalb Bayerns werden ihn wahrscheinlich nur halblaut mitsprechend verstehen können.
- **SET 4:** Durch die Links-Rechts-Umkehrung der Schrift werden Sie in ein frühes, synthetisierendes Lesestadium zurückversetzt, weil Wortbilder kaum mehr simultan erfasst werden. Das Sinnverständnis für das Gelesene geht nahezu verloren.
- **SET 5:** Nach den Erfahrungen mit den ersten Tests wird Ihnen das »Fachchinesisch« hier kaum mehr unleserlich erscheinen. Der Text ist ohne Fachwissen schlicht zu schwer, komplizierte Wortgestalten und Satzstrukturen beeinträchtigen die rasche Informationsentnahme. Falls Sie mit dem Thema nicht vertraut sind, sind Sie gezwungen, im Satz vor- und zurückzugehen und gegebenenfalls die Bedeutung einzelner Fachbegriffe nachzuschlagen.
- **SET 6:** Dieses »Stolpertest«-Experiment, das Sie unter Zeitdruck laut vorlesen sollten, will Ihnen die Situation vieler Schüler mit LRS nahebringen, die sich oft noch als Erwachsene nicht laut vorzulesen trauen. Den Lesetest findet man – meist in alter Rechtschreibung – im Internet unter Eingabe der beiden ersten Wörter in eine Suchmaschine.

Sicherlich lassen sich diese künstlichen Stresssituationen nur bedingt mit der Lage von Kindern und Jugendlichen mit LRS vergleichen, denn für Sie war das Ganze mehr oder weniger ein Spaß oder Puzzle, während es für die Betroffenen tagtäglicher Ernst ist.

Ein Tipp für Sie: Legen Sie solche Tests zur Einführung in die Thematik im Kollegium oder bei Elternabenden vor. Damit lässt sich mehr Betroffenheit und Verständnis für die Lage von Kindern schaffen als durch einen wissenschaftlichen Vortrag.

Auch wenn Sie beim Lesen dieser Texte »legasthenische« Schwierigkeiten verspüren, so fällt es uns allen trotzdem sehr schwer, uns in den Zustand von Kindern zu versetzen, denen grundlegende Einsichten in den Zusammenhang zwischen gesprochener und geschriebener Sprache fehlen.

Lesenlernen als Problem

»Ich lese nicht gern, weil: … es schwirig, schlimm, schwär, dum, lanwailig, blöt, schrecklich ist, kein spaß macht, mich alle auslachen«, oder, wie Markus schreibt: »… weil die Buchstaben nicht reden können«.

Dies sind beispielhafte Antworten von 72 Kindern und Jugendlichen zwischen der 2. und 9. Klasse, die wegen gravierender Probleme mit der Schriftsprache und mangelnden Selbstwerts eine außerschulische Förderung erhielten und mit denen ein Satzergänzungstest gemacht wurde. Sie konnten ihre Einstellung zum Lesen und ihre damit verbundenen Schwierigkeiten in vorgegebenen Satzanfängen mitteilen, wobei davon auszugehen ist, dass die unterschiedlich lange Dauer ihrer Förderung Einfluss auf ihre Antworten zum Lesen hatte. Für die meisten Schülerinnen und Schüler (58) war laut der Befragung Lesen in der 1. Klasse negativ besetzt, nur neun Mädchen und fünf Jungen verbanden Positives mit dem Lesenlernen, zum Zeitpunkt der Befragung während der Förderung äußerten sich hingegen 56 positiv, nur 12 negativ und der Rest ambivalent.

Ziel der Förderung (Kap. 9) ist die Hinführung der bislang meist sehr demotivierten Kinder zum Lesen, einerseits durch Verbesserung ihrer Lesetechnik (Wortidentifikation, Dekodieren von Sätzen, Lesegeschwindigkeit) in Verbindung mit dem Erwerb von Lesestrategien, andererseits durch vielfältige Lektüreangebote auf unterschiedlichem Leseniveau und Inhalt, deren Verständnis überprüft und in einem Lesepass dokumentiert wird.

Die Satzergänzungen zu »Lesen ist …« und »Ich lese gern, weil …« zeigen, dass durch die gezielte Förderung Lesen für die meisten Kinder positiv besetzt ist: »…, weil es Spaß macht«, »so spanend ist«, »man dort manche gute sachen erfert«, »weil man daraus lernen gan«, »weil es beruigt«. Den Satzbeginn »Ich lese nicht gern, weil …« haben die meisten Kinder durchgestrichen und die, die nicht gern lesen, begründen ihren Lesefrust mit Ergänzungen wie »es dum«, »blöt«, »anstrengend ist«, »keinen Spaß macht«, »weil ich andere Sachen machen will«, »mich alle auslachen«, »ich es nicht kann«, »viele Bücher langweilig sind«, »es Zeit kostet«, »ich lesen muss …«.

Den Satz »Lesen wäre schöner, wenn …« haben vor allem die Kinder ergänzt, die ausgedrückt haben, dass sie nicht gerne lesen. Sie wünschen sich, »vorgelesen zu bekommen«, »dass es eine machine wäre«, »das Buch sich selbst vorlesen würde«, »keine Buchstaben hätte« oder »Geheimschrift«, »alles indresand wehre«, »die mich nicht auslachen würden«, »etwas Spannendes Pasirt«, »die geschichte spaß macht«, »das Buch spannend ist«, »es Wirklichkeit wär«, »mehr Bilder wären«, »man in die Geschichte eintauchen könnte«, »man nichts dabei tuen müste«, »ich schneller und flüssig lesen könnte« und mehrfach »ich es beser kann«.

Es geht in diesem Kapitel um mangelnde Lese- und Schreibfähigkeiten, die heute mehr denn je tief greifende Beeinträchtigungen darstellen, weil sie die Teilnahme an den gesellschaftlichen Möglichkeiten zur Gestaltung der eigenen Zukunft verhindern, ganz besonders in beruflicher Hinsicht. Daher sind vielfältige Anstrengungen gefordert, um Kinder zu aktiven und neugierigen Lesern zu machen.

Gründe für Schwierigkeiten beim Lesenlernen

Warum lernen einige Kinder bereits vor Eintritt in die Schule oder in der 1. Klasse ohne gezielte Unterrichtung lesen und andere, »gleich helle« Erstklässler, in ähnlich reichhaltiger schulischer Umgebung nicht? Forscher und Lehrkräfte beschäftigt diese Frage seit vielen Jahrzehnten, doch sie ist trotz immensen Aufwands und vielen didaktischen Konzepten bis heute nur in Teilen beantwortet.

Ein Faktor sind sicherlich ungünstige häusliche Rahmenbedingungen und fehlende vorschulische Förderung, die einer Reihe von Kindern den Zugang zur Schriftsprache erschweren. Im Elternhaus werden, wie viele Untersuchungen belegen, wichtige Fundamente für das Leseverhalten gelegt, und zwar einerseits durch die Förderung des Kindes in der Familie vor Schuleintritt, andererseits durch die Anregungen und Unterstützung während der Schulzeit. Dazu gehören das elterliche Lesevorbild, Bücher im Haushalt, Besuch von Bibliotheken mit dem Kind sowie das Vorhandensein gemeinsamer Buchinteressen.

Wie bereits an anderer Stelle ausgeführt (Kap. 1.2), fehlt Kindern, die keine Erfahrungen mit Schriftsprache machen konnten, nicht nur das durch Bücher vermittelte Weltwissen, sondern auch der Zugang zur Verbindung von mündlicher und geschriebener Sprache. Kinder benötigen zum Lesenlernen jedoch grundsätzliche Einsichten in die Lautstruktur unseres alphabetischen Schriftsystems.

Diese sogenannte phonologische Bewusstheit gilt seit Ende der 80er-Jahre als eine der wichtigsten Vorläuferfertigkeit für den Schriftspracherwerb; sie soll die größte Vorhersagekraft für den Erfolg beim Lesen und Schreiben haben (Schneider 2001).

Phonologische Bewusstheit meint den Einblick in die Lautstruktur der gesprochenen Sprache und bezeichnet die Fähigkeit, formale sprachliche Einheiten wie Wörter, Silben, Reime und Phoneme (Laute) in der gesprochenen Sprache zu identifizieren.

(Küspert 2004, S. 145)

Das Kind muss das gesprochene Wort in seine lautlichen Bestandteile zerlegen können, Laute zu einem Wort zusammenfügen und gehörten Lauten Buchstaben zuordnen lernen. Wegen der Bedeutung für den Schriftspracherwerb wurden systematische Förderprogramme (Küspert/Schneider 2003) bereits für Vorschulkinder zur Anbahnung phonemanalytischer Kompetenzen entwickelt sowie spezifische Tests (z. B. das Bielefelder Screening zur Früherkennung von Lese-Rechtschreibschwierigkeiten, BISC). Inzwischen werden jedoch Zweifel sowohl an der Effektivität der vorschulischen Trainings zur phonologischen Bewusstheit sowie der empirischen Befundlage des Bielefelder Screenings geäußert (Brügelmann 2003, Valtin 2010). Valtin fasst ihren Überblick über einige Studien zur phonologischen Bewusstheit wie folgt zusammen:

Der Nutzen einer expliziten und isolierten Förderung der phonologischen Bewusstheit im Vorschulalter konnte nicht nachgewiesen werden. Eine Förderung muss vielmehr direkt beim Schriftspracherwerb, das heißt in der Schule, ansetzen.

(Valtin 2010, S. 3)

Für Kinder mit geringen lautanalytischen Fertigkeiten sind Lehrgänge wie »Lesen durch Schreiben« (Reichen 1982) problematisch, da sie sich noch nicht mit der Anlauttabelle eigenständig die Schrift erarbeiten können. Zudem wird den Kindern suggeriert, dass Schrift nichts anderes sei als eine Abbildung der Lautung von Wörtern auf der Zeichenebene (Kritik u. a. bei Metze 2008, Schründer-Lenzen 2007, Topsch 2005).

Was bereitet Kindern Schwierigkeiten bei der Sprachanalyse?
- unzureichende Buchstabenkenntnisse
- Schwierigkeiten beim Erkennen der Graphem-Phonem-Beziehungen, vor allem bei unterschiedlich komplexen Graphemen (<sch>, <ch>, <ie>, <ih>, <ieh>, <st>, <sp>)
- falsche Strategien wegen buchstabenweisen oder Wort-für-Wort-Erlesens, wodurch keine größeren sprachlichen Einheiten verarbeitet werden können
- fehlende Berücksichtigung der syntaktischen und semantischen Beziehungen der Wörter miteinander sowie fehlende Strategien der Textorganisation, der Verarbeitung von größeren sprachlichen Einheiten
- Langsame Leser verfügen meist nur über eine einzige Zugriffsweise (z. B. das buchstabierende Lesen), während geübte Leser verschiedene Verarbeitungseinheiten – je nach Situation, Ziel und Kontext – nutzen können.

Klicpera/Gasteiger-Klicpera vermuten, dass

> *[…] die hohe Persistenz der Lese- und Schreibschwierigkeiten nicht so sehr Folge unzureichender Lernvoraussetzungen ist, sondern mit der unangemessenen zeitlichen Steuerung der Entwicklung zusammenhängt. Dadurch, daß leseschwache Kinder zu einem Leseverhalten gezwungen werden, auf das sie nicht ausreichend vorbereitet sind, entwickeln sie einerseits Lesestrategien, die den weiteren Fortschritt beim Lesen blockieren. Andererseits führt die ständige Überforderung dazu, daß die Kinder die Lesemotivation verlieren.* (Klicpera/Gasteiger-Klicpera 1993, S. 171)

Die fehlende Aussicht auf Erfolg und die ständigen Frustrationen führen dazu, dass Kinder dem Lesen ausweichen. »Viele Schüler lesen keine Bücher, weil sie nicht (richtig) lesen können; sie können nicht (richtig) lesen, weil sie keine Bücher lesen« (Bamberger 2002, S. 1).

Lesen und Literacy

Die guten Leutchen wissen nicht, was es einem für Zeit und Mühe kostet, um lesen zu lernen. Ich habe achtzig Jahre dazu gebraucht und kann noch jetzt nicht sagen, daß ich am Ziel wäre. (Goethe 25.1.1830)

Goethes Vorstellung vom lebenslangen Lesenlernen kommt dem aus dem Angelsächsischen stammende »Literacy«-Konzept sehr nah. Die UNESCO, wie in Kapitel 10 ausgeführt, versteht darunter:

[...] die Fähigkeit, gedruckte und geschriebene Materialien aus unterschiedlichen Kontexten zu identifizieren, verstehen, interpretieren, schaffen, kommunizieren und berechnen, Literacy ermöglicht es dem Individuum, durch kontinuierliches Lernen seine Ziele zu erreichen, um sein Wissen und Potenzial weiterzuentwickeln und in vollem Umfang an der Gesellschaft teilzuhaben. (UNESCO 2011, Übersetzung Naegele)

An diesem Konzept orientieren sich die internationalen Leseuntersuchungen PISA (15-Jährige, meist 9. Klasse) und IGLU (4. Klasse). Dabei geht es um die Fähigkeit, Lesen in unterschiedlichen, für die Lebensbewältigung praktisch bedeutsamen Verwendungssituationen erfolgreich einsetzen zu können. Leser sollen den Sinn verschiedenartiger Texte erfassen, lesen, um zu lernen und zum Vergnügen.

Im Rahmen der PISA-Studie (OECD 2009) wird die Lesekompetenz bei 15-Jährigen folgendermaßen definiert: ›die Fähigkeit schriftliche Texte zu verstehen, zu nutzen und über sie zu reflektieren und sich mit ihnen auseinanderzusetzen, um eigene Ziele zu erreichen, das eigene Wissen und Potenzial weiterzuentwickeln und aktiv am gesellschaftlichen Leben teilzunehmen‹. (EACEA-Eurydice 2011, S. 18)

Im Rahmen der in IGLU eingesetzten Lesetests bearbeiten die Schülerinnen und Schüler sowohl literarische als auch informierende Texte. »Im Vergleich von IGLU 2001 und 2011 zeigt sich, dass die Anteile von Schülerinnen und Schülern sowohl auf den unteren Kompetenzstufen (I und II) als auch auf der obersten Kompetenzstufe (V) nahezu unverändert sind, obwohl sich 2006 positive Veränderungen gezeigt hatten« (Tarelli u. a. 2012, S. 13).

Der folgende Überblick über die theoretische Struktur von IGLU ist IGLU-E 2006 entnommen (Valtin/Bos/Buddeberg/Goy/Potthoff 2008, S. 52 ff.).

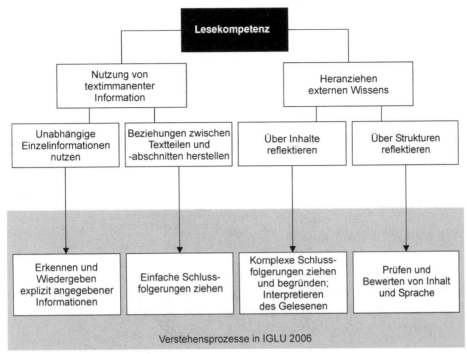

Abb. 4: Theoretische Struktur der Lesekompetenz in IGLU 2006 (aus: Valtin/Bos/Buddeberg/Goy/Potthoff 2008, S. 53)

Hier eine Übersicht über die fünf unterschiedlichen Kompetenzstufen nach IGLU:
- **Kompetenzstufe I:** Dekodieren von Wörtern und Sätzen
- **Kompetenzstufe II:** explizit angegebene Einzelinformationen in Texten identifizieren
- **Kompetenzstufe III:** relevante Einzelheiten und Informationen im Text auffinden und miteinander in Beziehung setzen
- **Kompetenzstufe IV:** zentrale Handlungsabläufe auffinden und die Hauptgedanken des Textes erfassen und erläutern
- **Kompetenzstufe V:** abstrahieren, verallgemeinern und Präferenz begründen

Nach der IGLU zugrunde liegenden Definition von Lesekompetenz wird davon ausgegangen, dass Viertklässler, die nur einzelne Detailinformationen aufnehmen (Kompetenzstufe I) oder Informationen auf der Textoberfläche (Kompetenzstufe II), in der weiterführenden Schule Schwierigkeiten haben werden, Texte sachgemäß zu erschließen und das Gelesene zu verstehen. Auch Leseleistungen auf Kompetenzstufe III bedeuten, dass nicht zu erwarten ist, dass Kinder auf diesem Niveau die anspruchsvollen Leseanforderungen in der Sekundarstufe bewältigen können.

Im schulischen Bereich hat IGLU Daten über gezielte Fördermaßnahmen in der Schule bei Leseschwierigkeiten und Differenzierungsangebote vorgelegt, die für

Deutschland im internationalen Vergleich wenig schmeichelhaft ausgefallen sind. Obwohl alle Bundesländer Richtlinien haben, die Schülerinnen und Schülern mit LRS gezielte Förderung zusagen, zeigen die Daten aus IGLU 2006, dass nur ein Teil die leseschwachen Schüler auch erreicht. Laut Valtin, die die IGLU-2006-Daten interpretiert, »[…] konstatieren die Lehrkräfte, dass für 21 Prozent der getesteten Schülerinnen und Schüler in ihrer Klasse ein Förderbedarf bestehe; dem stehen 13 Prozent der Viertklässlerinnen und Viertklässler in Deutschland gegenüber, die entsprechende zusätzliche Angebote erhalten.«

Es liegen detaillierte Auswertungen der PISA- und IGLU-Untersuchungen vor; Hinweise folgen am Ende des Beitrags.

Wie wird ein Kind zum Leser?

Wie das Entwicklungsmodell der Schriftsprache auf S. 61 zeigt, gibt es eine Reihe von aufeinander aufbauenden Strategien, die Kinder in der Regel beim Lesenlernen durchlaufen, die an bestimmten Schwierigkeiten im Leseprozess erkennbar sind und jeweils entsprechende Förderangebote implizieren.

Strategie 1: Logografisches Lesen – Benennen von Lautelementen

Die meisten Kinder erkennen im Verlauf der 1. Klasse, dass Buchstaben Laute darstellen.
- *Schwierigkeiten:* Sie erraten Wörter häufig aufgrund der Anfangsbuchstaben, haben oft elementare Syntheseprobleme, lernen Wörter auswendig, die Sinnentnahme gelingt selten.
- *Was hilft?* Spiele mit Sprache (Küspert/Schneider 2001, Naegele/Haarmann 1993) und Lieder (Vahle 2012), Erleichterung durch Silbenbögen und Silbenklatschen, Kennzeichnung mehrgliedriger Grapheme, Vermitteln, dass sich Wörter durch Substitution verändern lassen (z. B. HUND – HAND – WAND).

Strategie 2: Alphabetische Strategie – buchstabenweises Erlesen

Das Kind versucht, Wörter buchstabenweise zu erlesen, nachdem es inzwischen die meisten Buchstaben-Laut-Beziehungen kennt. Je umfangreicher der Wortschatz eines Kindes ist, desto leichter fällt ihm oft das Entschlüsseln der Bedeutung.
- *Schwierigkeiten:* Probleme beim Segmentieren sowie mangelnde Kenntnis und Automatisierung von Graphem-Phonem-Korrespondenzen bewirken, dass das Kind noch zu viel Zeit und Energie zu Lasten der Sinnentnahme benötigt.
- *Was hilft?* Reimwörter finden lassen, einfache Konsonant-Vokal-Silben als Strukturierungseinheiten verwenden anstelle einzelner Phoneme, dabei Konsonantenhäufungen vermeiden, wiederholendes Üben von häufig vorkommenden Wörtern.

Strategie 3: Orthografische Strategie – fortgeschrittenes Erlesen

Das Kind hat allmählich gelernt, größere Einheiten als den Einzelbuchstaben zu verwenden. Es kennt mehrgliedrige Schriftzeichen (»sch« – »sp« – »au« – »ei«), beginnt Silben zu benutzen sowie bekannte Einheiten (Morpheme, Signalgruppen) wie »ein«, »aus«, »und«, »auf«. Nach wie vor steht das Wort-für-Wort-Lesen im Mittelpunkt des Übens.

- *Schwierigkeiten:* Selbst häufig verwendete, bekannte Wörter muss das Kind immer wieder neu erlesen, das Dekodieren längerer Wörter fällt oft wegen bislang wenig ausgebildeter Segmentierungsstrategien schwer, daher ist das Sinnverständnis noch beeinträchtigt.
- *Was hilft?* Motivierende, dem Leseniveau des Kindes entsprechende Texte, Verständnisfragen formulieren, Einüben von Lesestrategien.

Strategie 4: Entfaltete Lesefähigkeit/Automatisierung

Das Kind liest flüssig und kann sich auf den Inhalt konzentrieren. Es kann je nach Textart und Komplexität der Satzkonstruktionen unterschiedliche Lesestrategien einsetzen.

- *Was hilft weiter?* Angebot an vielfältiger Literatur, Ausbau unterschiedlicher Lesestrategien, Üben des klanggestaltenden lauten Lesens, Nutzen von Informationsquellen wie Lexika oder Angeboten im Internet (Kinderwebseiten).

Hilfen zur Lernstandsanalyse

Im Folgenden sind zwei informelle »Testverfahren« aufgeführt, die sich ohne großen Aufwand durchführen lassen.

Das Lesen auf Tonträger aufnehmen (Handy, MP3, Minidisc, Kassette u. a.)

Dazu soll das Kind einige Minuten aus einem selbst gewählten Buch einen ihm unbekannten (!) Text vorlesen, der auf ein Speichermedium aufgenommen wird. Es ist wichtig, dass das Lesen nicht unterbrochen wird – auch dann nicht, wenn das Kind sich verliest oder eine Pause macht. Nur wenn das Kind auch nach einigem Probieren nicht auf das gesuchte Wort kommt, kann ausgeholfen werden.
Anschließend werden Fragen zum Inhalt gestellt, um zu erfahren, was das Kind von dem gelesenen Text verstanden hat. Auch dies sollte aufgenommen werden.
Bei der Analyse der Aufnahme gilt es herauszufinden und zu notieren, an welchen Stellen das Lesen besonders gut klappte, an welchen das Kind stockte und warum es ins Stocken geriet. Wie ging das Kind mit Verlesungen um, korrigierte es sich selbst?

Gab es z. B. Probleme mit
- einzelnen Buchstaben/Buchstabenverbindungen/Konsonantenhäufungen?
- der Aufteilung des Wortes in seine Bestandteile (Silben, oft wiederkehrende Buchstabenverbindungen wie »aus«, »ing«, »ich«, Konsonantenhäufungen)?
- zusammengesetzten Wörtern?
- dem Zusammenziehen der Laute?
- der Beachtung der Satzzeichen (Luft holen bei Punkten, Stimme heben bei Kommas)?
- dem Satzbau oder der Schrift?
- der Klarheit der Buchstaben, z. B. »l« – »i«, »n« – »m«, »a« – »e«, »u« – »n«?
- dem Verständnis des Inhalts?
- dem Ersetzen oder Auslassen einzelner Wörter?

Stolperwörtertests

Bei diesem Verfahren steht in jedem Satz ein Wort zu viel, das beim stillen Lesen gefunden und durchgestrichen werden muss. Damit kann sowohl die Lesegeschwindigkeit als auch das Verstehen von Sätzen erfasst werden. Diese Verfahren wurden für Grundschulklassen entwickelt. Hier zwei Beispiele:
(1) Mir gefällt dein Bild schön gut. (Beispiel Klasse 1)
(2) Im Schrank steht eine große Glas Schachtel voller Kekse. (Beispiel Klasse 4)

Die Sätze (1) und (2) sind den Stolperwörter-Tests des Fibelautors Wilfried Metze entnommen, der sie im Netz nach Jahrgängen aufgeteilt kostenlos anbietet (www.wilfriedmetze.de, www.wilfriedmetze.de/html/stolper.html#downloads). Diese Aufgabenform hat inzwischen auch in vielen Materialien Eingang gefunden.

Hinweise zur Förderung

Förderung kann nur erfolgreich sein, wenn es gelingt, Neugier, Leselust und Motivation zum Lesen zu schaffen, wie die Antworten der Kinder eingangs belegen. Die Kunst besteht darin, dass Lehrkräfte für Schülerinnen und Schüler mit Leseschwierigkeiten eine Balance finden müssen zwischen dem systematischen Üben von Techniken und dem Anreiz zum Lesen von Texten. Erfolgt eine Passung zwischen den individuellen Interessen und dem Vorwissen eines Kindes und dem durch Beobachtung und Analyse ermittelten Entwicklungsstand, so sind Erfolgserlebnisse möglich. Den Kindern sollte in der Schule auch ein breites Angebot an Lektüre zur Verfügung stehen, aus dem sie auswählen können. Da jedoch letztlich jedes Kind einen eigenen Weg in die Welt der Schrift geht, sollten Erwachsene sich zunächst auf Anregungen beschränken, aus denen sich das Kind seine Lektüre aussucht und diese liest. Differenzierende und individualisierende, die Schüler motivierende Leseangebote und Zeit zum Lesen sollten Bestandteile eines förderlichen Unterrichts sein.

Als eine Folgerung aus der Analyse zur Leseerziehung in Europa wird für die Gruppe der leseschwachen Schülerinnen und Schüler gefordert:

Interventionsmaßnahmen, die eine intensive Förderung von einzelnen Schülern oder kleinen Gruppen von Schülern durch gut ausgebildete Fachkräfte für Leseförderung beinhalten, (stellen) eine äußerst wirkungsvolle Form der Unterstützung für Lehrer von leserechtschreibschwachen Schülern dar. (EACEA-Eurydice 2011, S. 74)

Welche Lesetechniken helfen?

Neben allgemeinen Hilfen zur Automatisierung von Häufigkeitswörtern (Kap. 4.1), zur Einhaltung von Lesepausen bei Satzzeichen, zur Aktivierung des Vorwissens und des Klärens unbekannter Wörter profitieren Kinder mit Leseschwierigkeiten von den folgenden Lesetechniken.

Unterstützung durch einen transparenten Lesepfeil

Leseanfänger versuchen zunächst Buchstabe für Buchstabe zu erfassen und benutzen dabei meistens ihren Zeigefinger. Das geht nur sehr langsam. Damit sich ein Kind leichter im Text und auf der Zeile orientieren kann, eignet sich ein Lesepfeil aus transparenter Farbfolie viel besser. Er bietet vielfältige Möglichkeiten, einen Satz oder ein Wort zu gliedern. Die Aufmerksamkeit des Kindes kann sich so auf unterschiedlich lange sprachliche Einheiten (Einzelbuchstaben, Silben, Signalgruppen, Morpheme u. a.) konzentrieren, ohne dass der Wort- oder Satzkontext ganz ausgeschaltet ist Für Kinder, die mit der Links-Rechts-Abfolge unserer Schrift noch unsicher sind, eignet sich ein Lesepfeil mit einer Spitze, der die Einhaltung der Leserichtung erleichtert, der hier verkleinert abgebildet ist (Abb. 5).

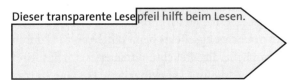

Abb. 5: Ein Lesepfeil unterstützt die Kinder bei der Orientierung im Text

Während das Kind zunächst den Lesepfeil jeweils nur über die von ihm erfassbaren Buchstaben, Silben oder Wörter zieht, wird der Lesepfeil bei fortgeschrittener Lesefähigkeit nur noch mit der glatten Kante unter der Zeile geführt.

Kennzeichnung schwieriger Buchstabenverbindungen, Silben und Sinnschritte

Für manche Leseanfänger sind mehrgliedrige Schriftzeichen oder Einheiten wie »aus«, »ein«, »der« schwierig zu entschlüsseln. Silbenbögen, Abstände oder farbige Markierung können das Lesen erleichtern.

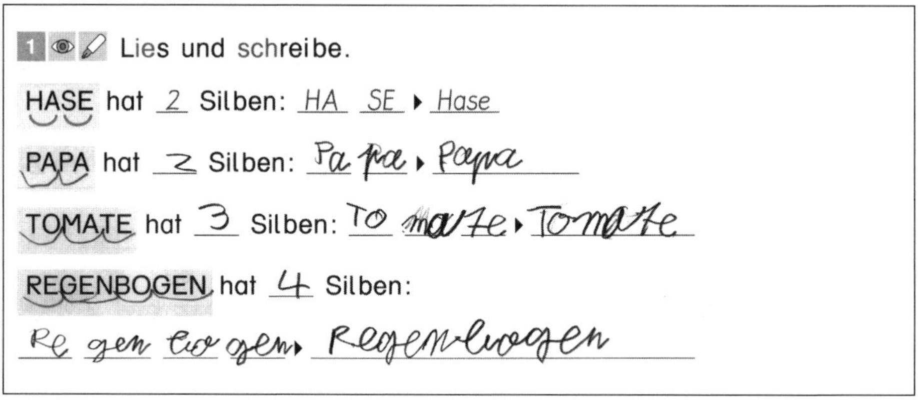

Abb. 6: So kann das Lesen erleichtert werden (aus: Naegele/Valtin 2006b, Das schaffe ich! Heft A, S. 11; © Bildungshaus Schulbuchverlage Westermann Schroedel Diesterweg Schöningh Winklers GmbH)

Technik des Blitzlesens zur Verbesserung der Lesetechnik (vgl. Kap. 4.1)

Für langsame Leser ist es frustrierend, weil sie selbst kurze, häufig vorkommende Wörter nicht schnell und sicher erlesen können. Blitzlese-Übungen helfen, Übungswörter nicht einzellautlich, sondern als ganzes Wort erfassen zu können. Das Blitzlesen (Ott 1989) ist eine Übungsform, die sinnvollerweise mit einem Partner durchgeführt wird, damit sichergestellt ist, dass die vorgelesenen Wörter mit der Vorlage übereinstimmen.

Um Wörter mit dieser Technik gezielt zu üben, kann man Wortlisten in einer gut lesbaren Druckschrift mit großem Zeilenabstand erstellen. Das zu lesende Wort wird dann mit einer handelsüblichen Karteikarte im DIN-A7-Format zugedeckt, die mit beiden Händen (Daumen und Zeigefingern) gehalten wird. Zunächst deckt die Karteikarte das zu lesende Wort ab. Der »Kurzbelichtungseffekt« beim Blitzlesen wird durch ein Zusammenschieben der Karte ermöglicht; die »Belichtungsdauer« kann das Kind selbst steuern. In dieser kurzen Zeitspanne, die mit zunehmendem Training immer kürzer wird, soll das Wort als Ganzes gelesen werden (Abb. 7).

Abb. 7: Blitzlesen, so geht es: a) Karte an den Strichen anlegen und das Wort abdecken. b) Karte biegen; Wort »blitzlesen«; Wort wieder abdecken. c) Karte nach unten schieben und an den Strich neu anlegen. (Abb. aus: Naegele/Valtin 2006b, Das schaffe ich! Heft A; © Bildungshaus Schulbuchverlage Westermann Schroedel Diesterweg Schöningh Winklers GmbH)

Lesen mit einem Aufnahmegerät zur Lese-Dokumentation

Wie bereits erwähnt, lohnt es, regelmäßig Aufnahmen beim Vorlesen zu machen. Die Kinder lernen so, den eigenen Leseprozess zu beobachten, merken, wie wichtig es ist, richtig und deutlich zu sprechen und können sich so eine eigene Textsammlung erstellen, die ihre Leseentwicklung dokumentiert.

Möchte ein Kind Bücher lesen, die eigentlich noch zu schwierig sind, so gibt es auch bei uns in zunehmendem Maße Lesungen auf CD oder MP3, die gleichzeitig gehört und mitgelesen werden können – die sogenannte »Read-along-Methode« aus dem englischsprachigen Raum, die inzwischen als »Lesen mit Hörbüchern« auch in der deutschen Lesedidaktik, vor allem als Zugang für ältere Leseschwache, Eingang gefunden hat (Gailberger 2011, S. 78 ff.).

Welche Lesetechniken sind kontraproduktiv?

Leseprobleme entstehen und verfestigen sich, wenn unangemessene Lesestrategien nicht frühzeitig erkannt und durch sinnvollere ersetzt werden.

Erfolg und Freude beim Lesen eines Kindes werden durch folgende »Lesekrücken« verhindert:
- Buchstabenweises Lesen eines Wortes
- Mitsprechen beim Lesen
- Wort-für-Wort-Lesen
- Benutzen des Fingers oder eines Lineals als Lesehilfe
- Vor- und Zurückgehen im Text
- Ignorieren von Satzzeichen

Ungeeignet sind auch:
- Bücher in Schreibschrift
- Lesespiele, die für ungeübte Leser unverständlich oder verwirrend sind
- Konzentration auf Einzelwort-Lesetraining, bei dem die Wörter nicht im Kontext von Sätzen stehen
- Training sinnloser Silben und Wörter (sogenannter Pseudowörter)
- Verwirrung stiftende Übungsformen, bei denen die Beziehung zwischen Phonemen und Graphemen unterbrochen wird

Hilfen für ältere Kinder mit Leseproblemen

Viele Kinder und Jugendliche mit ausgeprägten Rechtschreibproblemen in der Sekundarstufe zeigen auch mehr oder weniger große Unsicherheiten beim Lesen. Die Ergebnisse der PISA-Studie belegen, dass zu viele 15-Jährige nur die Kompetenzstufe II erreichen und damit nicht ausreichend für eine berufliche Ausbildung qualifiziert sind. Ständige Enttäuschungen führen zu einem verhängnisvollen Kreislauf. Häufig haben sich im Lauf der Jahre schlechte Gewohnheiten eingeschlichen wie:
- unkonzentriertes, abschweifendes Lesen
- Mitsprechen, Lippenbewegungen beim Stilllesen
- Wort-für-Wort-Lesen, das das Verstehen des Inhalts behindert
- Vor- und Zurückgehen im Text
- Ignorieren von Satzzeichen mit der Folge der Leseverweigerung

Für ältere Kinder gelten die gleichen Hinweise wie für jüngere, nur benötigen sie noch mehr Empathie, Lob und Unterstützung. Eine anregende Leseumwelt, Lesevorbilder und das Anknüpfen an den Interessen und unterschiedlichen Lesekompetenzen sind für die Motivation zum Lesen unverzichtbar.

Wie kann die Lesekompetenz durch Lernstrategien verbessert werden?

Schwache Leser unterscheiden sich von guten Lesern u. a. durch die geringe Lesemotivation, die wiederum mit lesetechnischen Schwierigkeiten, vor allem mit fehlenden oder falschen Lernstrategien zusammenhängt. Erprobte Strategien sind
- das Vorwissen des Lesers aktivieren,
- anschließend den Text überfliegen,
- einzelne Abschnitte genau lesen,
- unbekannte Wörter klären,
- Fragen zu beantworten und selbst Fragen zu stellen.

Diese Strategien sollen zunächst von der Lehrkraft verbalisiert werden, dann gemeinsam mit den Lernenden und nach und nach selbstständig von den Schülerinnen und Schülern ausgeführt werden (vgl. in Kap. 4.1 verbale Selbstinstruktion). Scheerer-Neumann und Schnitzler (2008) haben ein solches Strategietraining »PakTS« entwickelt und mit leseschwachen Fünft- und Sechstklässlern erfolgreich durchgeführt, wobei sie die einzelnen Strategien mit Symbolen als Erinnerungshilfen versehen haben:

Schritte beim Lesen eines Textes

Zeichen	Das muss ich tun
	Lies die Überschrift. Was weißt du schon über das Thema?
	Überfliege den Text – Worum geht es?
	Absatzweise genau lesen: Hast du alles verstanden? Gibt es Unklarheiten? Worum geht es im Absatz?
	Schreibe zu jedem Absatz ein Stichwort oder einen kurzen Satz an den Rand.
	Lies die Fragen genau durch – Nach was wird gefragt?
	Unterstreiche die Schlüsselwörter im Text. Sie helfen dir, die Fragen zu beantworten.
	Beantworte die Fragen. Nutze den Text. Du kannst auch ergänzen, was du schon weißt.
	Stelle selbst eine Frage zum Thema.
	Tausche deine Fragen mit Anderen aus.

Abb. 8: Schritte beim Lesen eines Textes (aus: Scheerer-Neumann/Schnitzler 2008, S. 27)

SQ3R-Methode

Die Methode »SQ3R« von Robinson ist seit langem bekannt und erfolgreich erprobt. Sie setzt sich aus fünf Schritten zusammen: Survey – Question – Read – Recite – Review, daher die Abkürzung SQ3R.

- Vor dem eigentlichen Lesen wird der Text *überflogen* (Survey). Dazu werden Klappentext, Inhaltsverzeichnis, Titel und Untertitel, Zusammenfassungen oder der erste und letzte Satz des zu lesenden Textes überflogen, um das Vorwissen zu aktivieren und einen ersten Überblick zu erhalten.
- Anhand dieser Informationen werden *Fragen* zum Text formuliert (Question). Der Leser prüft dabei, was ihm bereits zum Thema bekannt ist und was ihm neu erscheint.
- Jetzt folgt das eigentliche *Lesen* (Read), das dadurch aktiver, konzentrierter und mit dem Blick aufs Wesentliche erfolgt.
- Nach dem Lesen eines Abschnitts, dessen Länge vom Schwierigkeitsgrad des Textes und der eigenen Vertrautheit mit dem Thema abhängt, hält der Leser inne, *rekapituliert* im Geist den Inhalt (Recite), klärt unbekannte Wörter, vergewissert sich, dass seine Fragen beantwortet sind und macht sich Notizen oder unterstreicht wichtige Informationen.
- Diese vier Schritte sollten für jeden weiteren Abschnitt des Textes durchgeführt werden. Am Schluss sollte eine *Zusammenfassung* der wichtigsten Aussagen (Review) erfolgen oder entsprechende Fragen beantwortet werden (nach Schraeder-Naef 1996, S. 80).

Ein Beispiel für Lesestrategien finden Sie im Download-Material in der Einheit »Liger« aus dem Schülermaterial »Lerne und wiederhole« konkretisiert.

Lüneburger Modell

Gailberger setzt sich kritisch mit der SQ3R oder 5-Gang-Lesemethode auseinander. Er hält sie »für lesestarke Schülerinnen und Schüler sinnvoll – nicht aber für ein Training zur Förderung des Lesens schwach lesender Schülerinnen und Schüler« (2011, S. 98). Die Gründe sieht er in der mangelnden Leseflüssigkeit, dem begrenzten Wortschatz, fehlendem Vorwissen und inhaltlichen Interesse sowie fehlender Lesestrategien. Sein »Lüneburger Modell« für leseschwache Hauptschülerinnen und Hauptschüler setzt sich aus zwei Bausteinen zusammen, dem »Lesen mit Hörbüchern« und dem »Lesen mit Textmarkern« (Gailberger 2011).

Allgemeine Hinweise und Kriterien zur Auswahl von Lesetexten

Zwar gibt es für ungeübte jüngere Leser heute eine Fülle an motivierenden Texten (Hefte, Spiele und Bücher), die auf die unterschiedlichen Leseniveaus ausgerichtet sind und verschiedene Interessen berücksichtigen, doch ob ein Buch seinen Leser fasziniert oder nicht, ist eine ganz persönliche, oft geheimnisvolle Sache zwischen beiden. Ich habe von Kindern gelernt, dass ihre Buchauswahl von unterschiedlichsten Kriterien bestimmt wird. Ganz wichtig sind Identifikationsfiguren bei der Auswahl, sei es Pippi Langstrumpf, Mickey Maus, Greg, Harry Potter, Asterix oder Artemis Fowl. Es gibt Kinder, die nur bestimmte Autorinnen oder Autoren (z. B. Brezina, Nöstlinger, Kordon, Doder, Ross, Cole, Maar, Dahl, Rowling) gern lesen; andere Kinder hängen am Layout eines Verlags, ohne auf die Namen zu achten, und wieder andere interessieren sich nur für eine bestimmte Gattung: Krimis, Zauberei, Tierbücher, Fantasy, Piraten … Motivierend sind auch Geschichten, deren Verlauf vom Leser mitbestimmt wird wie die Serie 1000 Gefahren (Ravensburger) oder die Abenteuer-Spielbücher (Arena). Und manches Kind sieht jedes vorgeschlagene Buch zunächst einmal auf Druckgröße, Bebilderung und Textumfang durch. Und selbstverständlich spielen heute E-Books und das Internet eine wichtige Rolle in der Lesesozialisation. Interessante Webseiten sind je nach Interessenlage z. B. www.blinde-kuh.de, www.kids-and-science.de, www.kinderzeitmaschine.de, www.naturdetektive.de.

Die folgenden Hinweise sollen die Auswahl der Lektüre erleichtern:

- Die *äußere Aufmachung* spielt bei der Auswahl keine so große Rolle im Vergleich zur *Textgliederung*. So ist eine übersichtliche Gliederung der Seiten in kurze Sätze, Abschnitte, Zwischenüberschriften und mit breiten Rändern zunächst hilfreich. Günstiger als vollgepackte Zeilen ist »Flattersatz«. Hier sind jeweils Sinneinheiten in einer Zeile oder auf einer Seite zusammengefasst. Die Zeilenabstände sollten relativ groß sein, Trennungen vermieden werden, und das Verständnis des Textes soll durch sparsame Bebilderung unterstützt werden.
- Die *Wortwahl* sollte an den Wortschatz des Kindes angepasst sein. Jüngeren Kindern erleichtern Reime und häufige Wortwiederholungen das Lesen. Zu vermeiden sind zunächst Konsonantenhäufungen, zusammengesetzte Wörter, lange, komplizierte Satzstrukturen mit Nebensätzen.
- Dass Schreibschrift als Leseschrift ungeeignet ist, wurde bereits an anderer Stelle erwähnt. Besonders gut lesbar sind Texte in Gemischtantiqua (lateinische Druckschrift mit Groß- und Kleinbuchstaben), bei der nur selten Verwechslungen vorkommen können.

Tipp: Selbst verfasste Texte

Am schönsten und persönlichsten sind jedoch Texte, die Kinder für andere (als Geschenk, Brief, Tagebuch, Ferienerlebnis) selbst verfassen. Sie sind auch in der Schule als Lesetexte sehr beliebt, vor allem, wenn sie selbst illustriert werden. Mit dem Computer ist eine Bearbeitung der Rechtschreibung kein Problem, und mit dem Scanner lassen sich eigene Bilder problemlos ergänzen.

Aus verschiedenen Verlagen gibt es Bilderbücher ohne Text. Hierzu kurze Texte zu verfassen, macht bereits Lese- und Schreibanfängern Spaß. Während das Kind den Text unter Mitsprechen aufschreibt, notiert ihn ein Erwachsener mit. Später kann er dann mit dem Computer bearbeitet und eingeklebt werden.

Hilfen zur Auswahl von Lese-Übungsmaterial

Für jüngere Kinder gibt es inzwischen von vielen Verlagen Übungshefte zur Verbesserung der Lesetechnik und Sinnentnahme.

Das Lösen von Denkaufgaben oder sogenannten »Logicals« unterstützt das sorgfältige, sinnentnehmende Lesen und regt das logische Denken an. Eine Reihe dieser Lese-Denkaufgaben sind in den Materialien »Das schaffe ich!« (Schroedel) enthalten.

Was mir geholfen hat, ist meine Liebe zu Büchern, auch wenn ich erst in der Oberstufe freiwillig zu lesen begann. Inzwischen gehören sie zu meinem stetigen Begleiter und ich liebe es, in ihren Geschichten zu versinken. (Christina, 25 Jahre)

Beispiele für Leseübungsmaterial in Form von Logicals

Peters, B./Joanowitsch, K. (2012): Lesen, knobeln, logisch denken. Leseförderung mit Logicals. 2. Auflage. Kempen: BVK.

Probst, P. (2011): Logischer Rätselspaß zur Lese- und Wahrnehmungsförderung. 144 differenzierte Logicals – schon ab Klasse 1. Kopiervorlagen und Lösungen. Donauwörth: Auer. (früher: Logicals. Mal-Rate-Denkaufgaben in vier Schwierigkeitsstufen mit Lösungen)

Stucki, B. (2008): Mini-Logicals. Knobelaufgaben für Erst- und Zweitleser. Schaffhausen: Schubi.

Stucki, B. (2001): Logicals. Lesen – verstehen – kombinieren, ab 2. Schuljahr. Schaffhausen: Schubi.

Stucki, B. (2001): Logicals für Fortgeschrittene. Lesen – verstehen – kombinieren ab 4. Schuljahr, für Jugendliche und Erwachsene. Schaffhausen: Schubi.

Als Download auf der Produktseite zum Buch auf www.beltz.de

Lesetext zum sinnverstehenden Lesen über einen Hund (Deutsch differenziert, H. 3/2006; weitere Materialien und Artikel finden Sie unter www.deutsch-differenziert.de in der Rubrik »Suchen und Finden« → »Einzelheftarchiv«)

Lesespiele mit Fragen und Antworten (Deutsch differenziert, H. 3/2006; weitere Materialien und Artikel finden Sie unter www.deutsch-differenziert.de in der Rubrik »Suchen und Finden« → »Einzelheftarchiv«)

Logical: »Die Affen« (Naegele/Valtin 2007: Das schaffe ich! Heft B; © Bildungshaus Schulbuchverlage Westermann Schroedel Diesterweg Schöningh Winklers GmbH)

Lesetext: »Wer oder was ist ein Liger« (Lerne und wiederhole, S. 34–35)

Entwurf eines Lesepasses

Auswahl an Lektüre für Kinder und Jugendliche mit LRS

Weiterführende, vertiefende Literatur

Bredel, U./Fuhrhop, N./Noack, Ch. (Hrsg.) (2011): Wie Kinder lesen und schreiben lernen. Tübingen: Francke.

EACEA-Eurydice (Hrsg.) (2011): Leseerziehung in Europa. Kontexte, politische Maßnahmen und Praktiken. Brüssel. (kostenlos erhältlich über www.eacea.ec.europa.eu/education/eurydice)

Sasse, A./Valtin, R. (Hrsg.) (2005): Lesen lehren. Berlin: DGLS.

Scheerer-Neumann, G./Schnitzler, C. D. (2008): Die Förderung von Lesestrategien. In: Deutsch differenziert, Heft 3/2008, S. 26–29.

Topsch, W. (2005): Grundkompetenz Schriftspracherwerb. 2. Auflage. Weinheim und Basel: Beltz.

Wedel-Wolff, A. v. (2006): Üben im Leseunterricht der Grundschule. Braunschweig: Westermann.

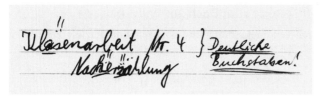

Lehrer

3.4 | Richtig schreiben lernt man nur durch Schreiben!

Handschrift und Schreiben

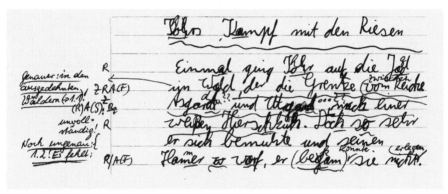

Michael, 12 Jahre

Dem Schriftbild vieler Schülerinnen und Schüler mit LRS, wie hier vom zwölfjährigen Michael, sieht man die Verkrampfung und Anspannung beim Schreiben an. Zwei Deutscharbeiten später brach der Sechstklässler vollends zusammen. Da nützte es auch nichts mehr, dass sein Deutschlehrer die Inhalte seiner Arbeiten mit der Note 3, also befriedigend, gewertet hatte. Für die Form vergab er immer nur die Note 6: Jeder Fehler, jede falsche grammatische Endung, jeder stilistische Hinweis und negative Kommentar wurde in roter Signalfarbe hervorgehoben. Zur Erinnerung folgte am Ende der obigen Arbeit doppelt unterstrichen: »Unbedingt das Schriftbild verbessern!« Dabei glaubte der Lehrer allen Ernstes, seinem Schüler etwas Gutes zu tun, indem er jedes undeutlich geschriebene »a«, »h«, »k«, »n« und »z« einzeln in Rot normgerecht nachmalte und dabei nicht bemerkte, welche verhängnisvolle Auswirkungen das Durchstreichen, die negativen Anmerkungen sowie die frustrierenden Misserfolge auf das Lernverhalten und die Schreibmotivation des Jungen hatten.

Die Schrift vieler Kinder und Jugendlicher mit LRS wirkt oft ungelenk, fahrig, es wird zu stark oder zu schwach aufgedrückt, die Zeilen werden nicht eingehalten. Häufig wird durchgestrichen oder korrigiert. Um Fehler zu kaschieren, werden Groß- und Kleinbuchstaben gemischt angeboten, in der Hoffnung, dass sich die Lehrkraft das Richtige aussucht. Auch Ober- und Unterlängen werden oft nicht immer eingehalten. Einige Kinder verfügen über unterschiedliche Schriften. Zu Hause kann das Schreibtempo selbst bestimmt werden, sodass das Ergebnis wesentlich ausgeglichener, sauberer und fehlerärmer aussieht. Im Unterricht hingegen kommen Schülerinnen und Schüler mit LRS häufig mit der unterschiedlichen Geschwindigkeit von Denken und motorischer Umsetzung nicht klar; die Angst vor Fehlern, die innere Angespanntheit und der Zeitdruck machen die Schrift oft nur noch krakelig, ungelenk, kaum entzifferbar, und die Wörter sind voller Rechtschreibfehler.

Unter den vielfältigen Reaktionen aufseiten der Lehrerschaft auf die Probleme mit der Schrift fällt auf, dass ein unleserliches Schriftbild immer wieder als Unwillen, Boshaftigkeit oder Faulheit der Schüler interpretiert und entsprechend kommentiert wird. Hier noch weitere Originalzitate von Lehrkräften unter Schülertexten und Arbeiten:

- »Deine Schrift ist unleserlich. Es ist eine Frechheit, mir so etwas abzugeben!«
- »Es macht keinen Spaß, deinen Text zu lesen, denn du gibst dir beim Schreiben überhaupt keine Mühe. (Oder ich merke nichts davon.)«
- »Deine Schrift ist eine Zumutung. Ich lehne es ab, das zu lesen. Neu schreiben!«

So wundert es nicht, wenn sich Schüler zumindest im Schutzraum der Therapie zu wehren versuchen:

Mich regt auf das die Lehrer sich immer über unsere Fehler und Schrift beschweren, aber ich ist nicht besser und können nicht die neue Rechtschreibung.

Chrissi, 14 Jahre

Gründe für »schludrige« Handschriften

Dabei spiegelt die »schludrige Handschrift« von Kindern mit LRS oft den Seelenzustand und die negativen Gefühle wider, die mit der ungeliebten Tätigkeit Schreiben verbunden sind. Die geringe Wertschätzung oder sogar Ablehnung ihrer Texte stellt für Kinder eine massive Barriere dar und führt in letzter Konsequenz, wie bei Michael, zur Schreibblockade. Bei Analysen von Handschriften fallen auf:

- feinmotorische Probleme, die mit einem Rückstand in der hand- und grafo-motorischen Entwicklung zusammenhängen können. Das ist oft bei Kindern der Fall, denen Anregungen vor dem Schuleintritt fehlten oder die Malen, Basteln und Schneiden aus dem Weg gegangen sind.
- falsche Bewegungsabläufe und Automatisierung von Schreibbewegungen, die mehr Zeit brauchen.
- schlechte Sitzhaltung.
- verkrampfte Stifthaltung, vor allem bei Linkshändern, die zu Muskelverspannungen führt.

Zusammenhang von Schreiben und Schrift

Die Vorstellung von dem, was man unter Schreiben versteht, hat in den letzten 30 Jahren große Veränderungen erfahren. Ging es früher zunächst vor allem um die Entwicklung einer zügigen und gut lesbaren Handschrift, also um eine grafomotorische Fertigkeit, so steht seit den 80er-Jahren die kommunikative Bedeutung des Schreibens im Vordergrund: Schreiben als Begriff für eine komplexe sprachliche Handlung. Der Inhalt, die Botschaft, die einem Empfänger übermittelt und ohne zusätzliche Erklärungen, Betonung oder Gesten von ihm verstanden werden soll, steht im Zentrum. Die Schreibmotorik spielt eine eher untergeordnete Rolle. Hilfen zur Verbesserung der Handschrift bei LRS sollten daher nie isoliert als reines Buchstabentraining, sondern im Vollzug des Schreibens sinnvoller Wörter erfolgen und dabei eine Änderung der Einstellung zum Schreiben bewirken. Die jeweils unterrichtete Ausgangsschrift dient als Orientierungsrahmen, woraus die Kinder dann ihre individuelle Handschrift entwickeln.

Im Zusammenhang mit der Einführung der neuen Grundschrift (Bartnitzky u. a. 2011) rückt das lange vernachlässigte Thema Handschrift plötzlich wieder in die öffentliche Diskussion und löst sehr kontroverse Einschätzungen aus. »Die Handschrift ist eine unnatürliche Art zu schreiben. Wir sollten sie auf den Müllhaufen der Geschichte werfen und nicht mehr unsere Kinder drangsalieren.« Das Plädoyer von Anne Trubek (2010) für den Computer ist wesentlich bestimmt durch die Frustrationen ihres Sohnes Simon mit der Handschrift. »Wir sollten aufhören, unsere Kinder jahrelang mit der korrekten Formung des großen ›S‹ zu quälen. Die Handschrift ist nur ein winziger Funke in der Geschichte des Schreibens, und es ist Zeit, diese unnatürliche Art, Buchstaben zu formen, endlich abzuschaffen, wie zuvor die Tontafeln, die Rauchzeichen und andere obskure Techniken.«

Doch ist das Schreiben von Hand wirklich so obskur? Oder hatte Sohn Simon nur einfach eine schlecht ausgebildete Lehrerin? Unterstützt das Schreiben von Hand nicht sogar die Rechtschreibung durch die Ausbildung automatisierter Schreibbewegungsmuster? Lurija bezeichnete sie als »kinästhetische Engramme«, die durch das Üben mit der Hand initiiert werden und später automatisiert ablaufen (1970, S. 497).

Als Ursachen für die Probleme der Schülerinnen und Schüler mit der Schrift nennt Ute Andresen »Nachlässigkeit und Verwahrlosung« der Lehrerkolleginnen und -kollegen in der Vermittlung der handwerklichen Fertigkeiten für die Entwicklung einer flüssigen Handschrift (2006, S. 19). Falsche Bewegungsabläufe, die die Schreibgeschwindigkeit verlangsamen oder den Schreibfluss an unpassenden Stellen unterbrechen, führen zu Verkrampfungen und zu Fehlern. Vor allem im Umgang mit Linkshändern fehlt oft methodisches Wissen.

Im Internet kann unter dem Suchbegriff »Probleme mit der Handschrift« eine intensive Diskussion verfolgt werden, wie die eigene Handschrift verbessert werden könne. Eltern suchen für ihre Kinder, die aufgrund ihrer unleserlichen Handschrift in der Schule Ärger haben und deswegen sogar Abzüge in der Note bekommen – aber keine Hilfe erhalten –, in entsprechenden Blogs nach Rat. Hier geht es auch um Möglichkeiten einer Umstellung der Handschrift.

Schreiben mit der Hand und mit Computern

Es sind überschaubare Wissensbestände, über die Lehrkräfte verfügen müssen, um angemessene Hilfen anbieten zu können. Diese beziehen sich auf das Schreibwerkzeug, die Sitz- und Stifthaltung sowie die Nutzung der neuen Medien.

In der öffentlichen Diskussion wird zunehmend für die Verdrängung der Handschrift durch die Nutzung neuer Medien plädiert, was jedoch aus unterschiedlichen Gründen zu bedauern wäre.

Zwar verlangt die schulische Ausstattung, dass überwiegend von Hand geschrieben wird, aber im Berufsleben wie im häuslichen Umfeld wird die Handschrift zunehmend von Computern oder anderen neuen Techniken ersetzt. Schon Erstklässlerinnen und Erstklässler schreiben lieber mit dem Laptop als mit der Hand, weil, wie die siebenjährige Sara meint, man dann die Geschichte aus dem Urlaub verschicken könne. Ihre Geschichte beginnt so:

> Einmal war im Uhrlaub ein Kaninchen 4x abgehauen. Alle ranten hinter her wir haben es auch 4x gefangen. Alle schrihen immer gans laut »REEEEHNT LOS AUFS KAAAAAAAAANINCHEN« Das war ser laut.

Die neuen Medien bieten Schülerinnen und Schüler motivierende Schreibhilfen beim Verfassen von Texten – nicht als Ersatz für eine Handschrift. Mithilfe eines Textverarbeitungsprogramms können sie ihre Texte gestalten, verändern, Fehler korrigieren und mit Sprache kreativ umgehen. Dabei werden sie von vielfältigen Gestaltungsmitteln unterstützt, zum Beispiel Schriftarten, Gestaltung des Textes, Farben, Bildern, Hintergrund, Musik oder Animation.

Aus motivationalen und ergonomischen Gründen ist es ratsam, dass Kinder mithilfe eines Zehn-Finger-Tipp-Programms schnell »blind schreiben« lernen, denn das Tippen mit zwei oder drei Fingern ist unökonomisch und frustrierend. Positive Rückmeldungen gibt es über Kurse in den Volkshochschulen oder mit spezifischer Lernsoftware, wie z. B. Goldfinger Junior 3.

Einzelne Aspekte der Schreiberziehung werden unter »Freies Schreiben« und in den Kapiteln 5 und 7 aufgezeigt.

Linkshändigkeit als Problem?

Zu den überholten, aber langlebigen Gerüchten gehört die Auffassung, dass Linkshändigkeit Legasthenie verursacht. Die Vertreter dieser Behauptung meinen, dass die Verarbeitung von Sinneseindrücken im Gehirn bei Linkshändern komplizierter sei als bei Rechtshändern. Diese Vermutung konnte bis heute nicht bewiesen werden. Ebenso ungeklärt ist, ob die Händigkeit angeboren oder in früher Kindheit erworben wird. Nachgewiesen ist, dass eine erzwungene Umstellung eines ausgeprägten Linkshänders auf rechts, wie es früher oft erfolgte, Lern- und Orientierungsschwierigkeiten bis hin zu Neurosen bewirken kann.

Linkshänder haben es allerdings in unserer auf Rechtshänder ausgerichteten Welt immer noch schwerer. Allen Erkenntnissen zum Trotz versuchen daher immer wieder Eltern und Lehrkräfte, ein Kind auf rechts umzutrainieren. Dabei kann bei sachgerechter Anleitung die Schreibbewegung eines Linkshänders genauso flüssig werden wie beim Rechtshänder. Wegen fehlender Vorbilder und spiegelbildlicher Ausführung muss der Schreibtechnik aber besondere Aufmerksamkeit gewidmet werden. Hinweise und Tipps folgen in Kapitel 5.

Julia und die Schreibhaltung

> **Beispiel**
>
> Keiner der Lehrerinnen war aufgefallen, dass Julia, die zweisprachig aufwächst und eine französische Schule besucht, noch in der 4. Klasse mit »Pfötchengriff« und zu starkem Druck schrieb. Die Folge war eine verkrampfte Schreibhaltung mit rascher Ermüdung und gesteigerter Fehlerzahl. Ihr Schreibtempo war gering, Handgelenke und Nacken verkrampften regelmäßig. Der Schreibfluss wurde nach jedem »i« oder Umlaut unterbrochen, aus Angst, den i-Punkt oder das Oberzeichen zu vergessen. Die Nase »klebte« fast auf dem Heft. Ihrem Schriftbild sah man die Verkrampfung und Anspannung an. Die Schrift wirkte ungelenk, die Zeilen wurden nicht eingehalten. Julia empfand das Schreiben als sehr lästig. Sie hat sich für die Umstellung ihrer Handhaltung mithilfe von Klebeband eine harte, aber für sie erfolgreiche Methode ausgedacht:
>
> *Ich hab mir das Angewöhnt, weil ich mir in der nacht, klebeband um den finger gewickelt habe.*
>
> *Ich kann jetzt richtig schreiben.*
>
> Julia, 11 Jahre

Richtig schreiben lernt man nur durch Schreiben!

Freies Schreiben mit lese-rechtschreibschwachen Kindern[5]

Michael, 12 Jahre

Michael hat, wie viele Kinder mit Lese-Rechtschreibschwierigkeiten, sehr negative Erfahrungen mit dem Umgang und der Bewertung seiner schriftlichen Leistungen gemacht, wie bereits im Zusammenhang mit Schrift (S. 100) gezeigt wurde. Sein Lehrer hat sich geradezu berauscht an roter Tinte, ergänzt durch negative Anmerkungen. Das Resultat war, dass Michael keinerlei Zutrauen mehr in seine schriftsprachlichen Fähig-

---

5 Unter Einbezug eines Beitrags von Urban (†)/Naegele 2001.

keiten hatte und keinen Sinn im Schreiben sah. Die negativen Erfahrungen führten zu einer Schreibblockade. Selbst schreibwillige Kinder hätten nach mehreren ausführlichen Verbesserungen aller Rechtschreib-, Ausdrucks- und Kommafehler keine Lust mehr auf das Schreiben gehabt.

Aus Angst vor Fehlern und kritischen Anmerkungen getrauen sich viele Schülerinnen und Schüler mit LRS nicht, das, was sie inhaltlich bewegt, schriftlich für sich und andere festzuhalten.

Anhand von fünf Beispielen soll demonstriert werden, welche Kräfte das Verfassen von Texten freisetzen kann – gerade bei Kindern, die bisher mit dem Schreiben nur negative Erfahrungen gemacht haben. Dazu sind bestimmte Rahmenbedingungen unerlässlich, die sicherlich in einer Einzelsituation leichter herzustellen sind als im Klassenverband, der seinerseits wiederum andere Vorzüge bietet. Im Mittelpunkt der Schreibarbeit steht zunächst der Inhalt des Textes und nicht die normgerechte Schreibung. Diese entwickelt sich meist sozusagen nebenbei, wenn die Frage der Lesbarkeit z. B. bei einer Veröffentlichung aktuell wird. Viele Geschichten werden aufgehängt, am Schwarzen Brett als »Geschichte der Woche« veröffentlicht oder zu Heften und Büchern zusammengefasst, die dann als Geschenk, Lesebuch u. a. große Wertschätzung erhalten. Dies spornt an, gibt Selbstvertrauen und setzt eine intensivere Auseinandersetzung mit der Schriftsprache in Gang.

Fünf freie Schülertexte zu unterschiedlichen Fragestellungen

Beispiel 1: Tom – Abbau von Frustrationen

> Main schlimmstes Faint ist kein Monster und auch kein Mörder der schlimste Faint ist majene hererin. Sie gibt Vocabeln auf für fünt Tage; aber ich kann sie erst nach zen Tagen. Aber eines weis ich genau sie macht das alles extra. Sie ist nähmlich eigentlich eine Kwälerin. Es ist nähmlich eine Kwal die Vocabeln krampfartig in einen Kopf zu bekommen. Und wenn man in die Klasse kommt können natürlich alle die Vocabeln das ist das kwalvolste Gefühl im leben. Ich würde lieber fünf stunden in einer Hetzekammer zubringen als das die Vocabeln nicht zu können. Nach so einem Tag gehe ich aber don Fußball spielen. Ich mag Fußball

Tom, 12 Jahre

Tom steht zwar, wie dem Beginn des Originaltextes anzusehen ist, mit der Rechtschreibung und Interpunktion auf Kriegsfuß. Seine Frustrationen richten sich aber nur gegen die »Kwal« des mühsamen Einprägens der englischen Vokabeln. Von der Mutter unterstützt, schreibt Tom seitenlange Geschichten, die häufig mehr oder weniger verschlüsselt um schulische Themen kreisen wie »Der Traum von der Abschaffung der Hausaufgaben« oder »Bens Reise zum Mars«, einer langen Geschichte um den Bau einer Geheimrakete mit seinem Vater. Am Ende holt ihn aber indirekt die Schule ein: »Ben wurde auf diesem Planeten sehr glücklich, weil es dort keine Schule gab.«

Der Gymnasiast hat das Glück, dass die Deutschlehrerin seine sprachliche Kreativität erkannt hat und schätzt. Sie bezieht sich in der Bewertung nur auf die Inhalte seiner Texte und streicht keine Fehler an – ganz im Gegenteil zum Verhalten des Lehrers von Michael. Da Tom seinen Text im Rahmen eines Schreibprojekts veröffentlichen will, erfolgt in der Therapiestunde eine schrittweise Bearbeitung des übertragenen Textes am Computer – mit Unterstützung meiner Anmerkungen:

> *Du hast sehr gut beschrieben, wie du dich fühlst. Dabei hast du aber beim Schreiben viele Satzzeichen vergessen. Es fehlen Punkte und vor allem Kommas, da wo du Luft holst oder ein neuer Gedanke beginnt. Die unterstrichenen Wörter kann man zwar lesen, aber die Rechtschreibung ist anders. Einen großen Teil der Wörter kannst du allein korrigieren wie »wir, mein, dann deshalb, lieb«. Bei anderen Wörtern musst du überlegen, woher sie kommen (müssen, fahren, können, nämlich – Name) oder sie verlängern (Feinde). Übe mit der Wortliste: eigentlich, nämlich – der Name, die Qual – qualvoll – quälen, zehn, verstehen – versteht, schlimm, voll, der Sinn.*

Neben Gesprächen hat das Schreiben eigener Texte einen wichtigen Platz in der Aufarbeitung persönlicher und schulischer Belastungen. Kinder, die große Lern- und damit verbunden Verhaltensauffälligkeiten zeigen, kommen einmal pro Woche zwei Stunden zu mir in Einzeltherapie. Der integrative Psycho- und Lerntherapieansatz, FIT (Frankfurter Integrative Therapie), wird in Kapitel 9 vorgestellt.

Beispiel 2: Pervez – Albträume eines Asylantenkinds aus Afghanistan

Pervez musste im Alter von fünf Jahren mit seinen Eltern aus Afghanistan flüchten. Er litt lange Zeit an Albträumen und kann bis heute über seine Erlebnisse nicht sprechen. Da für die Familie nur ein begrenztes Bleiberecht besteht, ist die psychische Situation sehr angespannt. Pervez spricht relativ gut Deutsch und weigert sich, Afghanisch zu lernen. Er besucht die 5. Klasse einer Förderstufe und hat große schriftsprachliche Probleme. Er ist ein nachdenklicher Junge, versucht nirgends unangenehm aufzufallen, passt sich an, möchte typisch deutsch, wenn möglich blond sein. Zu seinen Eltern, die kaum Deutsch sprechen, sehr streng sind und sich an ihre heimatlichen Traditionen klammern, hat er ein sehr schlechtes Verhältnis, das von gegenseitigem Misstrauen und Aggressionen geprägt ist. Die ältere Schwester hat sich dem Druck der Familie entzogen und ist in einem Mädchenhaus untergetaucht.

Pervez kommt seit zwei Jahren einmal wöchentlich zwei Stunden zur Einzeltherapie. Inzwischen ist seine schriftsprachliche Kompetenz so weit, dass er regelmäßig Geschichten schreibt und damit die schrecklichen Ereignisse seiner Vergangenheit verarbeitet. Er schreibt von Gespenstern und Albträumen: »Als ein Mann gehgen ein Baum rennt treumt er, das er in ein Raauhm war der runt war und 20 Türen hete. Das war nur ein Albtraum.« Mithilfe vielfältiger Texte hat sich Pervez inzwischen von seinen schrecklichen Träumen, dem Gefühl des Ausgeliefertseins, der Ausweglosigkeit, der Unsicherheit und der Bedrohung zu lösen begonnen. So nimmt er Ungerechtigkeiten von Lehrkräften äußerlich klaglos hin. Noch nicht einmal in der vertrauten Therapiesituation kann er seine Wut zum Ausdruck bringen.

Pervez, 15 Jahre

⁘ Übersetzung

»Wenn der Lehrer vor der Klasse euch zum Clown macht und Witze über euch macht und euch hasst, dann gibt es nur noch eines zu machen: petzen oder ihm mit einer Dose über seinen Kopf zu schütteln. Ihr könnt was ganz Besseres machen, ihr könnt ihn fertig machen, bis er euch in Ruhe lässt. Aber wenn er wieder damit anfängt, dann fangt ihr auch an. Wenn sie wollen, dass ihr den Walkman ausmacht, dann macht ihr was ganz Leichtes, ihr macht einfach lauter.«

Richtig schreiben lernt man nur durch Schreiben!

Diese Geschichte, die das Verhalten eines bestimmten Lehrers – wieder in der dritten Person – beschreibt, wurde zum Anlass genommen werden, gemeinsam ganz konkrete Strategien zu entwickeln, wie sich Pervez in einer solchen Situation adäquat verhalten und sich wehren kann. Pervez liest inzwischen seine Texte vor, sie sind Thema der Gespräche und werden in seiner Mappe gesammelt. Indirekt zeigen sie den Stand seiner schriftsprachlichen Entwicklung und bieten damit Hinweise für die vom Text losgelöste Arbeit am Aufbau von Ausdrucks- und Rechtschreibkompetenz durch Karteiarbeit, Wortlisten und Vermittlung von Einsichten in das Regelwerk.

Beispiel 3: Markus – Monster helfen

Dieses Monster heißt Grimmli. Dieses kleine Grimmli ist ungefähr einen Meter groß. Es hat sehr spitze Zähne und ein riesiges Maul. Sein Fell ist so haarig wie von einem Bär. Grimmli hat fürchtlichen Mundgeruch. Er ist einmal in die Stadt gegangen, nach zwei Minuten war keiner mehr auf den Straßen weil Grimmli so fürchterlich aussieht. Eigentlich ist er ganz zahm und mein bester Freund, aber jeder hat Angst vor ihm.

Markus, 9 Jahre

Markus ist ein neunjähriger Junge, der unter großem Druck steht. Er fühlt sich von Mutter und Lehrerin gegängelt, kontrolliert und eingeengt und reagiert darauf mit aggressivem Verhalten. Er glaubt, er bekomme am meisten Aufmerksamkeit, wenn er seine Aufgaben möglichst chaotisch und unordentlich macht. Gegenüber seinem großen Bruder fühlt er sich immer ungerecht behandelt und falsch verstanden. In der Grimmli-Geschichte gibt er viel von seinen Gefühlen preis. Der Text machte es möglich, über die Gefühle des Monsters seine eigenen zu thematisieren. Diesen Text wollte Markus veröffentlichen und bearbeitete ihn in mehreren Schritten am Computer, bis er fehlerfrei war.

Beispiel 4: Boris – Selbsteinschätzung

Boris, zehn Jahre, hat bisher die Erfahrung gemacht, dass Üben sinnlos ist. In jedem Diktat erhielt er – erlasswidrig – eine 6. Seine Aufsätze gab ihm die Lehrerin ungelesen zurück mit der Begründung, sie seien unleserlich. Er resignierte. Im Rahmen einer Einzeltherapie konnte ihm aufgezeigt werden, dass er sehr wohl eine Menge Wörter »richtig« schreiben konnte, bisher aber der Blick nur auf die Fehler gerichtet war. Boris war verblüfft, dass er in der folgenden Geschichte »Hilfe!!« von 88 Wörtern 61 normgerecht geschrieben hatte. Mit dem Prinzip der Verstärkung alles Positiven konnte er schrittweise zu mehr Selbstvertrauen und Schreiblust geführt werden. Eine Analyse der Falschschreibungen zeigt, welche Rechtschreibprobleme parallel zu behandeln sind.

Boris, 10 Jahre

Beispiel 5: Michael schreibt sich frei

Die Drachengeschichte stammt von Michael, dem 13-jährigen Jungen mit einer Schreibblockade, dessen Aufsatz diesen Beitrag einleitet (Naegele 1994b, S. 16–17). Mithilfe eines Schulwechsels und einer Einzeltherapie nach dem FIT-Konzept (Kap. 9) hat er nach und nach durch Gespräche und gezielte Übungen seine Schreibblockade ab- und Selbstbewusstsein aufbauen gelernt. Er hat viele Geschichten verfasst, in denen Tiere stellvertretend für Menschen handeln. Initiiert von Zeichnungen, hier der eines Drachenkochs, hat er lange, fantasievolle Abenteuer erfunden, in denen auch verschlüsselte Auseinandersetzungen mit seiner eigenen Geschichte zu finden waren.

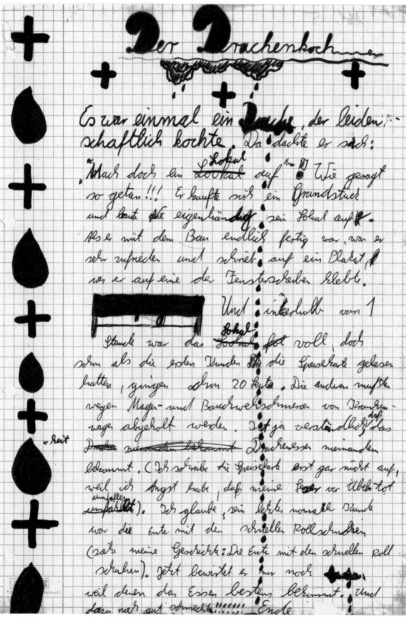

Michael, 15 Jahre

⋯⋗ Übersetzung

> »Es war einmal ein Drache, der leidenschaftlich kochte. Da dachte er sich: ›Mach doch ein Lokal auf!‹ Wie gesagt, so getan!!! Er kaufte sich ein Grundstück und baute eigenhändig sein Lokal auf. Als er mit dem Bau endlich fertig war, war er sehr zufrieden und schrieb auf ein Plakat, was er auf eine Fensterscheibe klebte. Und innerhalb von 1 Stunde war das Lokal voll, doch schon als die ersten Kunden die Speisekarte gelesen hatten, gingen schon 20 Leute. Die anderen mußten wegen Magen- und Bauchwehschmerzen vom Krankenwagen abgeholt werden. Ist ja verständlich, daß das Drachenessen niemandem bekommt. (Ich schreibe die Speisekarte erst gar nicht auf, weil ich Angst habe, daß meine Leser vor Übelkeit umfallen.) Ich glaube, sein letzter normaler Kunde war die Ente mit den schnellen Rollschuhen (siehe meine Geschichte: ›Die Ente mit den schnellen Rollschuhen‹). Jetzt bewirtet er nur noch Drachen, weil denen das Essen am besten bekommt. Und dazu noch gut schmeckt!!!!!!! Ende

Obwohl dieser Text wegen seiner künstlerischen Gestaltung nicht überarbeitet wurde, fallen im Vergleich zu seinem schulischen Aufsatz (S. 106) die entspannte Schrift und die geringe Anzahl an Rechtschreib- und Zeichensetzungsfehlern auf.

Anmerkungen zur Arbeit mit freien Texten

Ziel des »freien Schreibens« ist es, dass Kinder lernen, offen und unbelastet von Zwängen Texte zu schreiben, deren Themen und Gestaltung sie selbst bestimmen. Sich schreibend zu äußern, stellt jedoch an eine Reihe von Kindern große Anforderungen, zumal zwischen dem, was sie bewegt, und ihren Fähigkeiten, das in Schrift umzusetzen, oft eine große Diskrepanz besteht (vgl. Jaumann-Graumann 1997). Daher verläuft der Zugang zum freien Schreiben bei Kindern mit LRS sehr unterschiedlich und setzt eine vertrauensvolle Beziehung voraus, wie Beispiel 3 zeigt (vgl. auch Axline 1997, S. 135–152).

Als Einstieg eignen sich Bilder, vorgelesene Geschichten, deren Ende offen bleibt, oder eigene Erlebnisse des Kindes. Selbstverfasste Texte geben neben dem Inhalt einen guten Einblick in die kindlichen Vorstellungen und Verarbeitungsstrategien von Schrift. Bereits im Anfangsunterricht können Kinder eigene Texte verfassen (Hanke 2002, Dehn 1996).

Viele Schülerinnen und Schüler achten, wenn sie sich auf den Inhalt ihres Textes konzentrieren und außerdem emotional betroffen sind, wenig auf Satzbau und Rechtschreibung. Auch ältere Kinder können dabei manchmal wieder auf eine frühere Schreibentwicklungsstufe zurückfallen (S. 61). Ob eine weitere Bearbeitung erfolgt, muss individuell je nach Betroffenheit und Inhalt entschieden werden. Schließlich hat das Kind mit seinem Text etwas sehr Persönliches preisgegeben, wozu Mut und Vertrauen gehören. Dies darf nicht durch Formalismus und rote Farbe zerstört werden. Sinnvoll ist es in jedem Fall, wenn ein Kind im zeitlichen Abstand seine Geschichte nochmals in Ruhe auf Satzbau, Interpunktion und Rechtschreibung durchliest und sich selbst verbessert. Das ist leichter, wenn die Geschichte mit zweizeiligem Abstand oder am Computer verfasst wurde. Hier eine Checkliste für die Bearbeitung eines Textes für ältere Schülerinnen und Schüler mit LRS (Naegele 2013, S. 53):

- Habe ich alle Notizen abgearbeitet?
- Habe ich meine Ideen und Gedanken so ausgedrückt, dass die Leser meine Geschichte interessant finden?
- Sind die Sätze durch Punkte und Kommas so gegliedert, dass mein Text ohne Mühe verstanden werden kann?
- Stimmt der Satzbau?
- Habe ich die passenden Zeiten verwendet?
- Stimmt die Rechtschreibung?
- Habe ich alles nochmals sorgfältig durchgelesen?

Das gezielte Üben der Rechtschreibung sollte grundsätzlich unabhängig von den Geschichten mithilfe einer eigenen individuellen Fehlerkartei oder mit Wortlisten erfolgen.

Neben dem Verfassen individueller schriftlicher Äußerungen zu vielfältigen Themen, die sich oft aus Gesprächen ergeben oder durch Lektüre angeregt werden, ist das Anfertigen von Geschichtensammlungen beliebt, die dann als Geschenke oder zum Verkauf auf Schulbasaren (Naegele 2001a, b) angeboten werden können.

Jede Schülerin und jeder Schüler kann, wenn einzeln oder mit kleinen Gruppen gearbeitet wird, individuell unterschiedliche Wege beim Schreiben ausprobieren. Den Kindern ist es wichtig, dass ihre Texte gelesen und kommentiert werden.

Kinder und Jugendliche mit sehr geringem Selbstvertrauen und solche mit Unsicherheiten in der Zweitsprache Deutsch benötigen viel Ermutigung und Unterstützung, bis sie sich trauen, etwas zu Papier zu bringen. Sie bekommen mit dem Schreiben jedoch Mut, finden sich in den Geschichten anderer wieder oder grenzen sich davon ab. Für manches Kind bedeutet das Schreiben eines einzigen Satzes schon eine riesige Anstrengung, aber es ist ein erster Schritt auf dem Weg zum selbstständigen Schreiben. Die Kinder machen die Erfahrung, dass alle Ausdrucksformen (von Comics über Bildvorlagen bis zum literarischen Text) ernstgenommen und – falls sie es nicht verweigern – auch veröffentlicht werden. Form und Stil sind freigestellt.

Während im schulischen Bereich Schreiben noch überwiegend mit der Hand erfolgt, können Kinder in Fördergruppen oder in einer Therapie oft den Computer wählen, und viele machen gern davon Gebrauch, vor allem, wenn es Texte sind, die andere lesen sollen. Lange Zeit wurde der »Creative Writer« (Microsoft) gegenüber dem normalen Textverarbeitungsprogramm bevorzugt, da das Programm viele Möglichkeiten bietet, Texte individuell mit unterschiedlichen Rahmen, Bildern, Farben oder Schriftarten zu variieren. Inzwischen bietet die Technik wesentlich vielfältigere Gestaltungsmöglichkeiten durch Scanner, digitalisierte Fotos, Audio-Dateien und Videos (Stolz 2012). Die Erfahrung zeigt, dass Kinder am Computer aufgrund des langsameren Schreibens und der zusätzlichen visuellen Kontrollmöglichkeit relativ wenig Rechtschreibfehler machen und darüber hinaus viele Fehler selbst entdecken und dann korrigieren können. Das bringt Erfolgserlebnisse, die wiederum positiv auf die Schreibmotivation wirken. Für das gezielte Training der Rechtschreibung eignet sich der Computer allerdings nicht. Das Schreiben mit der Hand erfordert ganz andere, vor allem auch schreibmotorische Bewegungsabläufe (Kap. 5).

Für Schreibprojekte in Fördergruppen oder Klassen hat es sich als erfolgreich erwiesen, wenn die Wahl der Themen möglichst weit gesteckt wird. Das gilt auch, wenn sie von einzelnen Kindern initiiert und zur Bearbeitung für einen vereinbarten Zeitraum angeboten werden, z. B. »Traumbuch«, »Freundschaft«, »Wenn ich an Schule denke«, »Familie«. Dazu können Geschichten oder Gedichte geschrieben werden.

Es gibt inzwischen eine Reihe von veröffentlichten Schreibprojekten aus Schulen, so z. B. das Buch »Heaven, Hell & Paradise« einer 9. Augsburger Hauptschulklasse (Brosche 2011). Schreibprojekte aus dem Förderunterricht mit Schülerinnen und Schülern mit LRS habe ich mehrfach vorgestellt (Naegele 1983, 1989, 1994 und 2001). Für die Suche nach weiteren Beispielen lohnt sich die Suche im Internet unter dem Stichwort »Schulprojekte mit LRS-Schülern«. Der Band »Schreiben ist wichtig!« (Valtin/Naegele 1994) enthält eine Sammlung von Schreibprojekten mit Kindern unterschiedlicher Herkunft und Sprachkompetenz. Gezielt für Kinder mit Migrationshintergrund, die über unzureichende Deutschkenntnisse verfügen, bietet Lumpp (2011) vielfältige Hilfen, auch zum Schreiben von Texten in der Zweitsprache Deutsch. In Berlin fand 2009 die Ausstellung »Auf dem Sprung« statt. Zwölf Jugendliche aus Einwanderungsfamilien berichteten in über 100 Texten von ihrem Leben (Padtberg 2009). Einer der Texte leitet den Beitrag über Diktate (S. 128) ein.

Tom, der Junge, der unter der »Vocabel-Kwälerin« litt, war gleichzeitig der Autor seitenlanger und spannender – zum Teil nur mühsam entzifferbarer – Geschichten. Er schreibt:

> Zum Glück habe ich das Glück eine gute und hilfsbereite Lehrerin zu haben. Die mir trotz meiner Fehler in der letzten Deutscharbeit eine 1- gegeben hat

Tom, 14 Jahre

Literatur zum freien Schreiben

Axline, V. M. (1997): Kindertherapie im nicht-direktiven Verfahren. 9. Auflage. München: Reinhardt. (Hier besonders das 16. Kapitel: Die praktische Anwendung der therapeutischen Grundprinzipien in der Schulklasse.)

Brosche, H. (2011): Hauptschüler schreiben ein Buch. In: Pädagogik 1/11. S. 52–53.

Deutsch differenziert (2007): Texte schreiben, überarbeiten, veröffentlichen. Heft 3/2007. Braunschweig.

Hanke, P. (2002): Lernen mit eigenen Texten in den ersten Schulwochen. In: Grundschule 3/2002. S. 40–42.

Hegele, I. (Hrsg.) (2000): Lernziel: Texte schreiben, überarbeiten und gestalten. Weinheim und Basel: Beltz.

Jaumann-Graumann, O. (1997).: »Ich hade schön mal Angst gegriegt womal was rünter gewalen ist!« – Was geht in Boris vor, wenn er diesen Satz schreibt? Ein Plädoyer für das persönliche Gespräch. In: Balhorn, H./Nieman, H. (Hrsg.): Sprachen werden Schrift. Lengwil: Libelle. S. 74–85.

Lumpp, G. (2011): Richtig Deutsch lernen. Sprachförderung für Schüler mit Migrationshintergrund in den Klassen 1–6. Weinheim und Basel: Beltz.

Naegele, I. (1989): Internationales Koch- und Spielbuch. In: Naegele, I./Valtin, R. (Hrsg.): LRS in den Klassen 1–10. Weinheim und Basel: Beltz. S. 77–81.

Naegele, I. (2001): Förderung in der Sekundarstufe mit Projekt »Der goldene Engel & Co«. In: Naegele, I./Valtin, R. (Hrsg.): LRS – Legasthenie in den Klassen 1–10. Band 2. 2. Auflage. Weinheim und Basel: Beltz. S. 112–117.

Naegele, I. (Hrsg.) (2012): Lerne und wiederhole. LRS überwinden in Klasse 5–7. Frankfurt/M.: abc-netzwerk.

Padtberg, C. (2009): Jugendliche Migranten: Unser Alltag in Berlin. Spiegel Online. http://www.spiegel.de/schulspiegel/leben/jugendliche-migranten-unser-alltag-in-berlin-a-621642.html (Abruf 05.07.2013).

Valtin, R./Naegele, I. (Hrsg.) (1994): Schreiben ist wichtig! Grundlagen und Beispiele für kommunikatives Schreiben (lernen). 4. Auflage. Frankfurt/M.: Arbeitskreis Grundschule.

Auf dem Weg zur Richtigschreibung | 3.5

»Können Sie richtig r(R)echt-S(s)schreiben?« – Rechtschreibtests zur Selbsterfahrung

Liebe Leserin, lieber Leser,
   mit dieser Frage und unter Zuhilfenahme einiger Spitzfindigkeiten unserer deutschen Orthograf(ph)ie soll Ihre Rechtschreibsicherheit etwas erschüttert werden.
   Zunächst ein paar simple Silbentrennungen. Wie trennt man die folgenden Wörter?

> »Legasthenie« – »Pädagogik«, »pädagogisch« – »Empfehlung« – »Rekonstruktion« – »extravagant«

Wie viele Wörter haben Sie auf Anhieb richtig getrennt nach den neuen Trennungsregeln? In manchen Fällen sind mehrere Schreibweisen gültig. Bitte beachten Sie dies auch bei Ihren Korrekturen!

Diktatschreiben scheint »in« zu sein. 2013 wurde bereits zum zweiten Mal der von der Stiftung Polytechnische Gesellschaft und der FAZ organisierte Diktat-Wettbewerb »Frankfurt schreibt« unter reger öffentlicher Beteiligung durchgeführt. Die 300 Teilnehmer schrieben ein besonders kniffliges Diktat, auf das sie sich mithilfe von Übungsdiktaten vorbereiten konnten. Ein Satz daraus: »Eines wolkenverhangenen Mittwochmorgens, es war Buß- und Bettag, hatte infolgedessen ein pubertärer Sprayer rotgesehen.« Bei einer durchschnittlichen Fehlerzahl von 26,5 siegte die beste Schülerin mit 13 Fehlern, nur sieben Fehler machte die Gewinnerin unter den Lehrkräften, mit nur 8 Fehlern schnitt die beste Elternvertreterin ab. (Nähere Informationen, Diktattext und Auswertung sind im Internet unter dem Schlagwort »Diktat zum FFM-Finale 2013« zu finden.)

Natürlich möchte ich Ihnen auch das folgende Meisterwerk geballter Rechtschreibschikanen nicht vorenthalten, dessen Auflösung sowie die richtigen Trennungsregeln auf S. 139 zu finden sind:

> Der (g/k)lei(s/ß)nerische Me(s/ß)ner war ein Schal(ck/k), angetan mit B(ä/e)ffchen, Pe(r/rr)ü(ck/k)e und Kra(v/w)atte aus Batist. Nie(s/ß)wurz hatte er in Sta(n/nn)iol gewickelt und zwei Gro(s/ß) nu(m/mm)erierter A(t/tt)rappen speichelle(g/ck)eri(ch/sch) aufgepflanzt. An der R(e/ee)de stand er jetzt neben dem Kr(a/ah)n, der Bi(m/mm)sstein, Schl(ä/e)mmkreide und A(s/ß)best für die Luftschi(f/ff/fff)ahrt, speziell für die Luftschi(f/ff/fff)lotte verlud, und überlegte, ob er eine Ziga(r/rr)e, eine Zigare(t/tt)e, eine Pfei(f/ff)e Taba(ck/k) rauchen oder ob er pr(i/ie)men sollte. Inzwischen entstieg eine Ba(l/ll)e(tt/ttt)ruppe einem Bus. Die as(t/th)mati-sche Ba(l/ll)erina trug eine Ba(l/ll)alei(ck/k)a unter dem Arm und r(ä/e) (s/ss)onierte über den Fa(s/ss)adenzie(r/rr)at der Re(n/nn)ai(s/ss)ancega(l/ll)erie. Inzwischen bestieg unser Me(s/ss/ß)ner seine M(ä/äh/e/eh)re, rief nach seinem P(ä/ää)rchen Ziegen und führte alle zur W(a/aa/ah)ge, wo gerade Firni(s/ss/ß), Na(f/ph/pf) (t/th)a und stickto(f/ff/fff)reicher Pa(l/ll)isadendünger verladen wurden. Der W(a/aa/ah)genmeister hatte einen Ka(t/tt)a(r/rh/rrh). Er trank deshalb nacheinander ein Gläschen Rum, A(r/rr)a(ck/k), W(h)isk(ey/i/y), Kornbra(n/nn) (d/t)wein, Li(ck/k)ör und (C/K)ogna(ck/k).

Sinn und Ziel der »Selbsterfahrungstests« ist es, Ihnen die Not- und Versagersituation vieler schreiben lernender Kinder nahezubringen – zusammen mit Aussagen von Betroffenen auf dieser Seite und an vielen anderen Stellen dieses Buchs.

Falls Sie Schwierigkeiten mit dem Angebot an vielfältigen Lösungsmöglichkeiten – neudeutsch: Multiple-Choice-Verfahren – hatten, befinden Sie sich in guter Gesellschaft. Dies ist nämlich die Art, wie Schulabgänger von den Industrie- und Handelskammern in Rechtschreib»tests« verunsichert werden. Die Auflösung finden Sie am Ende dieses Beitrags. In Seminaren von Dieter Adrion, von dem der an die neuen Rechtschreibregeln angepasste Test übrigens stammt (1978, S. 18), produzierten Lehramtsstudierende durchschnittlich 13 Fehler.

Konrad Duden äußerte sich in seinem »Vollständigen orthographischen Wörterbuch der deutschen Sprache« von 1880 kritisch zu einer Reihe von Schreibvereinbarungen und warnte bereits 1908:

Die bisherige deutsche Rechtschreibung schädigt durch nutzlose Gedächtnisbelastung und die dadurch bewirkte Überbürdung die geistige und leibliche Gesundheit unserer Jugend. Indem sie der Schule die kostbare Zeit, dem Kinde Lust und Freude am Lernen raubt, ist sie der schlimmste Hemmschuh unserer Volksbildung. Sie wirkt verdummend, indem sie unter großer Kraftvergeudung Verstand und Gedächtnis zu gegenseitigem Kampf zwingt. Trotz aller aufgewandten Mühe – sie heißt mit Recht das Schulmeisterkreuz – gelingt es der Schule doch nicht, sie dem größten Teil unserer Jugend fürs spätere Leben einzuprägen. Über neun Zehntel unseres Volkes haben sie entweder nie sicher erlernt oder doch bald nach der Schule wieder vergessen.

(zitiert aus Naegele/Valtin 1994a, S. 5)

Rechtschreibung als Problem

> Als erste Erinnerung an meine Probleme mit der Rechtschreibung kann ich mich an die Rückgabe eines Diktats erinnern. Bei diesem Diktat hatte ich „ina" und „ihrn" verwechselt. Deshalb bekam ich nicht wie sonst eine 4 sondern eine 5. Ich hatte überhaupt nicht verstanden, woran man erkennt, wann ein „h" eingesetzt werden musste. Meine Mutter sagte immer: „Das hört man doch!". Ich hörte keinen Unterschied. Deshalb dachte ich, dass ich dumm bin. Aber hören, hören hat ja nicht damit zu tun. Man muss die Regeln dahinter erkennen.
>
> Ich hatte als Kind große Angst nach Hause zu kommen mit einer schlechten Note. Mein Vater schlug mich und es gab immer Un...ten „tam tam".
>
> Meine Mutter saß immer bei der HA neben mir und ließ mich sofort alle Worte noch einmal schreiben die ich falsch geschrieben hatte.

Ina, 26 Jahre

So beginnt die Rückschau einer bis ins Erwachsenenalter unter Ängsten beim Schreiben leidenden jungen Frau. Ein Teil der Umwelt – Eltern, Lehrerinnen und Lehrer, Klassenkameradinnen und -kameraden – reagiert auf Rechtschreibfehler besonders negativ, wie der obige Text der jungen Frau belegt. Orthografische Verstöße werden immer noch fälschlicherweise mit geringerer Intelligenz und Faulheit in Verbindung gebracht. Am »Schulmeisterkreuz«, wie Duden den Rechtschreibunterricht nannte, hat sich seit 1892 leider wenig geändert. Nach wie vor wird – trotz reduzierter Wochenstundenzahl für das Fach Deutsch – ein Großteil der Zeit für das Einüben der Rechtschreibung verwendet, mit sehr mäßigem Erfolg, z. T. auch dank unsinniger Übungsformen. Kemmlers Untersuchungsergebnisse über den Stellenwert der Rechtschreibung in der Grundschule gelten nach wie vor:

> *Ein einseitiges, von der Intelligenz – als Fähigkeit zur Umstrukturierung – weitgehend unabhängiges Merkmal entscheidet damit in vielen Fällen über den Schulerfolg in der Grundschule – auch über die weitere Schullaufbahn.* (Kemmler 1967, S. 175)

Wir Erwachsenen haben unsere einstigen Schwierigkeiten verdrängt oder vergessen. Wir schreiben am Computer, wo Textverarbeitungsprogramme automatisch Rechtschreib- oder Satzbaufehler markieren. Wir können in Zweifelsfällen rasch im Wörterbuch nachsehen oder aufgrund unseres rechtschreiblichen Wissens Analogieschlüsse ziehen – alles effektive Strategien und Vorgehensweisen, die vielen Kindern fehlen. Bei welchen Erwachsenen werden aber auch schon ähnlich kritische Maßstäbe angelegt wie bei den Kindern in der Schule?

Beim Denken und Sprechen wird vieles verkürzt und nicht fertig ausformuliert, durch Gesten und Mimik unterstützt vom Empfänger dennoch verstanden. Die Schriftsprache dagegen muss maximal entfaltet sein. In ihr muss alles für den Adressaten ausgedrückt werden, der nicht anwesend ist. Die unterschiedliche Geschwindigkeit zwischen Denken (und Sprechen) und dem Schreibprozess erfordert ein hohes Maß an Konzentration sowie Einsichten in gewisse Prinzipien, nach denen sich unsere Normschreibung historisch entwickelt hat. Das Voraneilen der Gedanken kann z. B. zum Weglassen einzelner Buchstaben oder Wörter führen.

Wie lautgetreu ist die deutsche Rechtschreibung?

Die Regelungen für die Schreibung können nicht unmittelbar aus der gesprochenen Sprache bzw. aus der Lautung abgeleitet werden. Kenntnisse der Hochsprache helfen bei der Entscheidung für eine bestimmte Schreibung, sie reichen aber keineswegs aus.

Unsere Orthografie hat sich seit dem Mittelalter weit vom damals vorherrschenden phonematischen Prinzip (»Schreibe, wie du sprichst!«) entfernt. Nach Riehme (1987, S. 86) müssen Kinder bereits in den ersten Schuljahren »erkennen, dass die Kenntnis der Phonem-Graphem-Beziehungen für die Herstellung der richtigen Schreibung nur von begrenztem Wert ist«.

Die Einschätzungen über die Lauttreue der deutschen Sprache weichen extrem voneinander ab – zwischen sieben und 95 Prozent, wie Hofer zitiert. Er folgert daraus: »Dass diese Ergebnisse zu falschen methodisch-didaktischen Konsequenzen verleiten, liegt auf der Hand und lässt sich in vielen traditionellen Rechtschreibdidaktiken nachweisen« (1974, S. 81). So fordert Mann, dass »die Kinder zuerst die Strategie der lautgetreuen Schreibung erlernen, die immerhin 50 % der Wortschreibungen abdeckt« und bietet entsprechende Übungen an (2010, S. 12). Reuter-Liehr (2008) – nach deren Konzept »Lautgetreues Schreiben« der »Studienkreis« arbeitet – behauptet, dass die deutsche Sprache zu ca. 60 Prozent aus rein lautgetreuem Wortmaterial bestehe.

Doch unsere heutige Rechtschreibung ist keine Lautschrift, sondern eine *lautorientierte* Buchstabenschrift.

Rechtschreibung heißt: der Schreiber macht den Wortaufbau und den Satzaufbau – und damit die Bedeutung und Funktionsweise des Wortes – für Leser sichtbar auf der Basis von Laut-Buchstaben-Zuordnungen oder gespeicherter Schreibschemata.
(Augst/Dehn 1998, S. 13)

Die von den Lernenden zu bewältigende Schwierigkeit besteht darin, dass es keine 1:1-Zuordnung von Phonemen und Graphemen (Schriftzeichen) gibt, denn die etwa 40 Phoneme des Deutschen können je nach Einbeziehen aller unveränderlichen Buchstabenverbindungen von ca. 60–100 Graphemen wiedergegeben werden (einschließlich <ng>, <nk>, <sch>, <ei>, <st>).

Kinder mit verlangsamtem Schriftspracherwerb verharren oft auf frühen Erwerbsstufen, die andere Kinder im ersten Schuljahr unauffällig durchlaufen. Sie sind noch nicht in der Lage, Wörter aus dem Gedächtnis schriftlich wiederzugeben, artikulieren daher mit und

[…] versuchen die einzelnen Laute des Wortes zu differenzieren und sie in grafischen Zeichen umzusetzen. In der ersten Klasse werden noch Schwierigkeiten in der Bewältigung der Buchstabenformen auftreten. Der Schüler muss also die Wörter zergliedern und Kenntnisse reproduzieren oder auch Regeln heranziehen (sofern er über solche verfügt), vor allem, wenn es sich um Wörter mit nicht lauttreuer Schreibweise handelt. Die Schreibhandlung läuft also in einer entfalteten Form ab und geht deshalb relativ langsam vonstatten. Der Schüler ist noch nicht fähig, alle Wörter richtig zu schreiben, denn unserer Schrift liegt nicht der Laut, sondern das Phonem zugrunde, und die Schreibweise vieler Wörter weicht vom phonologischen Prinzip ab.
(Lompscher 1975, S. 247)

Die mehrfachen Abbildungsmöglichkeiten für ein Phonem (z. B. /a:/ → <a>, <aa>, <ah>) sind nach Riehme (1974) meist durch eine willkürliche Norm bedingt, vor allem durch die unserer Schrift zugrunde liegenden sechs Prinzipien:

Prinzipien der Orthografie

Die deutsche Orthografie folgt bestimmten Prinzipien

1. Das phonematische Prinzip

Das Graphem repräsentiert im Wesentlichen das Phonem, die deutsche Schrift ist zunächst eine Phonemschrift.

2. Das morphematische Prinzip

Es werden nicht einzelne Grapheme geschrieben, sondern stets Morpheme als bedeutungstragende Einheiten. Diese Morpheme werden stets in der gleichen Weise geschrieben, damit die Bedeutung realisiert werden kann. Auf diese Weise wird auch die Wortverwandtschaft sichtbar, weshalb man auch vom »etymologischen« Prinzip spricht.

Das phonematische und das morphematische Prinzip bilden eine Einheit, sie vereinigen phonematische Struktur, Semantik und graphematische Struktur, also Sprechform, Bedeutung und Schreibform.

3. Das grammatische Prinzip

Mit der zunehmenden grammatischen Bildung der Schreiblehrer und Drucker wurde das Substantiv als Wortart mit großen Anfangsbuchstaben versehen.

4. Das semantische Prinzip

Es entstand aus dem Bemühen, aus Gründen der Verständlichkeit für jedes Wort eine eigene Schreibung durchzusetzen. Diese »Unterschiedsschreibung« ist also eine besondere Ausformung des morphematischen Prinzips.

5. Das historische Prinzip

Hiermit ist die prinzipielle Wirkungskraft gemeint, dass die Schrift die Tendenz hat, stabilisierend zu wirken und einmal entstandene Schreibungen auch dann beizubehalten, wenn sich die Aussprache ändert.

6. Das grafisch-formale Prinzip

Der Versuch, Verwechslungen ähnlicher Buchstaben und Wörter auszuschließen und sinnwichtigen Wörtern mehr optische Repräsentanz zu geben, führte zur Verwendung »stummer« Buchstaben (Dehnungs-h, »ie«).

(Riehme 1974 zitiert aus: Warwel 1983, S. 109)

Folgen für die Lernenden

Als Pia und Oli nach der Strategie »Schreibe, wie du sprichst«, »heufig«, »Gemeuer«, »Meikäfer«, »kwer« und »kwiken« verschriften, folgen negative, wenig motivierende Kommentare ihrer Lehrerinnen: »Du hast nicht gut hingehört«, »Es haben sich viele Fehler eingeschlichen. Hast du ganz genau hingehört? Leider nur 5–«. Dabei haben Pias und Olis Schreibungen nichts mit Hören zu tun. Die obigen Falschschreibungen verstoßen gegen das morphematische (auch genannt: etymologische) und historische Prinzip; den beiden fehlen die dafür adäquaten Strategien (Verlängern, Wortfamilie). Pia muss noch die im Deutschen übliche Verschriftungsstrategie des [kv]-Lautes durch das Graphem <qu> lernen.

Ein drittes Negativbeispiel, diesmal aus einer 4. Klasse, betrifft die s-Schreibung und Unterscheidung von »das« – »dass«. Die Klasse bekam ins Heft diktiert: »Tip: das wird lang und mit stimmhaften s gesprochen. Dass wird kurz und mit stimmlosem s-Laut gesprochen«. »Das« und »dass« werden jedoch gleich ausgesprochen, »das« ist ein Artikel oder Relativpronomen, »dass« eine Konjunktion. Zum inhaltlichen Quatsch kommen noch Rechtschreib- und Grammatikfehler! Kein Wunder, wenn Chrissi sich wehrt: »Mich regt auf das die Lehrer sich ihmer über unsere Fehler und Schrift beschwehren, aber ihre ist nicht besser und sie können nicht die neue Rechtschreibung« (s. auch S. 101).

Was sind sinnvolle Übungen?

Durch das Üben der Rechtschreibung lernen Schülerinnen und Schüler nicht nur einzelne Wörter schreiben, sondern sie erwerben gleichzeitig Lernstrategien, die ihnen beim Schreiben neuer Wörter helfen. Ziel ist es, Schreibmotivation zu entwickeln durch Aufgabenstellungen, die erfolgreich gelöst werden können.

Beim Üben der Richtigschreibung sollten Kinder alle Sinne einsetzen:
- das orthografisch richtig geschriebene Wort ansehen und eine visuelle Vorstellung entwickeln, die Reihenfolge der Buchstaben, Silben oder bekannte Wortteile ansehen und Besonderheiten erkennen
- das Wort sprechmotorisch zergliedern und die Lautfolge durch Mitsprechen kontrollieren und so Besonderheiten in der Verbindung Phonem-Schriftzeichen erkennen
- lernen, die Schreibweise eines Wortes zu kommentieren und dabei zunehmend auf die orthografischen Merkmale eines Wortes hin abstrahieren, um so Fehler zu vermeiden
- das Wort grafomotorisch in adäquate Bewegungsabläufe umsetzen, d. h. Buchstaben und Buchstabenverbindungen im Wortzusammenhang formgerecht in rich-

tiger Proportion und flüssig schreiben. Voraussetzung dafür ist eine ausgebildete schreibmotorische Tätigkeit der Hand
- das Wort verdecken und aus dem Gedächtnis aufschreiben
- anschließend aufdecken und kontrollieren

Frei geschriebene Texte eignen sich besonders gut, um den Stand im Erwerbsprozess mithilfe eines Entwicklungsmodells (Kap. 2.4) einzuordnen. Durch Rückfragen lassen sich die individuellen Strategien des Kindes für bestimmte Schreibungen erkennen; so stellte sich heraus, dass Mira »GSCHBNST« statt »Gespenst« schrieb, weil sie »g« und »n« buchstabierte – statt lautierte – und »sp« als Schreibung für die Phonem /ʃp/ (»schp«) nicht kannte.

Neben dem phonematischen Prinzip sind, wie der Übersicht auf S. 122 zu entnehmen ist, in unserer Orthografie weitere Prinzipien wirksam, wie z. B. das morphematische Prinzip:

Problem Auslautverhärtung

In diesem Übungshinweis: »Willst du Wörter mit d – g – b am Ende richtig schreiben, musst du die Wörter verlängern und genau abhören« werden sinnvolle und sinnlose Dinge vermischt. Einerseits hilft bei vielen Wörtern das Verlängern oder die Suche nach einem verwandten Wort, aber dieser »Lösungsvorschlag ist nicht nur ein ärgerlicher Lapsus, er ist vielmehr in erster Linie irreführend: Das Rechtschreibproblem liegt ja nicht in der Schreibweise der ›d-g-b-Wörter‹, sondern darin, eben diese als solche zu identifizieren« (Erichson 1989, S. 363). Fehlen diese Einsichten und wird den Kindern unterstellt, dass sie die Unterschiede hören müssen, sind Fehler vorprogrammiert. Das gilt auch, wenn Kinder aufgefordert werden, die Richtigschreibung über besonders genaues und gedehntes Sprechen zu lernen. Dann hört man auch das gehauchte »r« »Farbrig« (Fabrik) oder ein »r« in »dar« (da).

Hier ein Beispiel für den Umgang mit der Auslautverhärtung in Kombination mit kommentiertem Schreiben. Ausgehend von einem Sachtext über Leoparden und Panther wird das Phänomen der Auslautverhärtung mithilfe eines vierschrittigen Algorithmus geübt.

Abb. 9: Übungen zur Auslautverhärtung (aus: Naegele/Valtin 2007, Das schaffe ich! Heft B, S. 39; © Bildungshaus Schulbuchverlage Westermann Schroedel Diesterweg Schöningh Winklers GmbH)

> Ich weis nich wan feler und wan keine fehler sind. Aber ich weis nicht warum ich so schlecht schreibe.

Alex, 10 Jahre

Bedeutung des Fehlers

Alex' Frage ist angesichts der wenig konstanten orthografischen Regelungen im Deutschen nachvollziehbar. Ihm fehlt die Sicherheit in den Häufigkeitswörtern, um seine Fehlerzahl zu reduzieren. Aufgrund einer Analyse seiner Unterlagen (Hefte, Geschichten) lassen sich gezielte Übungen ableiten, damit er seinen Schreibwortschatz erweitern und Strategien für das Schreiben unbekannter Wörter erwerben kann.

Die Frage, warum er leicht zu schreibende Wörter falsch verschriftet, hat der Viertklässler Felix so beantwortet:

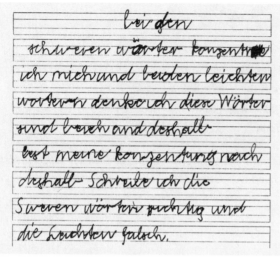

Felix, 10 Jahre

⋯⋙ Übersetzung

»Bei den schweren Wörtern konzentriere ich mich, und bei den leichten Wörtern denke ich, diese Wörter sind leicht, und deshalb lässt meine Konzentration nach. Deshalb schreibe ich die schweren Wörter richtig und die leichten falsch.«

Seit den 80er-Jahren des letzten Jahrhunderts hat sich die Einschätzung, wie Rechtschreibfehler zu beurteilen sind, gewandelt. Fehler sollen nicht mehr als zu ahnende Fehlleistung des Lernenden gelten, die möglichst rasch gelöscht werden müssen, damit sie sich nicht einprägen. Stattdessen sollen Rechtschreibfehler als Informationsquelle über den individuellen Stand der Verarbeitungsfähigkeit der unterschiedlichen sprachlichen Ebenen (grafisch-lautlich, syntaktisch und semantisch) dienen. »Verschreibungen« können logische Schlüsse in der individuellen Lerngeschichte und folgerichtig Hypothesen im Erwerb der Normschreibung sein. Sie sind Versuche des Kindes, die Transkription gedachter und gehörter Sprache grafisch zu fassen.

Schreibt ein Kind z. B. das Wort »Blüte« mit »üh«, so kann sich auf Nachfrage herausstellen, dass es an das Verb »blühen« gedacht hat und eine falsche Analogie gebildet hat.

Umgang mit Schreibfehlern

Da die Schreibmotivation eines Kindes stark von den Reaktionen der Umwelt auf seine Versuche abhängt, ist es wichtig, die Schreibungen eines Kindes positiv als eigenaktive Annäherung an die Norm zu interpretieren.

Wenn wir unsere Einstellung zu den Verschreibungen der Schülerinnen und Schüler ändern und sie als Hypothesen auf der Suche zur »richtigen« Schreibung verstehen, müssen wir sie ernst nehmen und die Kinder ermutigen, statt ihre Fehler auf mangelnde Übung und Kenntnisse zurückzuführen. Was Bettelheim zum Lesefehler schreibt, gilt analog auch für das Schreiben:

> *Wenn man Lesefehler eines Kindes auf dessen Unvermögen zurückführt (sei es mangelnde Aufmerksamkeit, Ungeschicklichkeit oder mangelnde Übung), so hat das viele bedauerliche Konsequenzen. Wenn man uns zu verstehen gibt, daß wir etwas falsch gemacht haben, so werden wir unsicher, und das umso mehr, je jünger wir sind und je weniger kompetent wir uns fühlen. Je unsicherer wir sind, umso mehr neigen wir entweder dazu, aufzugeben oder aber zu behaupten, wir hätten gar nichts falsch gemacht – oder auch beides.* (Bettelheim/Zelan 1985, S. 144)

Wie oft Richtig- und Falschschreibungen »Zufallstreffer« sind, zeigen Texte von Schülerinnen und Schülern, in denen das gleiche Wort in unterschiedlichen Schreibversionen auftaucht. Ein beliebtes Wort ist »Fuchs«, das man lesbar in über 30 Versionen verschriften kann, z. B.: »Fux« – »Pfux« – »Fuhx« – »Vuchs« – »Fugs« – »Fuks« – »Phux«.

Es mag ermutigend sein, zu erfahren, dass berühmte Leute wie z. B. Luther, Goethe, Friedrich der Große oder die Dichter der Romantik Wörter unterschiedlich schrieben. Von Mark Twain soll der Ausspruch stammen: »Wie kann man nur so fantasielos sein und das gleiche Wort immer gleich schreiben!«

Vieles von dem, was heute als Fehler angestrichen wird, war früher einmal Normalschreibung. Interessant ist z. B., dass im Mittelhochdeutschen um 1200 in »Der Nibelunge Not«[6] außer Eigennamen und Satzanfängen alles klein geschrieben wurde:

> *Uns ist in alten maeren wunders vil geseit*
> *von helden lobebaeren, von grôzer arebeit,*
> *von fröuden hôchgezîten, von weinen und von klagen,*
> *von küener recken strîten muget ir nu wunder hoeren sagen.*

Früher schrieb man, wie man sprach, z. B. war die Mehrzahl von »hant« »hende« oder das *ie* wurde getrennt gesprochen: »Li-ebe« ähnlich wie in »Ferien« oder »Familie«.

---

[6] Eine frühe Handschrift ist im Internet abgebildet auf der Homepage der Badischen Landesbibliothek unter: http://www.blbkarlsruhe.de/virt_bib/nibelungen/frame-av.php?r=0

Daher sollten Kinder schon in der Grundschule Einsichten in die Entwicklung unserer Schrift erhalten, weil ihre eigene Schreibentwicklung diese z. T. wiederholt.

Rolle von Diktaten in der Schulpraxis

Als Einstieg in die Problematik habe ich einen – leicht gekürzten – Text des 16-jährigen Berliner Schülers Ömer-Faruk (Padtberg 2009) ausgewählt, der die verheerenden Auswirkungen auf den Punkt bringt.

> *Diktat*
> *Meine Lehrerin hat zu mir gesagt, dass die Fehler in meinem Diktat an Körperverletzung grenzen. Treibsand. Beim Diktat. […]*
> *Es kommt ein Fehler auf den Computer. Ich bin gerade am Spielen und will nicht den Fehler lesen und habe einfach auf ok geklickt. Da kommt der nächste Fehler, da weiß ich ganz genau, das endet nicht. Jetzt bin ich ganz im Stress und fasse den Computer nicht mehr an. Ich sitze da und denke nach. Doch ich habe nicht so viel Zeit, denn ich versinke langsam im Treibsand. Er nimmt mir die Möglichkeiten. […]*
> *Die Lehrerin fängt an zu diktieren. Mir kommt Angst hoch. Ich weiß genau, ich schreibe eine Sechs, ich habe Angst. Das erste Wort kommt, darauf folgt gleich das zweite und beim dritten mache ich einen Fehler. Ich will ihn schnell korrigieren, will der Lehrerin Stopp sagen, doch sie diktiert weiter. Ich korrigiere den einen Fehler, lasse eine Zeile frei, weil ich nicht weiß, was die Lehrerin in der Zeit diktiert hat. Also habe ich schon mal viele Fehler. So geht's weiter, ich schreibe schneller, dann wird meine Schrift schlechter.*
> *Eigentlich übe ich immer mit meiner Mutter Diktat, aber wird nichts. Immer habe ich eine Sechs.*
> *Ich lasse den Stift fallen, lehne mich auf meinem Stuhl zurück und bin tot. Sechs.*
> (Ömer-Faruk Deniz aus: Padtberg 2009)

»Rechtschreiben durch Diktieren zu erlernen, ist ein vollendeter Unsinn, der seinesgleichen nicht hat. Diktieren als Methode heißt ja, vom Schüler verlangen, was er noch nicht hat, ihn systematisch demütigen. Wer einen Funken methodischen Denkens besitzt, wird sich dieses Mittels gewiß enthalten« (Irmler 1912, S. 175). Trotz dieses Verrisses vor bereits 100 Jahren und fortlaufender Kritik von Fachleuten halten sich Diktate in der Schulpraxis immer noch als verbreitetes Verfahren zur Leistungsfeststellung im Deutschunterricht. Dabei haben sie als Leistungskontrolle zum Teil verheerende Auswirkungen auf Kinder und Jugendliche, wie der obige Text beispielhaft zeigt.

Einer der letzten großen Vorstöße gegen Diktate war der Aufruf »Fördert das Rechtschreiblernen – schafft die Klassendiktate ab!« des Grundschulverbandes (Bartnitzky u. a. 2002). Hier die wichtigsten Argumente:

- Klassendiktate geben keine Auskunft über die tatsächliche Entwicklung von Kindern.
- Sie behindern mit ihrem Verständnis von Fehlern als Defizit oder gar Defekt den Prozess des eigenaktiven Rechtschreiberwerbs.
- Sie sind auf konkurrierendes Lernen angelegt.

Dabei sind Diktate nur in wenigen Bundesländern vorgeschrieben und in den Aufgabenbeispielen zu den Bildungsstandards der KMK für die 4. und 10. Jahrgangsstufe werden sie nicht erwähnt. Somit bleibt es den Schulen weitgehend überlassen, wie sie die Rechtschreibung in ihren Klassenarbeiten überprüfen.

Aller Kritik zum Trotz werden Diktate nach wie vor im Unterricht geschrieben und von Eltern als Übungsmethode benutzt; sie beherrschen die öffentliche Diskussion und sind für Verlage ein gutes Geschäft.

Wie sieht förderliche Rechtschreibpraxis aus?

»Eine förderliche Rechtschreibpraxis verdient diesen Namen immer dann, wenn sie Unterricht so organisiert, dass Kinder dem Ziel der orthografischen Sicherheit beim selbstständigen Verfassen von Texten näher kommen«, fordert Spitta (2000, S. 93), die bereits 1977 die gängige Diktatpraxis kritisiert hat. Zu den Bausteinen einer lernförderlichen schulischen Rechtschreibpraxis zählt sie neben freien Texten und Projektarbeit »als weiteren Baustein die Ergänzung und Begleitung durch vielfältige, sich aus den aktuellen Fehlerschwerpunkten der Kinder ergebende Rechtschreibübungen im Sinne einer lernsituations-spezifischen Hilfestellung« (Spitta 2000, S. 94).

Dazu gehören alternative Diktatformen wie Eigendiktate, die Kinder selbst überprüfen können, und Übungsformen wie Kartei- und Wortlistenarbeit, die an anderer Stelle (Kap. 7 und 8) vorgestellt werden.

Zweifelhafte Übungsformen und Alternativen

In den meisten Rechtschreibmaterialien und den im Unterricht benutzten Arbeitsblättern werden für das Erlernen der Rechtschreibung zweifelhafte Übungsformen angeboten, die von Experten wie Warwel die rote Karte gezeigt bekommen. Beworben werden sie mit Slogans wie »Rechtschreiben mit Spaß«, »mit links«, »mit Eselsbrücken«, »Easy Learning«, »als Spiel«, »mit Erfolgsgarantie«, »mit zehn Minuten täglich 90 Prozent Sicherheit in den 100 häufigsten Wörtern«, …

Lernerfolge bleiben häufig aus, weil viele Übungsangebote sprachwissenschaftlich und lernpsychologisch fragwürdig sind, durch zu viele Regeln verwirren, der Wortschatz zu komplex ist, Eigenkontrollmöglichkeiten fehlen und es, wie in den Titeln angekündigt, mehr um Spaß als um gezieltes Üben geht.

Im Folgenden werden einige dieser sinnlosen Spielarten aus aktuellen Materialien und Arbeitsblättern vorgestellt und Alternativen aufgezeigt (vgl. Warwel 1981, 1983, Valtin/Naegele/Thomé 2000, Naegele 2011).

Die Rolle von Struktureinheiten

Die Silbe ist im Deutschen eine wichtige Struktureinheit, die bei den Prozessen der Durchgliederung und Rekonstruktion von Wörtern von Bedeutung ist. Zu unterscheiden sind offene und geschlossene Silben. Offene Silben (ru, to, ma, …) lauten auf einen Vokal aus, geschlossene auf einen Konsonanten (-fen, kämpf-, …).

Die Silbe ist aber nur bedingt hilfreich bei der Rechtschreibung, wie bei diesem Beispiel deutlich wird: »Bei Mut-ter hörst du zwei ›t‹!« Gründe sind:
- die Silbengrenzen im Deutschen zum Teil schwer zu bestimmen sind,
- ein Unterschied zwischen der Sprech- und der Schreibsilbe besteht
- und wir sie beim normalen Sprechen nicht bemerken.

Weitere wichtige, nicht zu vernachlässigende Struktureinheiten sind Morpheme, Graphem-Phonem-Bündel und Signalgruppen, wie später aufgezeigt wird.

Problem

Hier folgen zwei Negativbeispiele der im Unterricht beliebten Übungsform mit Silben:

> **Beispiel**
>
> Durch Schwingen kannst du alle Laute hören und richtig schreiben: Wec-ker, Spat-zen, brül-len, …
> Sil-ben-spra-che: Schreibe die Wörter zu den Bildern in Silben auf.
> (Es folgen Bilder wie Katze, Strümpfe, Roller, Schnecke, …, die Kinder ohne Wortvorbilder durch Silbentrennung üben sollen: Kat-ze, Strümp-fe, Rol-ler, …)

Während die Silbe bei offenen Silben, wie beim Wort »Tomate« sicherlich hilfreich ist, führt sie beim Üben der Kürzung zu falschen Analogien wie im folgenden Beispiel aus einem neuen LRS-Material (Endres u. a. 2010, S. 114 f.). Hier sollen Grundschüler beim »Silbenrennen« Wortungetüme wie »Sattelschlepperanhänger«, »Hunderassenzüchter« u. a. abschreiben, Silben mit den Fingern zählen und mit Silbenbögen kennzeichnen. Damit soll die Wortdurchgliederung geübt werden.

Gerade beim Schreiben von Wörtern mit kurzgesprochenem Selbstlaut wie z. B. »Mutter« wird mit dem Silbenklatschen so getan, als würden wir die beiden Konsonanten einzeln sprechen: »Mut-ter« obwohl ja nur einer gesprochen wird. Man muss also den Kindern helfen, die Aufmerksamkeit auf den Vokal zu lenken. Es gilt Dudenregel § 2:

> *Folgt im Wortstamm auf einen betonten kurzen Vokal nur ein einzelner Konsonant, so kennzeichnet man die Kürze des Vokals durch Verdopplung des Konsonantenbuchstabens.* (Dudenredaktion 2006, S. 1163)

Das Silbenklatschen führt in vielen Fällen zu Falschschreibungen, so z. B. auch durch falsches Segmentieren wie bei dem Wort »denen« zu »dehnnen«, weil der Schreiber sich mit Klatschen zu helfen versuchte: /de:n-nən/.

Was hilft?

Wichtig ist es, stattdessen den Lernenden zu helfen, die unterschiedlichen Struktureinheiten zur Durchgliederung der Wörter zur Verfügung zu haben und je nach Bedarf einzusetzen:
- »Einzelbuchstaben zur Minimalpaarbildung (z. B. Mutter – Futter),
- Graphemverbindungen (Sch),
- Sprechsilben (Wa-gen),
- Morpheme (Ver-tret-ung),
- Graphem-Phonem-Bündel (Fing-er),
- Signalgruppen (ack, upp, ing)« (Warwel 1981, S. 73).

Verwirrspiele in Übungsmaterialien

> **Beispiel**
>
> **Wortsalat**
>
> Wie heißen die Wörter?
> cirSfht – zhenläre – neuba – negritnimb – netret
> *(Die Kinder sollen Nomen und Verben finden und sie anschließend in die 3. Pers. Sing. Präsens setzen.)*
>
> ÜberfallohrsglückwüsaWürmergtisküssena...
> *(Wörtersuchspiel aus einer 3. Klasse)*

> **Vorgabe von Wortfetzen**
>
> Diktatvorbereitung 4. Klasse: Finde die Wörter heraus!
> ☆er☆hm☆e_____ (berühmte)
> ☆e☆☆l☆ide☆_____ (verkleidet)

»Aber sie machen doch so viel Spaß!«, verteidigen Lehrkräfte diese häufig anzutreffenden Übungsformen, wenn sie als sinnlos und kontraproduktiv kritisiert werden. Spaß machen solche Übungen jedoch nur guten Rechtschreibern, unsichere Schreibende stehen den Wortfetzen, Strichlisten, Falschschreibungen und Ratestrategien hilflos gegenüber, obwohl sie ihnen doch eigentlich das Erlernen der Rechtschreibung erleichtern sollen. Meumann kritisiert diese Übungsform bereits 1907:

> 1. Sie zerreißt das optische und akustische Wortbild.
> 2. Der gedruckte Bestandteil läßt oft mehrere Ergänzungen zu, die Methode fördert daher das planlose Raten statt des sicheren Wissens.
> 3. Für die große Zahl der visuell veranlagten Schüler sind diese unvollständigen Wortbilder eine wahre Qual. Sie können nichts mit ihnen anfangen, und sie prägen sich einen sinnlosen Bestandteil des Wortes (des vorgedruckten) als solchen ein.
> 4. Es ist etwas anderes, ein Wort orthographisch niederzuschreiben, wenn das Klangganze als Einheit vorher gehört worden ist (beim Diktat) als ein Wort von einem sinnlosen Bestandteil aus ergänzen; das letztere ist weit schwerer als das erste.
> 5. Gerade das erste Erfassen des optischen Wortbildes ist für den Anfänger von entscheidender Wichtigkeit. Es sollten ihm daher bei der Rechtschreibung niemals unvollständige oder ungenau geschriebene Worte geboten werden«
>
> (Meumann in Warwel 1981, S. 70).

Was hilft?

Lernende, denen Einsichten in das Schriftsprachsystem fehlen, benötigen, wie oben zitiert, immer das richtige Schriftbild – auch keine Fehlertexte – und eine Begrenzung ihres Schreibwortschatzes auf wichtige, kommunikativ bedeutsame und auf andere übertragbare Modellwörter, die in unterschiedlichem Kontext wiederholend geübt werden. Dabei hilft die sachadäquate schreibmotorische Umsetzung.

Verunsicherung aufgrund der Ranschburgschen Hemmung

Das gleichzeitige Darbieten oder Gegenüberstellen einander ähnlicher Inhalte beim Lernen bewirkt Interferenzen und provoziert Falschschreibungen, wurde von Ranschburg bereits 1905 hervorgehoben. »Das Ähnliche ist voneinander zeitlich getrennt anzueignen. Erst wenn ein Element durchaus fest und gesichert eingeprägt ist, darf an die Aneignung des Ähnlichen geschritten werden, wobei sodann das Ähnlichkeitserlebnis sich von selbst einstellt, während die entscheidenden Merkmale nachhaltig beleuchtet und ausgearbeitet werden müssen« (Ranschburg 1928, S. 274). Auf Arbeitsblättern, in Übungsmaterialien und vor allem neuerdings in Computer-Software erfreut sich diese Übungsform großer Beliebtheit.

Einsetzübungen

Einsetzübungen wie die folgenden lassen unsichere Schreiber verzweifeln oder stiften sie zum Raten an. Hier passt die Kritik an der Wortfetzenmethode, dass es Kindern vielfach unmöglich ist, solche Aufgaben richtig zu lösen:

> **Beispiel**
>
> (1) Setze ein F/V/Pf: _abrik, _ennig, _antasie, _irsich. Schlage sie im Wörterbuch nach.
> (2) Was passt hier? chs – x – ks: Kni_s, He_e, O_e, He_e
> (3) Setze ein: i – ie – ieh: Kn_, D_b, Masch_ne, sie l_st

Besonders ärgerlich ist die Aufgabenstellung bei Beispiel (1). Wie soll ein Kind diese Übung ohne Kenntnis der Richtigschreibung mit dem Wörterbuch lösen?

Solche kontrastiven Übungen sind erst zu einem sehr viel späteren Zeitpunkt sinnvoll, wenn das Wortmaterial bekannt ist und vorher je nach Problemstellung gesondert intensiv eingeübt wurde.

Gegenüberstellungen und Vergleiche können allerdings bei der Einübung der sogenannten Kürzung (Schärfung) und Dehnung helfen, bei der die Aufmerksamkeit auf den betonten Vokal gelenkt werden soll – statt auf den folgenden Konsonanten. Als Merkhilfe zur Unterscheidung eignet sich bei der Kartei- oder Wortlistenarbeit das Markieren des kurz gesprochenen Vokals durch einen Punkt und des lang gesprochenen mithilfe eines Strichs z. B. Mut – Mutter, er kam – der Kamm.

NLP und kinesiologische Übungsformen

Buchstabiere drei Wörter rückwärts. (Endres u. a. 2010, S. 118)

Die liegende Acht [...] behebt Verwechslungen von Buchstaben beim lese-rechtschreibschwachen Kind. (Ballinger 1992, S. 22)

Das Visualisieren von Wortbildern samt Rückwärtsbuchstabieren gehört zum Konzept des Neurolinguistischen Programmierens (NLP). Kinder sollen sich nach bestimmten Verfahren Wörter »bildhaft vorstellen und anschließend rückwärts ablesen und buchstabieren«. So werde sichergestellt, »dass das Wort Buchstabe für Buchstabe wirklich intern ›abgelesen‹ wird«. Das Ganze wird auf silbenweises Rückwärtsbuchstabieren aus dem Gedächtnis erweitert, um »somit langen und schwierigen Wörtern ihren Abschreckungscharakter zu nehmen« (Leifermann-Jahn 1996, S. 22).

Was sagen Kritiker?

»Unter dem Deckmantel der Wissenschaftlichkeit werden punktuell ansetzende, rein technische Handlungsanweisungen gegeben, ohne dass rechtschreibdidaktische Grundsätze sowie das gesamte Umfeld des Kindes berücksichtigt wird«, kritisiert Zangerle (2000, S. 199) das NLP-Konzept. Suchodoletz fasst seine Analyse so zusammen:

Insgesamt beruht eine LRS-Therapie mit neurolinguistischem Programmieren auf nicht belegten Annahmen über Lese- und Rechtschreibprozesse, die den gegenwärtig gültigen Modellen widersprechen. Ein Effektivitätsnachweis wurde bislang nicht erbracht, sodass NLP zur Behandlung eines legasthenen Kindes nicht empfohlen werden kann. (Suchodoletz 2003b, S. 231)

Trotzdem hat das NLP-Konzept Eingang in die Lehrerfortbildung gefunden, und es erscheinen weiter Veröffentlichungen, in denen es als sinnvolle Lernmethode für Schüler vorgestellt wird.

Auch kinesiologische Übungen werden gern zur Verbesserung der Rechtschreibung im Unterricht und in der LRS-Förderung eingesetzt. Neben der liegenden Acht, die das Verwechseln von Buchstaben verhindere, soll mit dem »Stimulieren der Gehirnknöpfe [...] ein Zusammenschalten beider Gehirnhälften erreicht [werden]. Beim Legastheniker hilft diese Übung bei der Zusammenziehung der Konsonanten gegen Verwechslung und Umdrehung von Buchstaben, bei der Überschreitung der Mittellinie« (Ballinger 1992, S. 8). Ein LRS-Material für Grundschule und Sekundarstufe I bietet ein Spiel an, das durch Nachfahren eines Parcours die Handschrift verbessern will. »Bei Übungen zur Zusammenarbeit der beiden Hirnhemisphären wird immer die ›Nicht-Schreibhand‹ mit einbezogen. Genau das kann bei diesem Spiel wunderbar umgesetzt werden« (Endres u. a. 2010, S. 27).

Zangerle beruft sich in seiner Kritik auf einen von Walbiner (1997) erstellten Arbeitsbericht des bayerischen Staatsinstituts für Schulpädagogik und Bildungsforschung zu den neurologischen Grundlagen der Edu-Kinestetik und des Brain Gyms, einer speziellen Form von Lerngymnastik. »Die Autorin [des Berichts] kritisiert nicht nur die allzu simple Problemlösungsstrategie, mit der Kinder das ›An- und Abschalten‹ […] als Lösung für Probleme lernen sollen, sondern auch, dass sie sich durch die Manipulationen des Brain Gym als behandlungsbedürftig und ›nicht in Ordnung‹ erleben« (Zangerle 2001, S. 198).

Der Neurobiologe Roth findet, dass die Methoden und Rezepte des hirngerechten Lehrens und Lernens »teils von großer Allgemeinheit und Verwaschenheit (sind), […] teils sind sie aus psychologischer und neurobiologischer Sicht obskur, z. B. wenn sie die Beseitigung eines ›Ungleichgewichts‹ zwischen den beiden Hirnhemisphären oder eine ›bessere Ausnutzung der Hirnkapazität‹ propagieren. Das beruht auf teilweise falsch verstandenen, teilweise irreführend dargestellten Forschungsergebnissen. Mit wissenschaftlicher Begründung hat dies nichts zu tun« (Roth 2011, S. 278).

Was hilft?

Sinnvoller und effektiver, um die konfigurativ ähnlichen Buchstaben »b« und »d« auseinanderzuhalten, sind assoziative Wörter, verbunden mit den entsprechenden Buchstaben im Anlaut, möglichst noch farblich unterschieden, z. B. »b wie blau«, »d wie der Dino«, sodass diese Phase bei den meisten Kindern relativ schnell überwunden wird.

Zur Verbesserung der Handschrift sind Übungen mit beiden Händen kontraproduktiv und können eher Verwirrung stiften. Außerdem sollte die Handschrift nur in Kombination mit sinnvollen Schreibübungen thematisiert werden (Kap. 3.4).

Wie kann die Rechtschreibsicherheit gefördert werden?

Ein sinnvoller Aufbau von Rechtschreibsicherheit beinhaltet Übungen mit begrenztem Wortmaterial, das Einsicht in das Prinzip der Wortverwandtschaft gibt, sinnvolle Lösungsstrategien vermittelt, damit sich unsichere Rechtschreiber selbst helfen, indem sie sich beim Schreiben kommentieren. Im Folgenden finden Sie sinnvolle Übungsformen, die die Rechtschreibsicherheit fördern.

Gezieltes Üben häufig vorkommender Wörter

Im Deutschen gibt es sehr häufig vorkommende Wörter, meist Funktions- oder Strukturwörter, die vor allem aus den Wortarten Artikel (die, der, das), Pronomen (sie, mein, ich, du), Konjunktionen (wenn, dass), Adverbien (ganz, sehr, nur, auch) und einigen Verben (müssen, haben, können) bestehen. Da viele dieser Häufigkeitswörter nicht lautgetreu geschrieben werden und fehleranfällig sind, ist es wichtig, dass sie häufig geübt werden, bis sie schließlich ohne Nachdenken – quasi aus dem »Handgedächtnis« – richtig geschrieben werden. Diese Wörter sollten in Wortlisten (im Anhang) und im Rahmen der Karteiarbeit in den Sätzen immer wieder geschrieben werden, da sie für einen Großteil an Fehlern in Texten und Diktaten verantwortlich sind.

> **Liste der häufigsten Wörter im Deutschen (nach ihrem Auftreten)**
>
> die • der • und • in • zu • den • das • nicht • von • sie • ist • des • sich • mit • dem • dass • er • es • ein • ich • auf • so • eine • auch • als • an • nach • wie • im • für • man • aber • aus • durch • wenn • nur • war • noch • werden • bei • hat • wir • was • wird • sein* • einen • welche • sind • oder • um • haben • einer • mir • über • ihm • diese • einem • ihr • uns • da • zum • zur • kann • doch • vor • dieser • mich • ihn • du • hatte • seine • mehr • am • denn • nun • unter • sehr • selbst • schon • hier • bis • habe • ihre • dann • ihnen • seiner • alle • wieder • meine • Zeit • gegen • vom • ganz • einzelnen • wo • muss • ohne • eines • können • sein**
> (* Pronomen: *sein* Haus, ** Infinitiv des Verbs *sein*)

Zusätzliche Listen mit den häufigsten Fehlerwörtern (Richter 2003) und häufigen Wörtern aus Kindertexten (Brinkmann/Brügelmann 2005) sind im Download zu finden.

Weitere sinnvolle Übungsformen, die an anderer Stelle vorgestellt werden, sind
- Kommentiertes Schreiben – Verbale Selbstinstruktion in Kapitel 4.1,
- Karteiarbeit mit eigenen Fehlerwörtern in Kapitel 8,
- Üben mit Wortlisten in Kapitel 8,
- Bearbeitung von freien Texten in Kapitel 3.4.

Beispiele aus geeigneten Übungsmaterialien für Kinder mit LRS

Anstelle von Kriterien zur Auswahl von Rechtschreibmaterialien (Naegele/Valtin 1994, S. 116, Valtin/Naegele 2000, S. 144–145) möchte ich an einigen zum Teil von Kindern selbstständig bearbeiteten Beispielen aufzeigen, worauf es bei der Auswahl ankommt:

Abb. 10: Schreibe und male (aus: Naegele/Valtin 2006b, Das schaffe ich! Heft A, S. 13; © Bildungshaus Schulbuchverlage Westermann Schroedel Diesterweg Schöningh Winklers GmbH)

Ronja benötigt trotz ihrer neun Jahre aufgrund der bisherigen Misserfolge mit dem Lesen und Schreiben ermutigende Aufgabenstellungen, die sie selbstständig lösen kann und die ihr helfen, die fehlenden Einsichten in unser Schriftsystem aufzuarbeiten. Das Lesen wird durch Silbenabstände und das farbige Absetzen mehrgliedriger Grapheme sowie durch einen durchsichtigen Lesepfeil erleichtert, der auch beim Abschreiben hilft. Besonders gern lösen Kinder Denkaufgaben (Logicals).

Abb. 11: Löwen und andere Tiere (aus: Naegele/Valtin 2007, Das schaffe ich! Heft B«, S. 40; © Bildungshaus Schulbuchverlage Westermann Schroedel Diesterweg Schöningh Winklers GmbH)

Obwohl das Übungsmaterial »Das schaffe ich!« eigentlich für Kinder im 2. oder 3. Schuljahr entwickelt wurde, die sich auf dem Weg zur orthografischen Strategie befinden, profitieren auch Ältere von den Übungen zum sinnentnehmenden Lesen, den Übungen zur Rechtschreibung, dem Erwerb von Arbeitstechniken wie Abschreiben, Üben und Kontrollieren und den systematischen Blitzleseübungen.

Lesetexte über Tiere, Abenteuer oder chinesischen Kampfsport mit Verständnisfragen interessieren besonders ältere Jungen. Den Sechstklässler Moritz motivierte das Thema Raubkatzen besonders (s. Download »Wer oder was ist ein Liger?«). Im Material »Lerne und wiederhole« enthält jede Einheit neben Lesetexten gezielte Schreib-, Rechtschreib- und Grammatikübungen und sinnvolle Lern- und Arbeitstechniken. Eine Wörterliste mit den Übungswörtern dient zum Nachschlagen und gezielten Üben. Die Möglichkeit der Eigenkontrolle durch die Lösungen im Anhang ist ein weiteres Kriterium für ein Übungsmaterial.

Kleine Auswahl an sinnvollen Übungsmaterialien

Schwerpunkt Grundschule
- Das schaffe ich! Lese- und Rechtschreib-Schwierigkeiten überwinden. Heft A und Heft B. Schroedel.
- Das Elefantenbuch. Schreiben und Rechtschreiben. Übungshefte für 2.–4. Klassen. Schroedel.

Schwerpunkt Sekundarstufe
- Abschreiben erwünscht. Texte zum Abschreiben, Üben und Diktieren. Hefte für 5/6, 7/8, 9/10. Cornelsen: Kombination von Anleitungen zum Abschreiben, Üben wichtiger Wörter und Einsichten in Regelungen, Syntax und Grammatik.
- Das 10-Minuten-Rechtschreibtraining. 3.–6. Klasse. Auer.
- Lerne und wiederhole. Lese- und Rechtschreibschwierigkeiten überwinden. Erhältlich über www.abc-netzwerk.de: Übungsmaterial zur selbstständigen Bearbeitung mit Lösungen.

Sollte es nicht möglich sein, dass die hier wie an anderen Stellen kritisierten sinnlosen Rechtschreibübungen endlich aus dem Übungskatalog für unsichere Rechtschreiber verschwinden? Wie sagte schon Goethe 1795, der Zeit seines Lebens, wie an anderer Stelle zitiert, mit der Rechtschreibung auf Kriegsfuß stand: »Ich denke immer, wenn ich einen Druckfehler sehe, es sei etwas Neues erfunden« (2006, S. 192).

Michael, der Schüler, der einst unter einer Schreibblockade litt, ist heute, mit Anfang 30, ein erfolgreicher Manager. Er schrieb:

Ich habe mein mündliches Kommunikationstalent ausgebaut und schreibe heute nur noch am Computer. Das Rechtschreib-Prüfsystem ist dabei ein unverzichtbarer Begleiter. (Michael, 30 Jahre)

Auflösung Rechtschreibtests

alt
Leg-asthe-nie
Päd-ago-gik, päd-ago-gisch
Emp-feh-lung
Re-kon-struk-ti-on
ex-tra-va-gant

neu
auch: Le-gas-the-nie
auch: Pä-da-go-gik, pä-da-go-gisch
nur: Emp-feh-lung
auch: Re-kons-truk-ti-on
auch: ext-ra-va-gant

Der gleisnerische Mesner (auch: Messner) war ein Schalk, angetan mit Beffchen, Perücke und Krawatte aus Batist. Nieswurz hatte er in Stanniol gewickelt und zwei Gros nummerierter Attrappen speichelleckerisch aufgepflanzt. An der Reede stand er jetzt neben dem Kran, der Bimsstein, Schlämmkreide und Asbest für die Luftschifffahrt, speziell für die Luftschiffflotte verlud, und überlegte, ob er eine Zigarre, eine Zigarette, eine Pfeife Tabak rauchen oder ob er priemen sollte. Inzwischen entstieg eine Balletttruppe einem Bus. Die asthmatische Ballerina trug eine Balalaika unter dem Arm und räsonierte über den Fassadenzierrat der Renaissancegalerie. Inzwischen bestieg unser Mesner seine Mähre, rief nach seinem Pärchen Ziegen und führte alle zur Waage, wo gerade Firnis, Naphtha und stickstofffreier Palisadendünger verladen wurden. Der Waagenmeister hatte einen Katarrh (auch: Katarr). Er trank deshalb nacheinander ein Gläschen Rum, Arrak, Whisky (irisch: Whiskey), Kornbranntwein, Likör und Kognak.

Die Überschrift muss übrigens heißen: »Können Sie richtig rechtschreiben?«

Als Download auf der Produktseite zum Buch auf www.beltz.de

Lesetext: »Wer oder was ist ein Liger« (Lerne und wiederhole 2013, S. 34 f.)

Weiterführende, vertiefende Literatur

Bartnitzky, H./Hecker, U. (2006): Pädagogische Leistungskultur. Materialien für Klasse 3 und 4: Deutsch. Frankfurt/M.: Grundschulverband. (mit CD)
Brinkmann, E./Brügelmann, H. (2005): Pädagogische Leistungskultur. Materialien für Klasse 1 und 2: Deutsch. Frankfurt/M.: Grundschulverband. (mit CD)
Lumpp, G. (2011): Richtig Deutsch lernen. Sprachförderung für Schüler mit Migrationshintergrund in den Klassen 1–6. Weinheim und Basel: Beltz.
Naegele, I./Valtin, R. (Hrsg.) (1994): Rechtschreibunterricht in den Klassen 1–6. 3. Auflage. Frankfurt/M.: Arbeitskreis Grundschule.
Richter, S. (2005): Interessenbezogenes Rechtschreiblernen. Braunschweig: Westermann.
Topsch, W. (2005): Grundkompetenz Schriftspracherwerb. 2. Auflage. Weinheim und Basel: Beltz.
Valtin, R. (Hrsg.) (2000): Rechtschreiben lernen in den Klassen 1–6. Frankfurt/M.: Arbeitskreis Grundschule.

Notizen

> Sie müssten die Schüler mehr
> motivieren und ihnen klar machen
> das (LRS) Schüler an ihrem Problem
> mehr arbeiten müssen als andere
> Schüler.

Tom, 14 Jahre

4 | Welches metakognitive Wissen brauchen Kinder mit LRS?

Lern- und Arbeitstechniken bei LRS | 4.1

> Mein größtes Problem ist das ich
> sehr faul bin und Arbeiten
> gerne verschiebe und dann keine
> Zeit mehr habe oder sie vergesse.
> Man könnte mich auch unter
> Druck setzen, was wahrscheinlich
> auch etwas bringen würde.
> Das wäre mir aber nicht so recht
> und ich glaube nicht das das
> bei mir etwas bringen würde.

Lea, 13 Jahre

Kindern mit LRS fehlen häufig – wie der Siebtklässlerin Lea – sinnvolle und effektive Lern- und Arbeitstechniken, um selbstständig, ökonomisch und erfolgreich lesen und schreiben zu lernen. Stattdessen haben sie sich sogenannte »Lernkrücken« angeeignet, die sie beim Lernen eher behindern und somit Fehler provozieren.

Dazu gehören beim Lesen z. B. Vorlautieren, Mitsprechen, Wort-für-Wort-Lesen, Vor- und Zurückgehen im Text, Ignorieren von Satzzeichen, Lesen mithilfe der Finger, des Bleistifts oder des Lineals, Benutzen eines Lesepfeils aus festem, intransparentem Material oder auch eine falsche Lesehaltung, die den Blutkreislauf abschnürt und das Atmen behindert.

Beim Schreiben gehören zu den Lernkrücken z. B. eine verkrampfte Schreibhaltung, Probleme beim Abschreiben, Unsicherheit beim Schreiben häufig gebrauchter Wörter und fehlende Strategien beim Schreiben unbekannter Wörter.

Trotz vielen Übens schaffen die Kinder es nicht, ihre Lesefähigkeit und ihre Rechtschreibung zu verbessern. Freude am Lernen und Lernerfolge hängen aber im hohen Maß davon ab, ob ein Lernstoff in angemessener Zeit erarbeitet wird und später wieder zur Verfügung steht, da sonst Motivation und Konzentration schwinden. Der Lernpsychologe Weinert bringt es auf den Punkt:

> *Wenn jemand etwas lernt oder eine schwierige Aufgabe löst, so kann er dabei planvoll vorgehen, er kann sich geschickt anstellen, kann geeignete Hilfsmittel benutzen, effektive Lösungsverfahren anwenden, vorausgegangene Erfahrungen zweckmäßig verwerten und sich wirksamer Einprägungstechniken bedienen. Er kann aber auch planlos, unsystematisch, ungeschickt und ineffektiv herumprobieren. Die Lernleistung wird davon in jedem Fall entscheidend beeinflusst werden.* (Weinert 1980, S. 699)

Das heißt, gerade Kinder mit Lernschwierigkeiten benötigen metakognitives Wissen über geeignete inhaltsbezogene Lern- und Übungsstrategien sowie effektive Arbeitstechniken.

So ist es zunächst zu begrüßen, dass das Methodenlernen und Vermitteln von Lerntechniken im Zusammenhang mit den Bildungsstandards der Kultusministerien und Institutionen der Lehrerfortbildung in den letzten Jahren schwerpunktmäßig gefördert wurde. »Die Effektivität lernstrategischer Hilfen ist aber«, so die Grundschulpädagogin Schründer-Lenzen (2007, S. 230), »insbesondere davon abhängig, wie gegenstandsnah sie vermittelt werden. Es macht also keinen Sinn, Kindern global irgendwelche Arbeitsstrategien vermitteln zu wollen, sondern sie müssen konkret an dem Gegenstand gelernt werden, für den sie gelten sollen. Selbst dann brauchen die Kinder aber noch Unterstützungssysteme, denn sie neigen dazu, auch bekannte Lernstrategien nicht anzuwenden.« Ähnlich kritisiert die Kognitionspsychologin Stern die unzulängliche Anbindung der Methodenvermittlung an die Lerninhalte, die eigentlich im Zentrum des Unterrichts stehen müssten. Sie bezweifelt, dass mit Methoden allein besser gelernt wird (Stern 2007, S. 16). Die Kernkompetenz der Lehrerinnen und Lehrer bestehe darin, Aufgaben und Lernumgebungen zu konstruieren, die die Lernenden herausfordern, aber mit Anstrengung lösbar sind. Lerntipps haben für sie sekundäre Bedeutung. Diese Kritik lässt sich am wenig fundierten, als Spiel inszenierten Lesetraining des Klippert'schen Methodentrainings (2012) ebenso wie an dem von Endres u. a. herausgegebenen LRS-Training (2010) festmachen.

Im Folgenden werde ich nach allgemeinen Ausführungen zum Üben und zur Zeitplanung daher die Hinweise zu Lern- und Arbeitstechniken mit Inhalten der Förderung der Schriftsprachkompetenz in Verbindung bringen.

Üben

Üben ist nur sinnvoll, wenn beim Kind ein Einsichtsprozess voranging. Des Weiteren muss die Bereitschaft zum Üben bestehen, es muss positive Reaktionen auslösen, die verschiedenen Lernkanäle berücksichtigen und in kleinen Einheiten wiederholt werden. »Wenn jedoch nicht ein Minimum von Übungsantrieb vorhanden ist, kann nichts erreicht werden«, warnt Odenbach (1963, zit. n. Naegele 2002, S. 253–254). Hier weitere Auszüge aus seinen »Übungsgesetzen«:

- »Das Loben auch kleinster erfolgreicher Lernschritte weckt neue Übungsbereitschaft.«
- »Das Üben in sinnvollen Zusammenhängen ist erfolgreicher als das Üben zerstückelten Wissens.«
- »Von der Klarheit und Intensität des ersten Eindrucks beim Lernen hängt das Behalten ab. Nur bei einsichtigem Lernen ist das wiederholende Üben sinnvoll.«
- »Das durch Selbstständigkeit Erworbene hat größere Aussicht, behalten zu werden, als das lediglich vom Lehrer Übernommene.«
- »Der Übungserfolg wird durch Wiederholungen gesichert.«
- »Die ersten Übungen und Wiederholungen müssen möglichst bald nach der Neueinführung stattfinden.«
- »Übungen ohne Abwechslung führen zur Übersättigung und damit zum Erlöschen der Übungsbereitschaft.«
- »Beim Einprägen muss auf die verschiedenen Vorstellungstypen der Kinder Rücksicht genommen werden – visuell, akustisch, motorisch –, indem Auge und Ohr, Sprechen und Bewegung, wo immer es möglich ist, beteiligt werden.«
- »Schleichen sich mit der Übung Fehler ein, ohne sofort korrigiert zu werden, so werden sie im Verlauf des weiteren Übens bestärkt und beeinträchtigen den Lernerfolg oder heben ihn auf.«
- »Kinder, die schnell lernen, vergessen oft schneller als Kinder, die langsam lernen. ›Wer schnell lernt, vergisst auch schnell!‹ Das rasche Lernen hat keinen vorteilhaften Einfluss auf das dauernde Behalten.«

Beim Üben ist zu beachten, dass Menschen unterschiedliche Stärken in ihrem Lernverhalten aufweisen, sich Dinge z. B. leichter visuell, auditiv, über die Motorik oder mehr kognitiv, abstrakt merken können (Abb. 12).

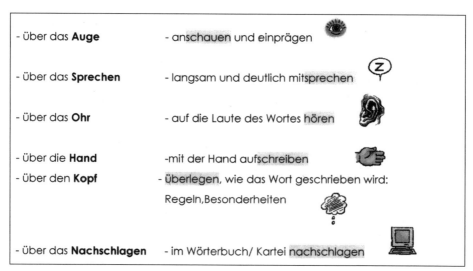

Abb. 12: Sechs Lernwege zum Behalten

Je jünger ein Kind ist, umso wichtiger ist die Anregung möglichst vieler Sinne beim Lernen, das Lernen mit Kopf, Herz, Hand und Bauch. Grundschulkinder »begreifen« oder »erfahren« die Welt meist durch konkretes Tun, erst nach und nach entwickeln sie eigenständige differenzierte Lernstrategien. Je vielfältiger neue Informationen angeboten werden, desto größer ist die Chance, dass diese zunächst im Ultrakurz-, dann im Kurz- und schließlich im Langzeitgedächtnis verankert werden. Richtig ist, dass eine positive Erwartungshaltung und körperliche Bewegung das Lernen unterstützen. Roth folgt in seiner Zusammenfassung der Erkenntnisse der Lernforschung:

> *In kognitiver Hinsicht geht es beim Lehren und Lernen darum, die erworbenen und erarbeiteten Kenntnisse dauerhaft im Langzeitgedächtnis zu verankern. Es geht neben der Vertrauenswürdigkeit des Lehrenden und der Motivation und Aufmerksamkeit des Lernenden vornehmlich um die quantitative und qualitative Darbietung des Stoffes.* (Roth 2011, S. 311)

Dauer und Intensität der Lernzeit, Verknüpfung mit Bekanntem und Wiederholung sind für nachhaltiges Lernen unabdingbar.

Zeitplanung

Kinder und Jugendliche mit Schwierigkeiten beim Lernen brauchen ein Zeitmanagement, um herauszufinden, wie sie trotz größerer Belastungen durch zusätzliches Üben oder vermehrte Korrekturen neben den Hausaufgaben noch etwas Zeit zur Entspannung und für Freizeitaktivitäten haben können.

Zum effektiven Lernen gehört z. B. das Führen eines Hausaufgabenheftes mit den entsprechenden Abkürzungen und Motivationshilfen (Durchstreichen nach Erledigung der Aufgabe, farbliches Absetzen wichtiger Termine/Arbeiten u. a.). Außerdem sind Wochenpläne (s. Anhang) zur Strukturierung der Aktivitäten und für einen Überblick über die Belastungen wichtig.

Je älter die Kinder werden, umso wichtiger wird die Zeitplanung bezüglich der Hausaufgaben, der Vorbereitung auf Arbeiten und der Durchführung längerfristiger Projekte. Zunächst muss der Lernstoff erarbeitet werden und sich in wiederholenden Schleifen setzen können, um dann zur Verfügung zu stehen. Es nützt wenig, am Abend vor einer Arbeit oder auch am selben Morgen zu üben, denn das wirkt eher störend, da der Lernstoff nicht ins Langzeitgedächtnis gelangt. Auch ist die Frage, wann die Schulaufgaben am besten zu erledigen sind, je nach Lerntyp und Tagesrhythmus sehr unterschiedlich zu beantworten.

Lernkrücken beim Schriftspracherwerb und Lösungsansätze

Vielen Kindern mit LRS fehlen sinnvolle Lern- und Behaltensstrategien. Im Folgenden wird gezeigt, wie »Lernkrücken« vermieden werden können, bzw. was man gegen sie tun kann:
- Schreib- und Lesehaltung
- Lesestrategien
- Abschreiben und Überprüfen der eigenen Leistung
- Bearbeitung freier Texte
- Arbeit mit Übungskarteien und Wortlisten
- Kommentiertes Schreiben

Techniken der Schreib- und Lesehaltung

Beobachtungen

Eine Reihe von Kindern behält viel zu lange den »Pfötchengriff« bei. Dabei verkrampft sich das Handgelenk, und es wird mit zu viel Druck geschrieben. Der Schreibfluss wird nach jedem »i« oder Umlaut unterbrochen, aus Angst, den i-Punkt oder das Oberzeichen zu vergessen. Die Nase klebt fast auf dem Heft. Dem Schriftbild sieht man die Verkrampfung und Anspannung an. Die Schrift wirkt ungelenk, fahrig, zu stark oder zu schwach aufgedrückt, die Zeilen werden nicht eingehalten. Schreiben wird als sehr anstrengend empfunden.

Was hilft?

Sitzhaltung: Das Ziel sollte eine aufrechte Sitzhaltung sein, die die Atmung nicht behindert. Sinnvoll ist ein leicht schräger Arbeitsplatz, auf dem die Ellbogen aufliegen, wodurch sich die Schultern und Arme entspannen können. Die Augen brauchen genügend Abstand (ca. 25–30 cm) von der Tischplatte zum Schreiben und beim Lesen.

Technik des Schreibens und der Schreibbewegung: Von Anfang an sollte die Griffhaltung beim Schreiben beobachtet und auf den richtigen Vollzug geachtet werden, damit sich Kinder keine falsche Griff- und Schreibhaltung angewöhnen. Diese kann nämlich bei ansteigender Schreibgeschwindigkeit zu Verkrampfungen des abgeknickten Handgelenks führen. Wie im Kapitel 3.4 ausgeführt, sollte der sogenannten »Pfötchengriff« im Verlauf des ersten Schuljahrs von einer dynamischen Tripodenhaltung abgelöst werden, wie auf Seite 170 ausführlich beschrieben. Auf den Seiten 171–173 wird auch auf die Besonderheiten von Links- und Rechtshändern beim Schreiben eingegangen. Frühzeitig sollte darauf geachtet werden, dass die Schreibbewegungen vom Ablauf richtig angelegt werden, damit ein ökonomischer Schreibfluss entstehen kann.

Ältere Schülerinnen und Schüler benötigen eine einigermaßen lesbare Handschrift, um im Unterricht mitzukommen. Hier lohnt sich die Umstellung auf eine andere Ausgangsschrift oder Druckschrift, die in vielen Ländern als Normalschrift akzeptiert ist.

Lesestrategien

Beobachtungen

Leseprobleme entstehen oder verfestigen sich, wenn unangemessene Strategien nicht frühzeitig erkannt und den Kindern hilfreichere Strategien angeboten werden. Bei der Analyse der Lesefertigkeiten eines Kindes lassen sich »Lesekrücken« (Ott 1989) beobachten.

Was hilft?

Im Kapitel Lesen (Kap. 3.3) wird auf unterschiedliche Lesestrategien näher eingegangen. An dieser Stelle werden nur die wichtigen Arbeitstechniken mit einem transparenten Lesepfeil sowie die Technik des Blitzlesens vorgestellt.

Erleichterung beim Lesen und Schreiben durch einen transparenten Lesepfeil: Lesen lernende Kinder versuchen zunächst, Buchstabe für Buchstabe zu erfassen und benutzen dabei meist ihren Zeigefinger. Das geht nur langsam. Damit sich ein Kind leichter im Text und auf der Zeile orientieren kann, eignet sich ein Lesepfeil aus transparenter Farbfolie. Er bietet vielfältige Möglichkeiten, einen Satz oder ein Wort zu gliedern.

Die Aufmerksamkeit des Kindes kann sich so auf unterschiedlich lange sprachliche Einheiten konzentrieren, ohne dass der Wort- oder Satzkontext ganz ausgeschaltet ist. Für langsame, ungeübte Leser eignet sich ein Lesepfeil, der die Einhaltung der Leserichtung erleichtert, wie auf S. 91 abgebildet.

Während das Kind den Lesepfeil anfangs jeweils nur über die von ihm erfassbaren Buchstaben, Silben, Signalgruppen zieht, wird der Lesepfeil bei fortgeschrittener Lesefähigkeit nur noch mit der glatten Kante unter der gerade gelesenen Zeile geführt. Auch beim Abschreiben hilft der Lesepfeil, die Aufmerksamkeit zu fokussieren und damit Fehler zu vermeiden.

Blitzlesen: Blitzlese-Übungen sollen Kindern helfen, Übungswörter nicht einzellautlich, sondern als ganzes Wort zu erfassen (s. auch S. 93). Das Blitzlesen ist eine Übungsform, die Partnerarbeit voraussetzt, damit sichergestellt ist, dass die vorgelesenen Wörter richtig benannt werden.

Um Wörter gezielt zu üben, kann man Wortlisten in einer gut lesbaren Druckschrift mit großem Zeilenabstand erstellen. Das zu lesende Wort wird mit einer Karteikarte zugedeckt, die mit beiden Händen (Daumen und Zeigefingern) gehalten wird (Kap. 3.3; Abb. 7). Durch das Zusammenschieben der Karte wird das Wort »kurz belichtet«; die Dauer steuert das Kind selbst. In dieser kurzen Zeitspanne, die mit zunehmendem Training immer kürzer wird, soll das Wort als Ganzes gelesen werden.

Technik des Abschreibens und Überprüfens der eigenen Leistung

Beobachtungen

Kinder mit verlangsamter Schreib- und Leseentwicklung haben häufig auch Schwierigkeiten abzuschreiben. Sie versuchen, Fehler zu vermeiden, indem sie unökonomisch kleine Einheiten vom Text buchstabenweise in ihre Abschriften übertragen. Nach kurzer Zeit ermüden ihre Augen, und die Konzentration lässt nach. Nun wird geschrieben, was gelesen wurde, meist unter leisem Mitsprechen. Am Ende ist der Text fehlerhaft, aber die Schreibenden sind zu erschöpft und frustriert, um die Abschrift zu überprüfen und zu korrigieren.

Abschreiben von der Tafel ist meist noch schwieriger, weil es noch erschwert werden kann durch ungünstige Sitzordnung, Unruhe im Klassenraum und Zeitdruck. Zum Kontrollieren reicht die Zeit meist nicht aus. Wörter oder Wortteile werden weggelassen, oder das Abschreiben wird abgebrochen. Oft sind die Abschriften schwer zu entziffern. Kinder, die über keine sinnvollen Abschreib- und Eigenkontrolltechniken verfügen, können somit nicht von den von einigen Experten als Maßnahme gegen LRS empfohlenen täglichen Abschreibübungen profitieren.

Was hilft?

Abschreiben: Auf dem Weg zu einem rechtschriftlich gesicherten Wortschatz spielt das Abschreiben eine wichtige Rolle, weil u. a. das wiederholte Schreiben wichtiger Wörter das Nachdenken überflüssig macht. Oft wird jedoch vorausgesetzt, dass Kinder abschreiben können, und diese Technik wird nicht systematisch eingeübt. Dabei ist der Vorgang des Abschreibens komplex. Es erfordert vonseiten der Lehrkräfte genaue Beobachtung während des Schreibvorgangs, um festzustellen, ob ein Kind diese Arbeitstechnik beherrscht oder sich bereits ineffektive Abschreibstrategien angeeignet hat. Für Süselbeck (1993, S. 52) bedeutet richtiges Abschreiben:

- »Ich muss einen Text lesend verstehen;
- ich muss ihn lesend gliedern in ›meine‹ Abschreibeinheiten;
- ich muss dabei meine ›Speichermenge‹ genau kennen (Untergrenze muss ein Wort sein, buchstabenweises Abschreiben ist eine Fehlerquelle);
- ich muss das Wort, die Wortgruppe, den Satz auswendig aufschreiben;
- ich muss das Geschriebene genau mit Hilfe der Vorlage kontrollieren und gegebenenfalls korrigieren;
- ich muss meine Speichermenge zunehmend erweitern, um mein Abschreibtempo zu beschleunigen.«

Abschreibübungen sollten sich zunächst auf Wörter oder kurze Sätze beschränken und dann systematisch erweitert werden. Beim Abschreiben dient der transparente Lesepfeil zur Orientierung im Text und hilft bei der Segmentierung in sinnvolle Einheiten.

Kontrollieren: Das Überprüfen der eigenen Arbeit muss intensiv mit dem Abschreiben eingeübt werden. Hat ein Kind jedoch bereits längere Zeit Schreiben als eine negative Handlung erlebt, so wird es für diese Zusatzleistung zunächst einen äußeren Motivationsanreiz (Punkte, Token) benötigen, bis es zur Einsicht gelangt, dass sich die Leistung durch die eigene Kontrolle verbessert.

Auch hier empfiehlt es sich, zunächst mit Einzelwörtern (möglichst in Wortlisten) zu beginnen. Diese werden systematisch gelesen, abgeschrieben, verglichen, dann mit einem Symbol bestätigt oder korrigiert, wobei jedes Mal die Kontrolle anhand der vorgegebenen richtigen Schreibung erfolgen muss.

Das Ziel muss sein, dass das Kind Abschreiben als sinnvoll und hilfreich erlebt, es seine Arbeit selbst kontrollieren und korrigieren kann und sich das Ergebnis positiv auf seine Schreibsicherheit auswirkt.

Die Arbeit mit Übungskarteien und Wortlisten

Beobachtungen

Viele Rechtschreibmaterialien und Sprachbücher bieten Übungsformen (Kap. 3.5), die vor allem Kindern, die in der Orthografie unsicher sind, nicht helfen, sondern sie verwirren: Wortfetzen, Ratestrategien, Purzelwörter, Falschschreibungen, rückwärts buchstabieren, Ähnliches gleichzeitig oder direkt hintereinander anbieten (Naegele 2004). Unspezifische Aufforderungen, wie z. B. »mehr üben«, sind wenig produktiv.

Was hilft?

Üben mit Wortlisten: Wichtiger Bestandteil des Übens beim Schriftspracherwerb ist das Erarbeiten eines gesicherten Lese- und Rechtschreibwortschatzes. Dazu bieten sich verschiedene Übungsmöglichkeiten an, die von den Kindern allein oder mit einem Partner genutzt werden können. In den Wortlisten sollten zunächst nur Häufigkeitswörter, eigene Fehlerwörter oder unbekannte Vokabeln wiederholend systematisch geübt und gefestigt werden (Kap. 2 und 8, Anhang).

Arbeit mit der Rechtschreibkartei: Eine der Methoden, die möglichst viele Lernwege anspricht, ist die Arbeit mit einer Lernkartei (Kap. 8, Anhang). Sie fördert das Behalten in vielen Bereichen: vom Einüben der Rechtschreibung über das Erlernen fremdsprachiger Vokabeln bis zu Sachkundebegriffen. Der Lernstoff wird in kleine Portionen zerlegt, das Kind bestimmt selbst den Übungsumfang und das Lerntempo. Der Lernerfolg wird direkt greif- und sichtbar in der Anzahl der erfolgreich erarbeiteten Karten. Dies wirkt sich positiv auf die Motivation aus.

Kommentiertes Schreiben

Beobachtung

Kinder mit LRS schreiben oft impulsiv, ohne über Besonderheiten der zu schreibenden Wörter nachzudenken. Sie möchten möglichst rasch zum Ziel kommen und sind dann über Fehler und den fehlenden Lernerfolg enttäuscht.

Was hilft?

Methode des kommentierten Schreibens: Diese Methode hilft, dass Kinder lernen, beim Schreiben durch lautes Denken auf Besonderheiten zu achten und so Fehler zu vermeiden. Für Weigt ist das Kommentieren ein wesentlicher Eckpfeiler der LRS-Förderung.

> *Beim kommentierten Schreiben […] werden die Besonderheiten kurz vor dem Niederschreiben des einzelnen Wortes angesagt. […] Dadurch sinkt die Fehleranzahl beim Schreiben merklich, und durch das häufige richtige Schreiben wird der Effekt erzielt, daß die Wörter schließlich auch dann fehlerfrei niedergeschrieben werden können, wenn sie nicht unmittelbar vorher kommentiert wurden.* (Weigt 1994, S. 191)

Für ihn ist die richtige Auswahl der Kommentare, deren Form und systematische Einführung, Festigung und Anwendung wesentlich. Scheerer-Neumann (2007, S. 6–9) hat in einer empirischen Untersuchung die Effektivität von verbaler Selbstinstruktion beim Erwerb der Rechtschreibung nachweisen können. Die Schüler lernen, Lösungswege in systematischen Lernschritten zu vollziehen und sich dabei selbst zu instruieren. Ein Beispiel zeigt Abb. 13.

Ich spreche mir das Wort 🏍 deutlich vor:
Ich überlege, ob das Wort am Anfang groß oder klein geschrieben wird.
Ich kann einen Artikel davor setzen: das 🏍 , also ist es ein Nomen.
Der erste Buchstabe wird groß geschrieben: **M**
Ich höre m Ende des Wortes ein /t/.
Ich verlängere das Wort und höre ein /d/: *Räder*,
also wird Rad mit **d** geschrieben.
Mein Wort besteht aus zwei Nomen: Motor und Rad.
Ich schreibe also: *das Motorrad*

Abb. 13: Erst laut denken, dann schreiben – ein Beispiel zum kommentierten Schreiben (aus: Lerne und wiederhole 2013, S. 44)

Verfahren zur Bearbeitung freier Texte

Beobachtungen

Viele Lehrkräfte sind unsicher, wie sie mit den Geschichten ihrer Schülerinnen und Schüler umgehen sollen, was sich an ihrem Vorgehen zeigt. Einige sammeln die Geschichten, halten sie für kreative Unikate, die nicht bearbeitet werden dürfen. Andere fühlen sich verpflichtet, Kinder zu grammatikalisch und syntaktisch richtigen Sätzen und stringenten Geschichten zu verhelfen. Sie greifen daher oft inhaltlich, syntaktisch und rechtschriftlich ein – und manchmal bleibt letztlich vom Originalkindertext nicht viel übrig. Verwenden sie dazu noch rote oder grüne Tinte und negative Kommentare (Kap. 3.4), so werden sich auch die kreativsten Schreiber verweigern.

Was hilft?

Kinder sollen von Anfang an zum freien Schreiben ermutigt werden, wie dies in Kapitel 3.4 ausgeführt ist. Der eigene Text an der Pinnwand oder das eigene Buch in der Klassenbücherei sporrnt auch Kinder an, die bislang ungern lesen und schreiben. Dabei sollte zunächst die Botschaft des Kindes im Zentrum stehen. Der eigene Text zeigt, über welche Vorstellungen die Schreiberin bzw. der Schreiber verfügt. Doch Schreiben ist eine kommunikative Handlung, die sich in der Regel an einen nicht anwesenden Adressaten wendet, der den Text möglichst ohne Mühe entziffern möchte. Sicherlich gibt es Kindertexte, die als persönliche Botschaften unbearbeitet als Dokumente in der eigenen Portfoliomappe gesammelt werden sollen. Das Überarbeiten sollte jedoch schon frühzeitig angebahnt werden.

Sinnvoll ist es, freie Texte zunächst von Hand schreiben zu lassen. Ist vorgesehen, dass der Text bearbeitet oder veröffentlicht werden soll, so ist es ratsam, dass die Kinder mit großem Zeilenabstand schreiben, um sich leichter korrigieren zu können. Kinder sind häufig beim ersten Formulieren einer Geschichte so vom Inhalt gefesselt, dass sie auf formale Aspekte (Rechtschreibung, Satzzeichen) wenig achten. Bei Unsicherheiten mit der Interpunktion ist es sinnvoll, einen neuen Gedanken zunächst in der nächsten Zeile zu beginnen. Nach dem ersten Schreiben sollte die Geschichte vorgelesen werden, damit die Aufmerksamkeit des erwachsenen Lesers nicht von Fehlern abgelenkt wird. Beim Vorlesen merkt das Kind meist selbst, ob die Geschichte stimmig ist, ob Wörter fehlen oder der Zusammenhang nicht deutlich wird. Für weitere Bearbeitungen lohnt sich das Übertragen in ein elektronisches Dokument am Computer oder aufs Tablet. Die neuen Medien bieten immer vielfältigere Gestaltungsmöglichkeiten.

Die Bearbeitung von Texten erfolgt sinnvollerweise über mehrere Tage verteilt in mehreren Schritten:
- Habe ich mich so ausgedrückt, dass meine Geschichte verstanden wird? – Inhalt
- Können meine Leser klar erkennen, was ich gemeint habe? – Interpunktion
- Sind die Wörter normgerecht geschrieben? – Rechtschreibung und Kontrolle

Fazit

Schülerinnen und Schüler mit LRS brauchen Hilfen zur Organisation des Lernens und Arbeitens, um leichter Lernfortschritte zu erreichen und zum Weiterlernen motiviert zu sein. Ganz wichtig ist in diesem Zusammenhang, dass sie die Fortschritte, die sie durch das Üben erreicht haben, selbst registrieren, damit es ihnen nicht wie Christina geht: »Ich fand nur, dass ich Stunden um Stunden lernte, ohne dass es was brachte.«

Nur wer seine Fortschritte wahrnimmt und sich selbst dafür lobt, kann eine intrinsische Motivation entwickeln. Der Unterschied zwischen den erfolgreichen und weniger erfolgreichen Lernenden ist zum Teil darin begründet, dass letztere die falschen Lerntechniken haben, nur sehr selten darin, dass sie nicht lernen wollen. Christinas Brief schließt mit der Feststellung:

Im Nachhinein war es sehr schön zu sehen, dass die ganze Quälerei wirklich was gebracht hat. Und nun bin ich ein bisschen stolz, was ich mit dem Üben der Rechtschreibung erreicht habe.

(Christina, 25 Jahre)

Weiterführende, vertiefende Literatur

Engel, A./Wiedenhorn, Th. (2010): Stärken fördern – Lernwege individualisieren. Der Portfolio-Leitfaden für die Praxis. Weinheim: Beltz. (für 5. bis 12. Klassen)

Naegele, I. (2006): Kinder brauchen effektive Lern- und Arbeitstechniken. In: Deutsch differenziert, H. 3/2006. S. 37–41.

Roth, G. (2011): Bildung braucht Persönlichkeit. Wie Lernen gelingt. Stuttgart: Klett-Cotta.

Speichert, H. (2005): Richtig üben – effektiv lernen. Ratschläge für Eltern, Schüler und Lehrer. München: dtv.

Was ich gut vine wenn die lehrerin fragt ob ich hilfe brauche.

Nadja, 8 Jahre

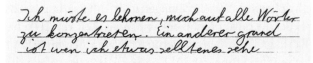

Ulrich, 11 Jahre

Fragen der Konzentration und Motivation | 4.2

Nina, 8 Jahre, hat folgende Diagnose erhalten: »Lese-Rechtschreibstörung sowie sensorische Integrationsstörung, die zu Teilleistungsstörungen in den Bereichen Lesen und Schreiben führen können, bei schwankender Aufmerksamkeit und Konzentrationsleistung. Empfehlung: Stimulanztherapie in sechswöchigem Versuch, um Gedächtnisstrukturen zu verbessern und die schwankende Aufmerksamkeit und Konzentrationsleistung zu stabilisieren.«

Mangelnde Konzentrationsfähigkeit – wie reagiert die Umwelt?

Lehrerinnen und Lehrer beobachten, dass sich immer mehr Kinder im Unterricht weniger auf eine Sache konzentrieren können, sich leicht ablenken lassen, und so die Motivation schnell nachlässt. Dabei hatte z. B. Nina im Hinblick auf die obige Diagnose allen Grund, im Unterricht unkonzentriert und frustriert zu sein. Völlig überfordert durch die Trennung der geliebten Eltern schaffte sie es nicht, sich im ersten Schuljahr auf das Lernen zu konzentrieren und reagierte mit Bauchschmerzen, weil sie sich dumm vorkam. Die Lehrerin hätte eigentlich durch Beobachtung der Lernprozesse und aufgrund der Gespräche mit der Mutter die Not des Kindes erkennen und Nina gezielte Unterstützung geben müssen, statt Mutter und Kind zur Psychologin zu schicken.

Fakt ist, dass heute Kinder, die sich im Unterricht leicht ablenken lassen, stören, träumen, überhastet arbeiten, sich nicht längere Zeit konzentrieren können oder Hausaufgaben vergessen, rasch von der Umwelt (Lehrkräften, Eltern, ärztlichen und/oder psychologischen Fachkräften) für gestört oder krank erklärt werden (Hoffmann/Schmelcher 2012). Viel zu schnell werden, wie immer mehr Fachleute beklagen, sedierende Medikamente (Ritalin, Medikinet) zur Lösung komplexer kindlicher Probleme verordnet. Nach zunehmend kritischen Stimmen aus den USA zum Missbrauch von Medikamenten (Schwarz/Cohen 2013) belegen auch zwei Studien aus Bochum und Basel (Bruchmüller/Schneider 2012) die hohe Anzahl an Fehldiagnosen bei ADHS, vor allem den Anstieg der Methylphenidat-Verschreibungen in der Altersgruppe sechs bis 18 Jahre, der sich allein bei der Techniker Krankenkasse in der Zeit von 2006 bis 2010 um 30 Prozent erhöht habe, auch die Tagesdosierungen hätten sich im Schnitt um zehn Prozent erhöht (Bruchmüller/Schneider 2012, S. 78 ff.). Bereits Anfang der 1970er-Jahre wurde die Behandlung von auffälligem kindlichen Verhalten mit Psychopharmaka öffentlich diskutiert. Im Gegensatz zu heute wurden damals Tabletten jedoch als Bankrotterklärung für Erziehung und Pädagogik verbannt. Wagner betont in ihrem »Aufmerksamkeitstraining mit impulsiven Kindern«, was neben Methoden zur Förderung der Konzentrationsfähigkeit und von reflexivem Vorgehen so wichtig ist: »Akzeptierung der Kinder, den Respekt vor ihrer Eigenständigkeit, die therapeutisch-pädagogische Zuwendung, die unterstützend-positive Rückmeldung über Erfolge, die Ermutigung nach Misserfolgen« (1981, S. 185). Es müsse pädagogisch mehr befriedigen, das Individuum von äußeren Faktoren letztlich unabhängig zu machen und seine innere Selbststeuerung zu erhöhen. Dazu helfen keine Pillen, dazu sei mitmenschliche Bemühung erforderlich (1981, S. 10).

Im Zusammenhang mit LRS kann unkonzentriertes Verhalten die Reaktion auf schulische Überforderungen sein. So beklagt der Fünftklässler Ulrich:

> In Arbeiten strenge ich mich immer so an das ich mich nicht mehr richtig konzentrieren kann, die schwierigen Wörter schreibe ich meistens richtig, weil ich mich nur auf sie konzentriere. Und dann schreibe ich die leichter Wörter falsch.

Ulrich, 11 Jahre

Anhaltende Misserfolge und schulisches Versagen belasten nicht nur das Kind, sondern die Familie und die Situation des Kindes innerhalb seiner Umwelt. Zu lernspezifischen Problemen kommen oft auch Faktoren, die durch unsere hektische Umwelt, den ständigen Medienkonsum und die damit verbundene Reizüberflutung ausgelöst werden. Ein Teil der betroffenen Schülerinnen und Schüler resigniert, frisst die Belastungen in sich hinein – im wörtlichen Sinn – oder reagiert sie körperlich über Kopf- oder Bauchschmerzen, Allergien, Krämpfe oder andere körperliche Symptome ab. Auf andere Kinder passen Zuschreibungen wie »chaotisch«, »unfähig sich zu konzentrieren«, »hyperaktiv«, »Zappelphilipp« oder »aufmerksamkeitsgestört« (ADD – *Attention Deficit Disorder* oder ADHD – *Attention Deficit Hyperactive Disorder*). Vor allem das letztgenannte Erklärungsmuster für erwartungswidriges Lernversagen und Verhalten hat, wie eingangs beschrieben, in den letzten 15 Jahren auch in Deutschland sorgenerregende Ausmaße angenommen. Voß warnte bereits 2000 vor der Medikamentalisierung der Pädagogik. Wie bei Nina sind es leider immer wieder Lehrkräfte, die sich mit Unterstützung der örtlichen Kinder- und Jugendpsychiatrie oder psychologischer Praxen durch die Medikamentengabe einen ruhigeren Unterricht erhoffen. Bei Eltern und Lehrkräften sind leider nach wie vor Erklärungsansätze besonders beliebt, welche die Ursachen im Kind festmachen, denn dann sind sie selbst am Problem unbeteiligt und nicht verantwortlich. Darin ist auch das Festhalten am klassischen Legastheniekonzept als medizinisch orientiertem Teilleistungsversagen begründet – allen wissenschaftlichen Erkenntnissen zum Trotz.

Erfahrungen aus der Beratungspraxis

Für mehr als die Hälfte aller Eltern sind Konzentrationsprobleme der Hauptgrund für eine Beratung, obwohl mein Förderansatz FIT (Kap. 9) primär für Schülerinnen und Schüler mit gravierenden schriftsprachlichen oder mathematischen Schwierigkeiten vorgesehen ist. Hierzu berichten die Eltern, Lehrer klagten darüber, dass ihr Kind im Unterricht störe, träume, herumkaspere, abgelenkt, unruhig, schusselig sei, nicht in die gewählte Schulform gehöre, Leichtsinnsfehler mache, nicht intelligent genug für die gewählte Schulform sei …

Die Erwartung der Eltern geht dahin, dass die Beratung ihr bisheriges System aus Verboten und Sanktionen unterstützt oder sich die passende Medizin quasi »aus dem Hut zaubern« lässt: Beruhigungspillen, Säfte zur Steigerung der Konzentration, homöopathische Globuli, Bachblüten u. a. – ganz nach dem Motto: »Das Kind hat das Problem; tun Sie was dagegen«. Doch weder Strafen und Verbote noch Tabletten oder Konzentrationsprogramme helfen, wenn sie nur am Symptom herumdoktern, ohne die dahinter liegenden Ursachen aufzudecken und in den Griff zu bekommen. (Das Internet ist voll von solchen Angeboten.)

Die Ursachen für Konzentrationsprobleme oder Abgelenktheit von Schülerinnen und Schülern sind vielfältig und individuell unterschiedlich, z. B.:
- Über- oder Unterforderung im Unterricht oder zu Hause,
- Angst vor den Eltern und einzelnen Lehrkräften und ihren Anforderungen,
- ein negatives Selbstbild,
- das Gefühl, von den Eltern abgelehnt zu werden,
- falsche Ernährung,
- Reizüberflutung durch übergroßen Medienkonsum,
- …

Sicherlich kann es im Einzelfall auch einmal organische Gründe geben, die das Konzentrationsvermögen beeinflussen, wie z. B. unerkannte Hör- und Sehprobleme, Wachstumsschübe in der Pubertät, Mineral- oder Vitaminmangel oder erhöhte Ablenkbarkeit aufgrund neurologischer Störungen, die jedoch höchst selten und nie isoliert auftreten und für deren Existenz viele Faktoren zusammenkommen müssen (Bruchmüller/Scheider 2012). Die Mehrzahl der zur Beratung kommenden Kinder hat jedoch kein generelles Konzentrationsproblem, sondern gute Gründe für ihr »abweichendes« Verhalten.

Meist wird in einem Beratungsgespräch relativ schnell deutlich, dass das Kind »triftige Gründe« (Bettelheim 2003, S. 68) für sein »auffälliges« Verhalten hat. In Vorbereitung auf das Gespräch soll das Kind – ohne Mithilfe und Kontrolle der Eltern – seine Sicht der Probleme beschreiben. Daraus stammt der oben zitierte Ausschnitt des Fünftklässlers Ulrich über seine Konzentrationsprobleme beim Schreiben.

Worüber klagen Kinder?

- Angst vor Arbeiten und ihren Folgen für das Verhältnis zu den Eltern bis hin zu der Befürchtung, die Liebe der Eltern zu verlieren
- große zeitliche Belastungen durch zusätzliches Üben nach den Hausaufgaben, einen langen Schulweg, häusliche Pflichten
- Lernen ohne Erfolgsaussicht
- Unterricht, dessen Inhalte sie nicht verstehen
- Lehrkräfte, von denen sie sich abgelehnt fühlen
- Ausgrenzungen und Mobbing durch Mitschüler und Mitschülerinnen
- eingespieltes Druck- und Erwartungssystem von Schule und Eltern, in dem sie sich als Opfer ohne Chance fühlen

Oft bringt die gemeinsame Analyse mit Eltern und Kind eine lange Geschichte aus Druck, Angst, Überforderung, Ablehnung oder Verweigerung zu Tage, deren schulische Wurzeln weit zurückreichen, wie z. B.:
- keine oder unzureichende Passung der Angebote in den zentralen Lernbereichen an die Lernvoraussetzungen des Kindes, meist schon zu Schulbeginn,
- fehlende Motivation in einem als langweilig erlebten Unterricht,
- das Gefühl, nicht akzeptiert zu sein,
- Unruhe im Unterricht,
- ungünstige Sitzordnung,
- Abgelenktheit durch Mitschüler auf der Suche nach Anerkennung, was Ausgrenzung im Unterricht und auf dem Schulhof zur Folge haben kann,
- Mobbing,
- mangelnde Bewegung und falsche Lerntechniken,
- unrealistische Erwartungen an das Kind.

Wie kann die Schule zusammen mit dem Elternhaus helfen?

Die Fülle der infrage kommenden Ursachen und ihrer Zusammenhänge zeigt, dass es keine einfache Lösung geben kann, dass die jeweils sehr unterschiedlichen Belastungen und Ursachen zu unterschiedlichen Lösungen führen müssen. Oft ist bereits ein gemeinsames Gespräch mit einer Situationsanalyse hilfreich, um herauszufinden, warum ein Kind im Unterricht abgelenkt und unkonzentriert ist, falls die Erziehungsberechtigten darüber zu sprechen bereit sind. Dies setzt jedoch gegenseitiges Vertrauen voraus.

Lehrkräfte und Eltern haben manchmal unrealistische Vorstellungen über die Belastbarkeit von Heranwachsenden. Immer noch existieren falsche Vorstellungen über kindliche Aufmerksamkeitsspannen beim Lernen. Viele Erwachsene glauben, dass die Dauer der Lernzeit ein Garant für Erfolg sein müsste und Sanktionen und Strafen helfen. Intensives, motiviertes Lernen erfordert jedoch volle Aufmerksamkeit und Interesse an der Sache sowie Aussicht auf Erfolg.

Im gemeinsamen Gespräch sollte der Frage nachgegangen werden, warum ein Kind in bestimmten Situationen ein Verhalten an den Tag legt, das z. B. eigentlich nur negative Aufmerksamkeit bringt. Vielleicht hat es bisher die Erfahrung gemacht, dass sich niemand um es kümmert, wenn es »funktioniert«, wohl aber Zeit vorhanden ist, sobald es in einem den Eltern wichtigen Lernbereich versagt.

Konfliktsituationen müssen also durch positive Anreize für anderes Verhalten entschärft und ersetzt werden, oft zunächst mithilfe von Tokenprogrammen nach verhaltenstherapeutischem Muster (Verwendung systematischer Anreize).

Fehlende Kompetenzen (Lesen, Schreiben), die zur Resignation in bestimmten Fächern oder insgesamt im schulischen Lernen geführt haben, müssen förderdiagnostisch analysiert und schrittweise aufgebaut werden, die jeweiligen Konflikte mit bestimmten Personen (Lehrkräften oder Mitschülerinnen und Mitschülern) aufgedeckt und geklärt werden.

Intensives, motiviertes Lernen erfordert volle Aufmerksamkeit und Interesse an der Sache sowie die Aussicht auf Erfolg. Doch Aufmerksamkeit strengt das Gehirn an, da es aus der Fülle an Informationen die potenziell wichtigen auswählen muss, wobei die Zeitdauer der Aufmerksamkeit begrenzt ist.

Psychologen haben herausgefunden, dass wir nur wenige Minuten (meist drei bis fünf) konzentriert einer schwierigen Darstellung folgen können, und dass man dann erst einmal eine ›Pause‹ machen muss, weil der Aufmerksamkeitsvorrat erschöpft ist.
(Roth 2011, S. 129–133)

Wie lässt sich die Aufmerksamkeitsspanne erweitern?

Hier einige Stichwörter:
- Stresssituationen im Vorfeld eingrenzen
- Anbindung neuer Informationen an bereits Bekanntes
- Lenkung der Aufmerksamkeit »mit geeigneten kognitiven, emotionalen und motivationalen Mitteln« (Roth 2011, S. 147)
- Hilfen zur Organisation des Lernens in Teilschritten
- Einplanen von Pausen
- Ausschalten von Ablenkungen
- Wissen, wie Fehler vermieden werden können

Welche Verfahren eignen sich für den Unterricht?

Zu den in den Bildungsstandards festgelegten Zielen für schulische Lehr- und Lernprozesse gehört neben der kognitiven und fachlichen Kompetenz auch der Erwerb von Problemlösekompetenz. Diese wiederum setzt voraus, dass Schülerinnen und Schüler befähigt werden, konzentriert und eigenständig ihr Lernen zu organisieren. Kindern, die sich leicht ablenken lassen, helfen feste Strukturen im Unterricht und klare Absprachen.

Zum Stressabbau als Voraussetzung für konzentriertes Arbeiten eignen sich konzentrationsfördernde Übungen oder kurze Spiele wie z. B. »Seven up« oder Kim-Spiele. In Schüler-AGs oder Kursen lassen sich An- und Entspannungsübungen aus dem Muskelentspannungsprogramm nach Jacobson (Johnen 2004) erlernen, einüben und dann erfolgreich anwenden, wenn die Lehrperson dieses Verfahren beherrscht und für sich selbst als entlastend erlebt. Allerdings sollte beachtet werden, dass bestimmte Stilleübungen wie z. B. Autogenes Training, Meditationen u. a. in die Hände von Fachleuten gehören und nicht in den Unterricht. (Autogenes Training gehört unter ärztliche oder therapeutische Aufsicht und nicht in den Unterricht, da die Übungen körperliche Reaktionen auslösen können, zudem sehr regelmäßig und in Ruhe erlernt werden müssen.)

Neben Atem- und Muskelan- und -entspannungsphasen eignen sich auch kurze Fantasiereisen im Unterricht zum gezielten Entspannen. Sind Schülerinnen und Schüler mit Fantasiereisen vertraut, so erfinden sie in der Regel gern selbst eigene Geschichten, was gleichzeitig als positiv erlebter Schreibanlass gesehen werden kann.

Kaltwasser (2008) hat ein Konzept der Achtsamkeit für den Unterricht entwickelt, in das neben den bereits genannten Übungen auch Qigong einschließt. Ihr prozessorientiertes Konzept, von dem sie selbst sagt, dass es Zeit braucht, will neben Entspannung und Konzentration letztlich Kreativität und Lebenskompetenz vermitteln.

Entspannungstechniken können also helfen, Verspannungen zu lösen und die innere Bereitschaft und Einstellung zum Lernen zu verändern. Damit werden Lernerfolge ermöglicht und schwierige Situationen besser bewältigt, verkrampfte Körperpartien – vor allem im Kopf- und Nacken-Schulter-Bereich – gelockert und negative Gedanken losgelassen. Sie sind allerdings weder ein Allheilmittel noch eine Wunderdroge; sie können keine Krankheiten »heilen« oder fehlende Einsichten in Lernprozesse, z. B. beim Lesen und Schreiben, vermitteln. Aber: »Angst macht dumm«, sagt das Sprichwort zu Recht.

Stress-Symptome wie eine gehäufte Fehleranzahl gegen Ende einer Arbeit, Blackout beim Vokabeltest, Flimmern vor den Augen oder Atemnot beim Vorlesen können jedoch vermieden oder reduziert werden.

Nina hat inzwischen ihren Realschulabschluss mit der Note 2 in Deutsch gemacht. Sie hat dies ohne die damals vorgeschlagenen medizinischen Therapien und Medikamente erreicht, allerdings mit einer zweijährigen Einzeltherapie ihre Schreib- und Lesefähigkeiten systematisch aufgebaut. Damals war ihr Wunsch:

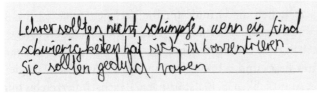

Nina, 8 Jahre

Weiterführende, vertiefende Literatur

Heidenberger, G./zeitblueten.com (2013): Konzentrieren kann Spaß machen! 50 Konzentrationsübungen für Kinder. www.zeitblueten.com/50-konzentrationsuebungen-fuer-Kinder/ (Abruf 15.07.2013).

Johnen, W. (2004): Muskelentspnnung nach Jacobson. 6. Auflage. München: Gräfe und Unzer.

Kaltwasser, V. (2008): Achtsamkeit in der Schule. Stille-Inseln im Unterricht: Entspannung und Konzentration. Weinheim und Basel: Beltz.

Portmann, R. (2011): 3 Minuten Konzentration. Übungen für zwischendurch in Kita und Schule. 2. Auflage. München: Don Bosco.

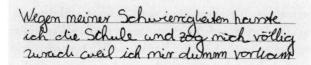

Juljana, 12 Jahre

4.3 | Lernblockaden aufbrechen – Motivation schaffen

»Ich hasse die Schule. Ich hasse sie wirklich!« So beginnt der Roman »35 Kilo Hoffnung« von Anna Galvada, in dem der Schüler David seine Karriere als Schulversager reflektiert. In der Regel ist ein Kind dazu erst nach einer therapeutischen Aufarbeitung der erlittenen Verletzungen fähig. Ähnlich erging es der Sechstklässlerin Juljana, die sich dies erst nach dem Aufarbeiten ihrer schriftsprachlichen und Selbstwertprobleme eingestehen konnte.

Kinder mit Lernblockaden suchen die Gründe für ihr Versagen zunächst meist bei sich, wie Befragungen von Betroffenen bestätigen (Naegele/Valtin 2001c, Naegele 2006d): »Ich bin dumm«, »Ich habe nicht genug gelernt«, »Ich bin krank«. Andere Kinder werden aufgrund ihrer Lese- und Schreibprobleme stumm und/oder reagieren mit Nägelkauen, Unruhe, Ängstlichkeit, Schlafstörungen, Bauchschmerzen bis hin zum Einnässen. Diese Signale werden oft falsch gedeutet, und es wird nicht selten versucht, sie mit Medikamenten zu unterdrücken. Das auffällige Verhalten wird als Trotz und Verweigerung statt als Hilferuf interpretiert. Und dann gibt es noch die Kinder, die aggressiv werden oder als Klassenclown auffallen (Zangerle 2001).

Die betroffenen Kinder berichten von hänselnden Kommentaren der Mitschüler beim stockenden Vorlesen, von negativen Kommentaren im Zeugnis oder zu Rechtschreibfehlern vor der Klasse, von Bezichtigungen, nicht geübt zu haben und von abwertenden Anmerkungen unter Arbeiten oder Hausaufgaben (vgl. Kap. 3.1). Hier Zitate einer Klassenlehrerin aus einem Zeugnisbrief:

> *Es ärgert mich furchtbar, wenn ein Schüler, der nicht blöd ist, seinen Kopf so wenig benutzt und sich vor der Arbeit drückt, wo es nur geht. Das Fach Deutsch fällt dir besonders schwer, aber dann musst du dich auch besonders anstrengen und dir zu Hause Hilfe holen. […] Wenn du ordentlich schreiben würdest, könntest du auch die Rechtschreibung erkennen und die Wörter lernen. Aber so kann man nur raten, was du geschrieben hast.*

Sicherlich hat diese Lehrerin ernsthaft geglaubt, ihren Schüler mit solchen Anmerkungen zum Lernen zu motivieren. Die Folge für den Viertklässler Franco war jedoch verheerend. Sie bestärkte ihn in seinem Glauben, ein Versager und für die Eltern nur das Problemkind zu sein.

Wie können Lehrerinnen und Lehrer helfen?

Eigentlich sollte man bei Lehrerinnen und Lehrern eine positive Grundeinstellung, auch gegenüber Kindern mit größeren Schwierigkeiten voraussetzen dürfen sowie das Wissen, dass Kinder lernen wollen. Bei der Förderung sollte daher das Folgende berücksichtigt werden:

An Interessen ansetzen und Schreibanlässe schaffen

Jedes Kind hat Interessen und Wünsche, die es herauszufinden gilt, um daran anzuknüpfen. Für Ronja waren es ihre Rennmäuse, über die sie Geschichten in die textfreien Bilderbücher von J. S. Goodall schrieb. Clara diktierte zunächst Horrorstorys, um ihre angestaute Wut auf den jüngeren Bruder abzuarbeiten (Kap. 10). Benedikt wiederum fand den Zugang zum Schreiben und Lesen über einen eigenen Text zum Bilderbuch von C. K. Dubois »Der Doktor wird krank«, in das er sein Wissen als Arztsohn einbringen konnte. Ähnlich anregend hat sich z. B. »Der Hühnerdieb« von B. Rodriguez erwiesen. Simon fand den Zugang zur Schrift über eine japanische Silbenschrift (Naegele 2011).

Für ältere Schülerinnen und Schüler (Kap. 3.4) lassen sich Bewertungen ihrer Computerspiele, Leserbriefe oder Texten zu eigenen Fotos als positive Schreibanlässe nutzen. Diesen Impulsen müssen jedoch Lese-, Schreib- und Rechtschreibübungen folgen, die den individuellen Entwicklungsstand berücksichtigen.

Die Blickrichtung ändern und Kinder positiv stärken

Echt gemeinte positive Kommentare beflügeln die Lernmotivation. Zählt die Lehrerin statt der Fehler die normgerecht geschriebenen Wörter in den Texten, so kann sich das Kind an seiner eigenen Schreibentwicklung messen: »Du hast diesmal 12 von 20 Wörtern richtig geschrieben, 5 mehr als letztes Mal! Du wirst immer besser!«

Werden die Fehlerwörter zusätzlich regelmäßig wiederholend mithilfe einer Lernkartei oder mit Wortlisten geübt, so können Erfolge langfristig aufgebaut werden. Manchmal ist es schwierig, die Geschichten von Kindern mit großen Schreibunsicherheiten »richtig« zu lesen. Es kann sinnvoll sein, beim Vorlesen mitzuschreiben oder sich die Geschichte in den Computer diktieren zu lassen. Solche eigenen Texte, die positive Bewertung im Unterricht oder bei Eltern erhalten, bewirken viel mehr als Sternchen und Aufkleber.

Die Eltern einbeziehen und Grenzen schulischer Hilfen erkennen

Bei länger andauernden Lernblockaden und auffälligem Verhalten sollte die Lehrkraft den Eltern eine fachliche Beratung vorschlagen. Die Mitarbeiterinnen oder Mitarbeiter der Beratungsstelle sollten Kompetenzen sowohl im Bereich des Lernproblems als auch in Psychologie aufweisen. Oft reicht bereits eine sorgfältige Analyse der Lern- und Lebenssituation des Kindes, um die Sichtweise der Eltern zu relativieren. Ihnen muss bewusst werden, dass sich ihr Kind ohnmächtig in einem eingespielten Druck- und Erwartungssystem von Schule und Elternhaus als Opfer ohne Chance fühlen kann, während Eltern und Lehrer meinen, dem Kind mit dem Lerndruck etwas Gutes zu tun.

Wie bereits erwähnt, haben Erwachsene oft unangemessene Vorstellungen über die Belastbarkeit von Kindern. Sie glauben fälschlicherweise, dass die Lernzeit Garant für Erfolg sein müsse, und glauben, dass Sanktionen und Strafen helfen.

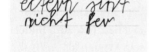

Jule, 10 Jahre

Jule, die einst noch in der 4. Klasse massiv mit dem Zugang zur Welt der Schrift zu kämpfen hatte, aber mit ihrer positiven Einstellung, intensiver lerntherapeutischer Unterstützung und viel »Kraft« inzwischen ihren Traumberuf als Ergotherapeutin erreicht hat, half damals ein Mutmachlied von Rolf Zuckowski in schwierigen Situationen: »Ich schaff das schon!«

Erwähnte und zitierte Kinderbücher und -CDs

Dubois, C. K. (1991): Bobby und Nunu. Der Doktor wird krank. Hamburg: Carlsen.
Goodall, J. S. (1999): Freche Fritzi. Hamburg: Carlsen.
Rodriguez, B. (2008) Der Hühnerdieb. Wuppertal: P. Hammer.
Zuckowski, R. (2010): Ich schaff das schon! Hamburg/Berlin: Musik für Dich/Universal.

Weiterführende, vertiefende Literatur

Endres, W. (2001): Nie wieder pauken. 99 starke Lerntipps. Weinheim: Beltz & Gelberg.
Johnen, W. (1999): Muskelentspannung nach Jacobson. München: Gräfe und Unzer.
Kaltwasser, V. (2008): Achtsamkeit in der Schule. Weinheim: Beltz.
Schwarz, A. & A. (2011): Muskelentspannung nach Jacobson. München: blv.

> Es fing schon in der ersten Klasse an, die andern konnten besser lesen und schreiben. Ich konnte Buchstaben nicht auseinander halten, jetzt geht es einiger maßen. Aber ich habe es immer noch nicht ganz raus.

Ulrich, 11 Jahre

5 Wie kann LRS im Anfangsunterricht vermieden werden?

So wie dem Fünftklässler Uli geht es vielen Kindern, deren Leben durch Schwierigkeiten mit der Schriftsprache geprägt ist. Zwar sind die Gründe, warum eine Reihe von Schülerinnen und Schülern den Zugang zur Schriftsprache so qualvoll erleben, individuell unterschiedlich, aber immer haben sie mit fehlender kognitiver Klarheit über den Aufbau unseres alphabetischen Schriftsystems oder falschen Vorstellungen darüber zu tun (Kap. 2). Die meisten Schulanfängerinnen und -anfänger erwerben die für den Schriftspracherwerb wichtigen Voraussetzungen quasi nebenbei durch ein schriftsprachnahes Elternhaus und/oder im Kindergarten. Anderen Kindern fehlen diese Voraussetzungen, z. B. weil sie in bildungsfernen oder Migrantenfamilien aufgewachsen sind. Sie konnten keine Erfahrungen im Umgang mit Büchern sammeln, durch gemeinsames Betrachten und Vorlesen durch die Eltern; sie haben den Umgang mit dem Stift kaum geübt und konnten Schrift nicht ausprobieren; sie haben nicht mit Sprache gespielt und sich nicht die Welt der Schriftzeichen erschlossen. All dies sind aber Grundvoraussetzungen, um einen positiven Zugang zur Welt der Schrift zu erhalten. Diese fehlenden Einsichten müssen sie im Unterricht nachholen können.

Andere Kinder zeigen vor der Einschulung kein Interesse, sich mit Schrift auseinanderzusetzen, zu malen, Bücher zu betrachten oder vorgelesen zu bekommen, weil sie über ihre Hobbys oder Interessen positive Zuwendung erhalten, oder weil ihnen der Umgang mit Stiften oder Buchstaben nicht leicht fällt. Und dann gibt es einzelne Kinder, die bereits mit Versagensängsten eingeschult werden, »wenn das Lesen und Schreiben vom Kind schon in der Vorschulzeit als eine unlösbare Aufgabe erlebt wird. Wenn z. B. Personen aus dem engeren Umfeld große Probleme beim Schriftspracherwerb haben oder hatten und darüber berichteten, z. B. die Eltern oder größere Geschwister« (Richter 2002, S. 114).

Eine Lehrkraft muss also wissen, welche Vorstellungen über Schriftsprache ihre Schülerinnen und Schüler in die Schule mitbringen, ob sie z. B. ihren Namen schreiben und bereits in seine lautlichen Bestandteile zerlegen können, ob sie wissen, welche Tätigkeiten mit Lesen und Schreiben verbunden sind, ob sie Schrift aus ihrer Umwelt kennen, was sie über den Zusammenhang von gesprochener Sprache und Schrift wissen u. a.

Erfolgt im Unterricht keine Berücksichtigung der individuellen Lernvoraussetzungen, so kann sich ein Kind – wie in der beschriebenen Fallstudie von David (Kap. 2) – rasch in der Schule und zu Hause als Versager fühlen und Ängste entwickeln. Die Lernmotivation verschwindet. Bleibt nun frühzeitige Hilfe aus und vergrößert sich der Abstand zur Bezugsgruppe, so stellen sich Misserfolgserlebnisse sowie Beeinträchtigungen des Selbstwertgefühls und der Gesamtpersönlichkeit ein. Wegen der Bedeutung, die die Schriftsprache für alles weitere Lernen und die Schullaufbahn hat, sind die Auswirkungen besonders katastrophal. Letztlich wächst die Gefahr, dass psychosomatische Störungen und Fehlentwicklungen entstehen, die Kinder »krank« machen können.

5.1 | Prävention durch frühe Förderung

Der Erwerb der Schriftsprache ist ein Prozess, der bereits in der Vorschulzeit beginnt. Kinder müssen den Aufbau der Schriftsprache erfassen, der unter konstruktivistischer Perspektive ein aktiver, selbstgesteuerter Prozess des Kindes ist.

Für erfolgreiches Lernen am Schulanfang ist es wichtig:
- die Kinder in vielfältigen Spiel-, Gesprächs-, Erzähl-, Vorlese- und Lernsituationen kennenzulernen und gleichzeitig zu fördern, um ihnen dann ihrem Entwicklungsstand entsprechende, differenzierte Lernangebote und Aufgaben bereitzustellen.
- das Selbstwertgefühl der Kinder zu stärken, sie positiv zu motivieren, erreichbare Lernziele zu setzen und sinnvolle Lernwege (Kap. 4.1) zu verstärken.
- von Anfang an auf eine richtige Schreibhaltung und Schreibbewegung zu achten, vor allem bei Linkshändern, und nicht zu früh eine verbundene Schreibschrift einzuführen.
- die unterschiedlichen Lernwege – Auge, Ohr, Kopf, Hand – in das Lernen einzubeziehen – allerdings nicht im kinesiologischen oder NLP-Sinn – und möglichst viel konkretes Anschauungsmaterial bereitzustellen. Beim Lesen und Schreiben bedeutet dies z. B., die erarbeiteten Schreibwörter visuell und lautlich durchgliedern und nachsprechen zu lassen. Dazu gehört das Hantieren mit Buchstaben und Wortkarten aus Moosgummi, Holz oder Pappe ebenso wie das Legen, Nachfahren, Schreiben von Buchstaben und Wörtern.

Durch sinnvolle Hilfen könnten die stigmatisierenden, mit den Lernprozessen wenig verbundenen medizinischen Zuschreibungen entfallen, und Kindern und ihren Familien viel Leid und Kosten erspart werden.

> *Wenn Kinder in die Schule kommen, befinden sie sich an unterschiedlichen Stationen auf dem Weg zur Schrift. Dies betrifft ihre Zugriffsweisen, ihre Vorstellungen über Schrift und ihr individuelles Lernverhalten. Bei Schuleintritt ist Sprache nicht nur Mittel zum Zweck, sich auszudrücken, sondern sie wird zunehmend zum Gegenstand der Betrachtung. Sprache tritt in das Bewusstsein des Kindes. Deshalb muss bei der Feststellung von Schulfähigkeit die Berücksichtigung von metasprachlichen Fähigkeiten eine Rolle spielen. Der Schriftspracherwerb stellt erhebliche Anforderungen an die sprachlich-kognitiven Fähigkeiten von Schulanfängern und -anfängerinnen. Kinder müssen sich von der subjektiv erlebnisbezogenen Vorstellung über Sprache lösen und ihre Aufmerksamkeit auf formale Aspekte von Sprache lenken, was für die Lernenden bedeutet, dass sie sich bewusst mit ihrer Sprache auseinandersetzen müssen.*
> (Füssenich u. a. 2003, S. 197)

Das von den Autorinnen beklagte Festhalten am Konzept der Teilleistungsstörungen in der Sonderpädagogik ist leider auch noch in den Köpfen von Grundschullehrerinnen und -lehrern zu finden:

> *Bisher wurden in der Sonderpädagogik Schwierigkeiten von Kindern im Anfangsunterricht fast ausschließlich an angeborenen Defiziten wie Teilleistungsschwächen und mangelnder Merkfähigkeit festgemacht. Dass Kinder aufgrund ihres sprachlich-kognitiven Entwicklungsstands die Anforderungen des Unterrichts nicht erfüllen können, wurde bisher nicht gesehen. Das hat aber gravierende Konsequenzen für das schulische Lehren und Lernen. Durch die Orientierung an Entwicklungsmodellen des Schriftspracherwerbs ist es erforderlich, Instrumentarien zur Lernstandsdiagnose zu entwickeln und zu erproben, um aus dem detailliert beschriebenen Entwicklungsstand des einzelnen Kindes Fördermaßnahmen abzuleiten.* (Füssenich u. a. 2003, S. 197)

Der Anfangsunterricht hat die Aufgabe, »die Kinder in ihrer Verschiedenheit wahrzunehmen und ihren unterschiedlichen Zugängen zur Schriftsprache Raum zu geben, sodass sie von ihren individuellen Voraussetzungen her die nächsten Schritte tun können« (Brügelmann 2003, S. 7). Die Funktion von Schrift als Kommunikationsmittel sollte ihnen von Beginn an erfahrbar und einsichtig gemacht werden. Wenn dies gelingt, müssten viel weniger Kinder scheitern! Dazu müssen, falls es nicht im Elternhaus oder in der vorschulischen Einrichtung erfolgt, im Anfangsunterricht eingeplant werden:
- eine möglichst weitreichende Sprachförderung (Wortschatz, Vorlesen, Erzählen, Bücher betrachten, Malen, erste Schreibversuche),

- spielerische Erfahrungen mit Schrift und Schriftsprache durch Sprachspiele, Lieder, Zungenbrecher, Reime (Naegele/Haarmann 1993), durch die die Motivation für das Lesen- und Schreibenlernen gefördert wird,
- das Erforschen von Sprache (Übungen zur Reimbildung, Silbensegmentierung, Zeichen in der Umwelt erkennen u. a.).

Diese Erfahrungen sind für die Ausbildung phonemanalytischer Kompetenzen wichtig. Wird dies versäumt oder ein Kind durch zu schnelles Voranschreiten im Unterricht überfordert, ist die Lernentwicklung gefährdet. Andere Hürden, die das Lernen erschweren können, sind fehlende Erfahrungen mit Schreibutensilien oder eine verzögerte Sprachentwicklung.

Die Forderung der KMK in ihren »Grundsätzen zur Förderung von Schülerinnen und Schülern mit besonderen Schwierigkeiten beim Lesen und Rechtschreiben« (2003) nach förderdiagnostischer Beobachtung der Lernausgangslage impliziert, dass nicht die Ergebnisse punktueller normierter Tests, sondern die kontinuierliche förderdiagnostische Analyse der Arbeiten eines Kindes im Mittelpunkt der schulischen Förderung stehen soll, um differenzierte Einsichten in die Lernprozesse eines Kindes und seine psychischen Reaktionen zu erhalten. Dies können vor allem die unterrichtenden Lehrkräfte und die Eltern leisten.

5.2 | Was ist im Anfangsunterricht zu beachten?

Es geht um den Erwerb von Einsichten in die Funktion und den Aufbau des Lerngegenstands Schriftsprache. Wichtige Fragen sind:
- Was weiß das Kind schon über Schriftsprache?
- Welche Kenntnisse über Buchstaben, über den Buchstaben-Laut-Bezug und über andere sprachliche Einheiten (»Was ist ein Wort?«, »Was ist ein Satz?«) bringt es mit?

Derartige Kenntnisse lassen sich im Gespräch mit dem Kind erfragen und durch die Analyse freier Schreibungen feststellen oder durch das Vorlesenlassen, das aufgenommen wird, um später genauer analysiert werden zu können. Außerdem sollte dem Kind aus einem Buch seiner Wahl vorgelesen werden und anschließend mit gezielten Fragen herausgefunden werden, was das Kind davon verstanden hat.

Da Kinder sich in ihren Lernvoraussetzungen am Schulbeginn um bis zu drei Jahren unterscheiden können, muss der Unterricht die jeweils unterschiedlichen Lern- und Entwicklungsstände berücksichtigen. Wie bereits in Kapitel 1 ausgeführt, bringen Kinder ihre bisherigen Erfahrungen mit Schrift und Sprache ein, die im Einzelfall natürlich sehr unterschiedlich sind.

Kinder, die sich mit dem Zugang zur Schriftsprache schwertun, vermissen meist Erfahrungen, die im sprachlich-kognitiven Bereich liegen, sowie in der Regel adäquate Lern- und Arbeitstechniken. Sie müssen nach der »Theorie der kognitiven Klarheit« (Valtin 2001b, S. 49) beim Schriftspracherwerb zu einer gedanklichen Klarheit in Bezug auf Funktion und Aufbau der Schrift gelangen, Einsicht in die alphabetische Struktur unserer Schrift gewinnen und adäquate Lernstrategien erwerben.

Wie kann der Entwicklungsstand im Lesen und Schreiben im Anfangsunterricht festgestellt werden? Einige Vorschläge | 5.3

Anregungen für Kinder zur Vorbereitung auf das Lesen und Schreiben, sich für Schrift zu interessieren und sich mit Schrift und Sprache gezielt auseinanderzusetzen, finden sich in vielen Vorschulmaterialien u. a. in Sasse (2007): »Das schaffe ich! – Basisheft«.

Zur Analyse beim Schreiben eignen sich zunächst Verfahren wie »Das leere Blatt«, mit deren Hilfe beobachtet werden kann, wie Kinder gemeinsam ein Blatt Papier mit Stiften gestalten. So lässt sich erkennen, welche Erfahrungen sie mit Schrift mitbringen und welches Lernverhalten sie zeigen (Dehn/Hüttis-Graff 2006, S. 28–44, S. 131).

Eine umfangreiche Sammlung an Beobachtungshilfen, Diagnoseverfahren und Lernhilfen, um Lese-Rechtschreibschwierigkeiten möglichst früh entgegenzuwirken, bieten Dehn/Hüttis-Graff (2006).

Zur Überprüfung der Vergegenständlichung der Sprache kann der sogenannte »Bosch«-Test herangezogen werden. Bernhard Bosch (1937) hat Kindern Fragen gestellt, um herauszufinden, ob sie Sprache »vergegenständlichen«, d. h. von ihrer Bedeutung absehen können. Solche Fragen sind: »Welches Wort ist länger, das Wort ›klitzeklein‹ oder das Wort ›groß‹?«, »Was klingt länger: ›Piepvögelchen‹ oder ›Kuh‹?«. Wichtig ist laut Bosch (1937/1984, S. 83 ff.), das Kind nach der Begründung zu fragen, um herauszufinden, ob seine Antwort komplexbedingt oder gegenstandsbezogen ist.

Vielfältige Beobachtungshilfen und Fördermaßnahmen haben u. a. Valtin (2001b), Forster/Martschinke (2001) sowie der Grundschulverband (Bartnitzky u. a. 2005 und 2006) zusammengestellt.

Als Download auf der Produktseite zum Buch auf www.beltz.de
Was kannst du lesen? Buchstaben, Wörter, Sätze (Naegele/Valtin 2008: Handreichung zu »Das schaffe ich! A+B«)
Üben von Häufigkeitswörtern: Ich übe (Naegele/Valtin 2006: Das schaffe ich! Heft A; © Bildungshaus Schulbuchverlage Westermann Schroedel Diesterweg Schöningh Winklers GmbH)
Lesetext: Im Urwald (Naegele/Valtin 2007: Das schaffe ich! Heft B, S. 30)

Material aus »Deutsch differenziert«, H. 3/2006; weitere Materialien und Artikel finden Sie unter www.deutsch-differenziert.de in der Rubrik »Suchen und Finden« → »Einzelheftarchiv«:
Schreibanregung: Was ich mag – was ich nicht mag
Freies Schreiben: Du hast drei Wünsche frei
Leseverständnis: Lesen und malen
Arbeitstechnik: Ich übe richtig schreiben

Weitere Downloads in Kapitel 3.3

Erwerbsstufen und ihre Bedeutung in der förderdiagnostischen Arbeit

Freie Texte des Kindes können mithilfe von Entwicklungs- oder Stufenmodellen der Schriftsprache, wie in Kapitel 2 dargestellt, analysiert werden. Das ermöglicht Aufschlüsse über das Verschriftungsniveau. Auch beim Lesen gibt es charakteristische Entwicklungsschritte. Bei den einzelnen Entwicklungsstufen handelt es sich um Strategien, die Kinder anwenden, wenn sie ihnen unbekannte Wörter schreiben sollen. Dabei ist die Förderung der alphabetischen Strategie besonders wichtig, damit Kinder den Zusammenhang zwischen der gesprochenen und geschriebenen Sprache begreifen, d. h. die Beziehungen zwischen Lautstrom und Buchstaben und Buchstabengruppen. Daneben verfügen Kinder über einen allmählich anwachsenden Bestand an gelernten Wörtern, die zunächst auswendig gelernt werden, wobei der Wortschatzumfang zwar begrenzt ist, aber durchaus orthografisch schwierige Wörter umfassen kann. (Das Vorschulkind Koko kann zwar »Bagger« schreiben und erkennt das Wort wieder, hat aber ansonsten kaum Einsichten in den Zusammenhang von Lautung und Schrift.) Besonders bei schwierigen Konsonantenverbindungen haben viele Kinder Schwierigkeiten mit der Lautanalyse.

Welche Rolle spielt die Schrift im Anfangsunterricht?

In Fortbildungsveranstaltungen fällt auf, dass Lehrkräfte in ihrer Konzentration auf die kommunikative Funktion von Schrift oft die grafomotorische Umsetzung vernachlässigen. So wird der systematischen Einübung der Bewegungsabläufe und deren Kontrolle durch die Lehrkraft – bereits bei der Druckschrift, mehr noch bei der Einführung der Ausgangsschrift im zweiten Schuljahr – häufig zu wenig Aufmerksamkeit gewidmet.

Anhand eines Fallbeispiels (Naegele 2010) werden einige wichtige Aspekte in der Schreiberziehung genannt und Anregungen für einen positiven Zugang zum Schreiben aufgezeigt.

Erfahrungen mit Schreibwerkzeugen

Die Ausgangssituation

Yunus fehlt beim Eintritt in die Schule die sogenannte »Literacy-Erziehung«. Gemeint ist die in der frühen Kindheit im Elternhaus oder in vorschulischen Einrichtungen stattfindende Vorbereitung auf das schulische Lernen: sprachliche Erfahrungen, Wissen um die Funktion von Schrift, Umgang mit Mal- und Schreibwerkzeug, Vertrautheit mit Büchern, Motivation zum Lesen- und Schreibenlernen.

In der Familie von Yunus wird Türkisch gesprochen. Er hat wenig Kontakt mit Büchern und Schrift. Der Fernseher ersetzt das Vorlesen. Malen und Basteln werden zu Hause auch nicht für wichtig erachtet. Zwar ist seine Grobmotorik vor allem durch das Fußballspielen gut entwickelt, und im Sprachförderkurs vor der Einschulung konnten seine Sprachkenntnisse in Deutsch erweitert werden, aber für die Förderung der normgerechten Schreibweise der Buchstaben bleibt bei der Fülle an Aufgaben im Unterrichtsalltag wenig Zeit. Hilfestellung durch die Eltern kann nicht erwartet werden.

Welche Hilfen sind sinnvoll?

Schreibwerkzeug

Kinder, denen Erfahrungen mit Schreibwerkzeugen fehlen, brauchen im Anfangsunterricht vielfältige Anregungen, um die fehlenden Fertigkeiten nachzuholen. Sie benötigen leere Blätter und weiche Blei- und Buntstifte, Schere, Tafel, Griffel, aber keine Filzstifte, Kugelschreiber, Schablonen oder vorgefertigten Übungshefte. Der Umgang mit Schreibpapier und Stiften muss geübt werden, zunächst ohne Vorgaben und Linien.

Bereits bei der Einführung der Druckbuchstaben sollte beachtet werden, dass sie vom Bewegungsablauf richtig angelegt werden. Dies erleichtert den Übergang zur Schreibschrift und somit einen ökonomischen Schreibfluss.

Das Schreiben mit Füller sollte frühestens in Verbindung mit der Einführung der Schreibschrift – meist im zweiten Schuljahr – eingeführt werden. Statt Füllhalter erleichtern Tintenroller mit auswechselbaren Patronen das Schreiben und unterstützen die richtige Stifthaltung, wenn sie in Dreiecksform vorliegen oder mit Griffmulden versehen sind.

Stifthaltung

Mit der Hand schreiben ist eine hochkomplexe Tätigkeit, an der mehr als 50 Muskeln beteiligt sind. Damit sich Kinder keine falsche Griff- und Schreibhaltung angewöhnen, die bei ansteigender Schreibgeschwindigkeit zu Verkrampfungen des abgeknickten Handgelenks führen kann, sollte von Anfang an die Griffhaltung beim Malen und Schreiben beobachtet und auf den richtigen Vollzug geachtet werden. Oft wird der Stift zunächst mit zu viel Muskelkraft gehalten, sodass der Druck unnötig groß ist.

Vorschulkinder benutzen meist den sogenannten Pfötchengriff, bei dem der Stift oder die Kreide mit Daumen, Zeigefinger, Mittel- und Ringfinger gehalten wird. Dieser sollte sich im Verlauf des ersten Schuljahrs zur dynamischen Tripodenhaltung entwickeln: Daumen, Zeige- und Mittelfinger bilden das sogenannte Tripod (Stativ), der Stift ruht leicht auf dem Mittelfinger wie in einer Hängematte, das Stiftende zeigt zur Schulter, das Handgelenk und die Finger bleiben beweglich.

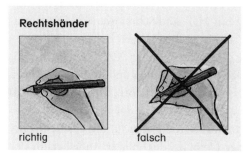

Abb. 14: So sieht die Tripodenhaltung aus (aus: Naegele/Valtin 2007, Das schaffe ich! Heft B; © Bildungshaus Schulbuchverlage Westermann Schroedel Diesterweg Schöningh Winklers GmbH

Links- und Rechtshänder sollten sich idealerweise nicht in ihrer Griffhaltung unterscheiden, wohl aber sollten ihre Schreibunterlagen unterschiedlich ausgerichtet sein.

Wahl der Ausgangsschrift

Kindern ist die Druckschrift aus ihrer Umwelt schon vor dem Schuleintritt vertraut. Sie ist einfach und klar zu erkennen und deutlicher gegliedert als eine verbundene Schreibschrift. Als Anfangsschrift für das Lesen- und Schreibenlernen hat sich die Druckschrift durchgesetzt, wobei manche Fibelautorinnen und -autoren mit Großbuchstaben beginnen, andere mit Groß- und Kleinbuchstaben. Großbuchstaben eignen sich besonders für Kinder ohne vorschulische Erfahrungen mit Schrift und für Kinder, die mit der Anzahl unterschiedlicher Zeichen bei Groß- und Kleinantiqua überfordert sind.

Ab Ende der 1./Anfang der 2. Klasse wird in den meisten Klassen eine verbundene Ausgangsschrift eingeführt. In Deutschland standen dafür bislang drei Ausgangsschriften zur Verfügung, wobei in den westlichen Bundesländern die 1973 eingeführte Vereinfachte Ausgangsschrift (VA) vor der Lateinischen Ausgangsschrift (LA) präferiert wird und in den östlichen Bundesländern die dort seit 1968 gültige Schulausgangsschrift (SAS). Seit 2010 wird eine neue Alternative »Grundschrift als handgeschriebene Druckschrift« (Bartnitzky 2011, S. 21) erprobt.

»Mit der Grundschrift beginnen darf man überall«, stellt Brinkmann (2011, S. 49) klar, denn sie sei für das Druckschrift-Schreiben mit der Hand entwickelt und soll die Einführung einer verbundenen Ausgangsschrift im zweiten Schuljahr überflüssig machen. Diese wird bislang in allen Bundesländern verlangt.

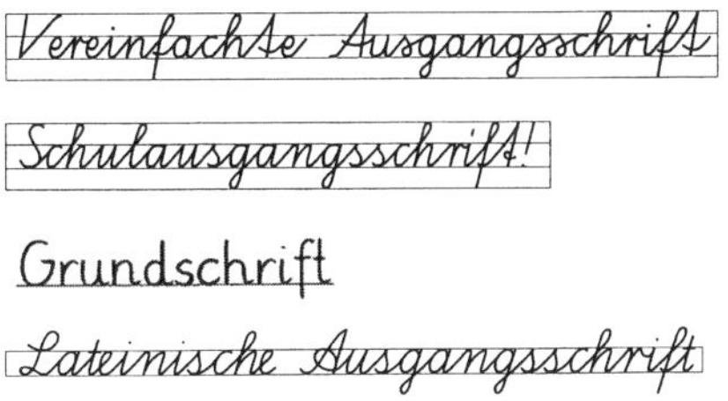

Vereinfachte Ausgangsschrift

Schulausgangsschrift!

Grundschrift

Lateinische Ausgangsschrift

Abb. 15: Die verschiedenen Schriftarten, die in der Grundschule Anwendung finden

Wird die Vereinfachte Ausgangsschrift als Ausgangsschrift eingeführt, so gibt es einige kritische Stellen, die einen flexiblen Umgang erfordern: So sind die Buchstaben »r« und »v« sehr ähnlich, und das »s« am Ende eines Wortes sollte nicht durchgezogen werden, da es sonst leicht mit dem »x« zu verwechseln ist. Am kritischsten ist jedoch das sogenannte »Köpfchen-e«, welches das »Schleifen-e« der Lateinischen Ausgangsschrift abgelöst hat und für viele Kinder sehr kompliziert ist. Selbst Grünewald, der zu den Entwicklern der VA gehört, empfiehlt:

Das Köpfchen-e kann im Zuge der Schreibentwicklung bei einigen Kindern auch in ein Schleifen-e übergehen. Das setzt aber voraus, das Schleifen-e an den vorhergehenden Buchstaben anzubinden und beide in einem Zug zu schreiben.

(Grünewald 1998, S. 30)

Topsch lehnt dies ganz ab: »Das sogenannte ›Köpfchen-e‹ erweist sich bestenfalls als unnötig und überflüssig, immer aber als Hemmnis und Erschwerung« (2005, S. 129).

Übergang von der Druck- zur Schreibschrift

Haben die Kinder mit der Druckschrift Sicherheit erlangt und ihre Feinmuskulatur trainiert, fällt ihnen die Umstellung auf ein zweites Buchstabeninventar mit einer der Ausgangsschriften leichter. Das Einüben der Bewegungsabläufe der Schreibschrift erfordert nun die gezielte Beobachtung jedes Kindes. Vorlagen, die den Bewegungsablauf der einzelnen Buchstaben sowie die Schreibrichtung anzeigen, können hilfreich sein.

Bei der Einführung einer Ausgangsschrift kommt es auf die Beachtung und Kontrolle der formgetreuen Ausbildung und der Verbindung zwischen den Buchstaben an, denn nur so kann sich eine flüssige und schnelle Schrift entwickeln. Übermäßige

Anspannung der Muskulatur und zu hoher Schreibdruck müssen reduziert werden, um Geschwindigkeit und Ausdauer zu fördern.

Zu beachten bleibt, dass die Ausgangsschrift keine Zielschrift ist, sondern die Grundlage, auf der Kinder ihre persönliche Handschrift entwickeln oder wieder zur Druckschrift zurückkehren.

Anhand von zwei Fallbeispielen werden weitere wichtige Aspekte in der Schreiberziehung und Anregungen für einen positiven Zugang zum Schreiben aufgezeigt.

Linkshändigkeit und Stifthaltung

Die Ausgangssituation

Leon ist Linkshänder. Bereits vor der Einschulung wurde er von seiner Mutter auf eine richtige Schreibhaltung vorbereitet, damit ihm die für viele Linkshänder bekannten Schwierigkeiten erspart bleiben. Um später zu vermeiden, dass er das mit Tinte Geschriebene verwischt und sich eine verkrampfte Schreibhaltung angewöhnt, hat sie darauf geachtet, dass er den Stift möglichst locker zwischen Daumen und Zeigefinger hält und seine linke Hand unterhalb der Zeile liegt.

In der 2. Klasse fiel der Mutter auf, dass Leon seine Schreibhaltung umzustellen begann und die Hand über der Zeile zu führen versuchte. Es stellte sich heraus, dass Leons neue Deutschlehrerin dies verlangt hatte, weil sie sich von dieser Schreibhaltung eine »schnellere Schrift« versprach.

Leon litt unter der Kritik und fehlenden Unterstützung seiner Lehrerin. Seine Freude am Geschichtenschreiben war gedämpft. Es bedurfte intensiver Gespräche, bis die Lehrerin schließlich bereit war, sich in der von der Mutter bereitgestellten Fachliteratur kundig zu machen, die richtige Schreibhaltung akzeptierte und Leon mit einem Tintenroller anstelle eines Füllers schreiben ließ.

Hilfen für Linkshänder

Es ist wichtig zu wissen, dass Linkshänder bei richtiger Anleitung genauso flüssig wie Rechtshänder schreiben können.

Da es Linkshändern leichter fällt, beginnen sie, auch wenn ihnen die richtige Schreibrichtung von links nach rechts bekannt ist, oft spiegelbildlich von rechts nach links zu schreiben. Zu beachten ist, dass sie sich nicht eine Schreibhaltung »von oben« mit abgeknicktem Handgelenk aneignen. Diese Handhaltung fällt Linkshändern mit Bleistift leichter, aber wenn sie ab dem zweiten Schuljahr mit Tinte schreiben, verwischen sie mit ihrer linken Hand das Geschriebene. Haben sie sich einmal an diese Haltung gewöhnt, ist es sehr mühsam – oder gar zu spät – umzustellen.

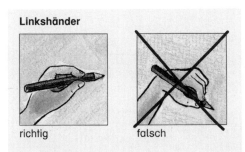

Abb. 16: So sehen richtige und falsche Stifthaltung für Linkshänder aus (aus: Naegele/ Valtin 2007, Das schaffe ich! Heft B)

Inzwischen gibt es für Links- und Rechtshänder Bleistifte und Buntstifte in ergonomischer Dreikantform und unterschiedliche Tintenroller, z. B. mit Metallschreibspitze oder verstellbarer Schreibspitze, die das Schreiben erleichtern.

Beim Üben von Fehlerwörtern hilft es Linkshändern, wenn sie das zu schreibende Übungswort am rechten Seitenrand sehen können, da sie links stehende Wörter mit ihrer schreibenden Hand verdecken. Schreibtischauflagen für Linkshänder mit Hinweisen zur Heftlage und Handhaltung unterstützen die Ausbildung einer lockeren, unverkrampften Schreibhaltung (Sattler 1996).

Während Rechtshänder den Stift von links nach rechts über das Blatt »ziehen«, müssen Linkshänder ihn nach rechts »schieben«.

Für den Schulerfolg gilt es, Folgendes zu beachten: Linkshänder
- benötigen spezielle Schreib- und Schneidegeräte,
- sollten immer auf einem linken Eckplatz mit geradem Blick zur Tafel sitzen,
- brauchen Licht von rechts,
- sollten Abschreibtexte rechts hinlegen,
- brauchen Lockerungsübungen für die Schultern und Handgelenke,
- müssen ihre Schreibunterlage schräg legen.

Das Wissen um die Unterschiedlichkeit der kindlichen Zugänge zur Welt der Schrift sowie die weit streuenden Lernvoraussetzungen der Kinder erfordern eine weitgehende Individualisierung der Lernprozesse im Anfangsunterricht, damit möglichst viele Kinder erfolgreich den Zugang zur Schriftsprache erleben.

Laura hat die kommunikative Bedeutung von Schrift verstanden. Sie schreibt in einem Brief:

> Die Schule macht mir Spas.
> Wir haben schon mit der
> Schraibschrift Angefangen.
> Meine Lerarin ist Net.
> Ich mag Sie ser.

Laura, 7 Jahre

Weiterführende, vertiefende Literatur (zum Teil mit Material)
Bartnitzky, H./Brügelmann, H./Hecker, U./Schönknecht, G. (Hrsg.) (2005): Pädagogische Leistungskultur. Materialien für Klasse 1 und 2 mit CD. Frankfurt/M.: Grundschulverband.
Bredel, U./Fuhrhop, N./Noack, Ch. (2011): Wie Kinder lesen und schreiben lernen. Tübingen: Francke.
Crämer, C./Füssenich, I./Schumann, G. (Hrsg.) (2004): Lesekompetenz erwerben und fördern. Braunschweig: Westermann.
Dehn, M. (2006): Zeit für die Schrift I: Lesen lernen und Schreiben können. Berlin: Cornelsen.
Dehn, M./Hüttis-Graff, P. (2006): Zeit für die Schrift II: Beobachtung und Diagnose. Berlin: Cornelsen.
Deutsch differenziert (2006): Lese-Rechtschreibschwierigkeiten im Anfangsunterricht. Heft 3/2006.
Forster, M./Martschinke, S. (2012): Leichter lesen und schreiben mit der Hexe Susi. 9. Auflage. Donauwörth: Auer.
Hofmann, B./Sasse, A. (Hrsg.) (2006): Legasthenie. Berlin: DGLS.
Naegele, I./Valtin, R. (Hrsg.) (2007): Das schaffe ich! Basisheft. Lesen und Schreiben vorbereiten. Erarbeitet von A. Sasse. Braunschweig: Schroedel.
Naegele, I./Valtin, R. (Hrsg.) (2007/2008): Das schaffe ich! Heft A und B + Handreichung. Braunschweig: Schroedel.
Sattler, J. B. (1996): Schreibunterlagenblock für Linkshänder. Donauwörth: Auer.
Valtin, R. (2001b): Schwierigkeiten beim Schriftspracherwerb. In: Naegele, I./Valtin, R. (Hrsg.): LRS – Legasthenie in den Klassen 1–10. Band 2. Weinheim und Basel: Beltz, S. 48–63.

> „Einmal in der Woche habe ich eine LRS-Förderstunde in der Schule. Wir sind 8 Kinder und arbeiten alle an Übungszetteln mit Lernwörtern, mit denen wir Aufgaben machen, z. B. wo die als Strichcode stehen oder wo man die Wörter nachfahren muss oder nach dem Alphabet ordnen." –

Moritz, 11 Jahre

6 Wie können Kinder mit LRS in der Grundschule gefördert werden?

6.1 Klagen über unzureichende schulische Förderung

> *Bei der Förderung blocken die Schulen häufig ab und schieben die Verantwortung für das »Versagen« auf das Kind. So hat man bei uns z. B. versucht, die LRS von Max durch seine LRS zu erklären. Auch wurde in diesem Zusammenhang von Krankheit oder Behinderung gesprochen, oder dass LRS schulformabhängig sei.* (Mutter von Max)

So klagt die Mutter von Max, und ähnlich äußern sich auch andere Eltern, deren Kinder mit Lese-Rechtschreibschwierigkeiten (LRS) keine hilfreiche schulische Förderung erhalten.

Dabei stellt die Kultusministerkonferenz in ihrem Beschluss für diese Schülerinnen und Schüler (vom 4.12.03 i. d. F. vom 15.11.2007) klar:

> *Ein Lese- und Schreibunterricht, der am jeweiligen Lernentwicklungsstand des Kindes ansetzt, ausreichend Lernzeit gibt und die Ergebnisse gründlich absichert, ist die entscheidende Grundlage für den Erwerb der Fähigkeit zum Lesen und Rechtschreiben.* (KMK 2003/2007, S. 1)

Bleibt die dafür unabdingbare Differenzierung und Förderung aus, so fehlt einer Reihe von Kindern wesentliche Einsichten in unser Schriftsystem. Damit sich der Rückstand in diesem zentralen Lernbereich nicht negativ auf alles Lernen und die seelische Situation des Kindes auswirkt, sind spätestens jetzt intensive schulische Fördermaßnahmen gefordert. Während in den KMK-Grundsätzen für Schülerinnen und Schüler mit LRS von 1978 der Bereich Förderung ausführlich dargestellt wird, fehlen in der Fassung von 2003/2007 inhaltliche Bezüge. Stattdessen wird behauptet:

> *Für Schülerinnen und Schüler mit erheblichen Schwierigkeiten beim Lesen und Rechtschreiben sind besondere Unterstützungsprogramme wie Intervallförderung oder Förderung in Zusatzkursen entwickelt worden.* (KMK 2003/2007, S. 2)

Rückblick

Das diagnostische Verfahren zur Erfassung der Schülerinnen und Schüler mit LRS erfolgte bis in die 1970er-Jahre dem damaligen theoretischen Konzept von Legasthenie entsprechend in den 2. Klassen, zunächst mit einem Rechtschreib- und/oder Lesetest sowie einem Intelligenztest als Gruppentest. Das Ziel war, die Kinder zu erfassen, die nach den jeweiligen landesspezifischen Eckdaten zur Gruppe der förderungswürdigen Kinder gehörten. Schulische Förderarbeit erfolgte häufig in jahrgangsgebundenen Fördergruppen in den Randstunden durch studentische Lehraufträge. Für diese Arbeit konnten sich z. B. in Frankfurt/M. Lehramtsstudierende zusätzlich qualifizieren, indem sie Seminare zu Fragen der Diagnostik, zum Spielen, zum Schriftspracherwerb (Lesen, Schreiben/Rechtschreiben) belegten und mindestens ein Semester in einem schulischen Förderkurs mitarbeiteten.

Seit Mitte der 1970er-Jahre entlud sich zunehmend die Unzufriedenheit in der Schulpraxis, Forschung und bei den Kultusbehörden (Kap. 1.1) über die Selektion der Kinder mit LRS und der Bedeutung der Testergebnisse für die Einstufung der Schüler in intelligente Förderwürdige oder Nicht-Förderwürdige. Dem wurde 1978 mit den ersten KMK-Grundsätzen zu LRS Rechnung getragen und Fördermaßnahmen auf *alle* »Schüler mit besonderen Schwierigkeiten beim Erlernen des Lesens und des Rechtschreibens« (so der Titel) ausgeweitet. Die schwierige Verwirklichung der Erlasse in den Schulen (Kap. 1) und der nach wie vor zu hohe Anteil an Kindern mit LRS spiegelt sich z. B. in der Stellungnahme der Deutschen Gesellschaft für Lesen und Schreiben e. V. (DGLS) wider, die 2006 unter Punkt 6 fordert:

> *Erfolge in der Förderung von Kindern mit Lese-Rechtschreib-Schwierigkeiten sind dann möglich, wenn günstige Rahmenbedingungen geschaffen werden:*
> *– Erweiterung der Unterrichtszeit, damit jedes Kind seinen Weg zur Schriftsprache finden kann,*

- mehr Lehrerstunden, damit bei zeitweiliger Doppelbesetzung intensiver auf die unterschiedlichen Förderbedürfnisse und Schwierigkeiten der Kinder eingegangen werden kann,
- Heranziehen von Fachleuten mit besonderen Förderkompetenzen in Fragen des Schriftspracherwerbs sowie Ausbildung von Lehrkräften zu Beratungs- oder Förderlehrer/innen bei schulischen Lernproblemen,
- Verbesserung der Ausstattung der Schulen mit Bibliotheken und Computern, und schließlich eine verbesserte Lehreraus- und -fortbildung in Fragen des Schriftspracherwerbs. (in: Hofmann/Sasse 2006, S. 16–17)

Förderung im Unterricht | 6.2

Individuelle Förderung ist die wesentliche Grundlage für schulisches Lehren und Lernen. Jeder Unterricht sollte vom Entwicklungsstand und den individuellen Potenzialen des einzelnen Kindes bzw. Jugendlichen ausgehen und sich an den jeweiligen Bildungsstandards orientieren. Individualisierte Lernpläne, Konzentration auf den Aufbau von Stärken und differenzierte Leistungsrückmeldungen unterstützen den Bildungserfolg. (Beschluss der KMK 2010, S. 6)

Auch in ihren LRS-Grundsätzen von 2003/2007 fordert die KMK, dass alle Kinder in der Schule ein Recht auf Förderung haben und jede Schule ein Förderkonzept entwickelt. Ein qualifizierter und möglichst differenzierter Erstunterricht im Lesen und Schreiben und die gründliche Aus- und Fortbildung der Lehrkräfte in Bezug auf die Didaktik und Methodik des Erstlese- und Erstschreibunterrichts seien die beste Voraussetzung dafür, dass möglichst wenig Schülerinnen und Schüler Schwierigkeiten haben.

Die sinnvollste Förderung ist zunächst die, die das Kind im Unterricht seiner Klasse erhalten kann: besondere Zuwendung durch die Lehrkraft oder eine zweite Person, gezielte, lösbare Aufgabenstellungen, mehr Lernzeit für langsamer lernende Kinder, stundenweise Verkleinerung der Lerngruppe, Verbleib in der gewohnten Umgebung. Auch aus organisatorischer Sicht ist zunächst eine *integrative Förderung im Klassenunterricht* vor allem in den ersten beiden Schuljahren jeder äußeren Differenzierung vorzuziehen. Allerdings bedeutet dies, dass Förderung gezielt am individuelllen Entwicklungsstand ansetzen muss. Die betroffenen Kinder müssen motiviert und ermutigt werden, um in der Lage zu sein, ihre individuellen Kompetenzen weiterzuentwickeln und sinnvolle Lern- und Arbeitstechniken einüben zu können. Zusätzliche, auf die jeweils individuellen schriftsprachlichen Kenntnisse abgestimmte Übungen und Lernangebote sollen Lernerfolge ermöglichen und damit das Selbstwertgefühl stärken.

Liegen jedoch bereits »besondere Schwierigkeiten beim Lesen und Rechtschreiben« vor, benötigen Kinder meist intensive Förderung, mehr Lernzeit und Zuwendung, die im Rahmen innerer Differenzierung im Unterricht ohne zusätzliche Fachleute oder angeleitete Studierende schwer zu leisten ist. Lang (2010, S. 13) hält daher den Anspruch, individuelle Förderung im Regelunterricht zu leisten, für einen »Papiertiger«. Er argumentiert, dass »Lehrkräfte von den Stärken der Kinder ausgehend nur dann zielgerichtet Lernprozesse anstoßen und begleiten können, wenn sie dies im Dialog mit dem Kind tun. Das kann nicht in den paar Minuten geschehen, in denen die Klasse alleine arbeitet und sie die Lehrkraft für kurze Zeit nicht benötigt.« Ohne verbesserte sächliche und vor allem personelle Rahmenbedingungen hält er eine Verbesserung der Bildungschancen für Kinder mit Lernschwierigkeiten für kaum leistbar.

6.3 | Förderunterricht

Förderunterricht muss nicht unbedingt fördernder Unterricht sein. Eine wöchentliche Einzelworttrainingsstunde, wie sie Moritz zu Beginn dieses Kapitel beschreibt, die dann in einem Diktat endet, das die Schüler selbst gegenseitig korrigieren, ist ein hilfloses Kurieren am Symptom, aber nicht an den individuellen Lernständen der Kinder orientiert. Unter Förderunterricht läuft auch oft eine Art »Nachhilfe«, bei der der Stoff des Deutschunterrichts noch einmal wiederholt wird, ohne den Kindern einen neuen Zugang dazu zu ermöglichen.

Bekannt sind die Untersuchungsergebnisse von Klicpera und Gasteiger-Klicpera über Legasthenikerfördermaßnahmen an Wiener Grundschulen (1993, S. 260–265), die nach zweijähriger Förderung keine Effektivität gegenüber nicht-geförderten Kindern in der Lesesicherheit, Lesegeschwindigkeit, dem Leseverständnis oder dem Rechtschreiben zeigten. Die Autoren der Studie erklären den fehlenden Erfolg der Förderung mit der Ausrichtung der Kurse am traditionellen Legasthenikonzept »nicht nur bei der Auswahl der Kinder, sondern auch in der inhaltlichen Konzeption« (S. 262), der Betonung des lauten Einzelwortlesens, Schreibübungen zu einzelnen Fehlerschwerpunkten (vor allem die Unterscheidung von »ie«/»ei« und »b«/»d«) und der häufigen Anwendung von Funktionsübungen.

> *Die Evaluationsforschung im Bereich der Förderung bei Lese-Rechtschreib-Schwäche hat eindeutig gezeigt, dass isolierte »Funktionsübungen« (z. B. Training der visuellen Wahrnehmung) keinen Effekt auf die Lese- und Rechtschreibleistungen haben. [...] Am effektivsten sind Lese- und Rechtschreibtrainings, die unmittelbar am Problem ansetzen, klare Handlungsanweisungen geben und Lernstrategien vermitteln. Als flankierende Maßnahme ist eine emotionale Unterstützung notwendig, die das Selbstbewusstsein und die Leistungsmotivation stärkt.*
>
> (Scheerer-Neumann 2008a, S. 270)

Konzepte für einen integrativen Förderunterricht, der Kindern, die Misserfolg erlebt haben, positive Motivation und neue Zugänge zur Schriftsprache vermittelt, haben sich in der Praxis besser bewährt (Frauenfeld 2001, Rathenow/Völge 1982, Naegele 2001, 2011) als andere Formen schulinterner Fördermaßnahmen wie Hausaufgabenbetreuung, Differenzierungsstunden, kurzfristige Förderschleife (Bartnitzky 2010), Computerprogramme (Zimdars/Zink 2003), Förderung durch Schülerinnen und Schüler (Ahlering 2006) u. a.

Konzepte erfolgreichen Förderunterrichts

Kinder, deren schriftsprachliche Entwicklung erheblich langsamer ist als die der Mitschülerinnen und Mitschüler und damit Auswirkungen auf ihre Lernmotivation und ihre Selbstwertgefühl hat, benötigen eine gezielte zusätzliche Förderung in Kleingruppen oder Einzeltherapien (Kap. 9).

Für erfolgreiche Förderung ist wichtig, dass sie
- regelmäßig jede Woche mit insgesamt zwei Wochenstunden erfolgt,
- systematisch und zielgerichtet angelegt ist und
- alle Beteiligten (Kolleginnen und Kollegen sowie Eltern) einbezieht.

Mit Rathenow/Völge (1982), Breuninger/Betz u. a. (1982) und Frauenfeld (2001) halte ich nur einen integrativen Förderansatz für sinnvoll, um Schülerinnen und Schülern mit LRS bei der langfristigen Überwindung ihrer Schwierigkeiten zu helfen. Der Förderunterricht sollte neben Lesen, Schreiben und Rechtschreiben die Elemente Spiel, Gespräch, Arbeits- und Lerntechniken beinhalten und möglichst viele Interessen und Bedürfnisse der einzelnen Kinder aufgreifen. Im Zentrum der Fördermaßnahmen stehen:
- das Schaffen neuer Motivation,
- Abbau der negativen Einstellung zur Schriftsprache mithilfe von Erfolgserlebnissen durch kleine Lernschritte,
- Aufbau der fehlenden schriftsprachlichen Grundlagen und Einsichten mit kontinuierlichen förderdiagnostischen Analysen,
- das Schaffen von Motivation für den Erwerb schriftsprachlicher Fertigkeiten in konkreten Handlungsbezügen,
- klare Handlungsanweisungen und feste Strukturen,
- Positivbewertung, Lob und Ermutigung,
- Vermittlung von Entspannungs-, Lern- und Arbeitstechniken,
- Ausbau der individuellen Stärken, Entwicklung von Selbstvertrauen, Veränderung der Selbstsicht.

Gerade Schüler mit Lernschwierigkeiten brauchen offensichtlich viele Phasen intensiver Instruktion, in denen sie beim Erwerb bestimmter Qualifikationen direkt angeleitet werden, und sie brauchen ausreichend Zeit und Gelegenheit, das einmal Erlernte durch systematisches Üben zu sichern. (Schründer-Lenzen 2007, S. 200)

Wie bereits in Kapitel 2 und 5 ausgeführt, ist eine sorgfältige individuelle förderdiagnostische Analyse der Stärken und Schwierigkeiten der Kinder Voraussetzung für gezielte Hilfen, nicht die Ergebnisse punktueller normierter Testverfahren. Dazu eignen sich neben der Beobachtung, Gesprächen und Lernstandsanalysen Spiele mit Sprache, Fragebogenaktionen, kleine Schreibprojekte und Lesesituationen, die ausgewertet werden.

Zu Beginn der Förderarbeit helfen Spiele und Gespräche, damit die Lernenden ihre emotionale Ausgeglichenheit (zurück-)gewinnen und eine entspannte Zusammenarbeit in angstfreier Atmosphäre ermöglicht wird. Mit fortschreitender Förderarbeit nehmen die »Kulturtechniken« immer größeren Raum ein.

Im Verlauf der Förderarbeit verändern sich die Bereiche »Emotionaler Ausgleich«, »Lesen« und »Schreiben«. Bedingt durch die oft ungünstigen Kurszeiten in Randstunden – damit kein Regelunterricht versäumt wird –, behalten Spiele und Gespräche aber einen wichtigen Platz.

Klare Strukturen und gemeinsam mit den Kindern entwickelte Rituale fördern die Zusammengehörigkeit der Gruppe und den Lernerfolg. Dazu gehören:

- Gesprächsrunden im Sitzkreis, in denen aktuelle Anlässe ausgetauscht und der Stundenverlauf festgelegt werden. Stundenprotokollblätter, die von den Kindern mit Unterstützung der Kursleitung geführt werden, sind ein von allen akzeptierter Schreibanlass, zumal sie, in einem Ordner gesammelt, oft bei Diskussionen klärend wirken.
- individualisiertes, gezieltes, schrittweise aufeinander aufbauendes Schreib- und Rechtschreibtraining, das die persönlichen Interessen der Kinder einbezieht, daneben das Schreiben freier Texte, Karteiarbeit, Schreibgespräche, Spiele mit Sprache. Während dieser Arbeit kann die Lehrkraft die Unterlagen der einzelnen Kinder durchgehen, individuelle Hilfen und gezielte Erklärungen geben.
- unterschiedliche Formen der Leseförderung: Einüben sinnvoller Lesestrategien (Strukturierungshilfen wie Lesepfeil, Blitzlesen, Fragen an einen Text stellen), Vorlesen durch die Lehrkraft, stilles Lesen kurzer Texte mit Fragen, deren Antworten in der Gruppe oder einzeln besprochen werden, Lesegespräche, Lösen von Denkaufgaben (Logicals), das Lesen von Büchern, dessen Leseverständnis mit gezielten Fragen überprüft werden kann, z. B. über die Internetseite Antolin (Schroedel), Spiele und Entspannungsübungen (wie z. B. Kreis-, Bewegungs-, Sprachspiele mit und ohne Material).

Die einzelnen Phasen des Förderunterrichts sollen relativ kurz und abwechslungsreich gestaltet werden und möglichst allen Kindern Erfolgserlebnisse vermitteln.

Für die Verbesserung der Lernmotivation und den Aufbau von Selbstvertrauen hat es sich als sehr positiv erwiesen, wenn in die Förderung Projekte einbezogen sind: Kinder erstellen eine Zeitung, nehmen an Wettbewerben teil, entwickeln neue Spiele, schreiben ein eigenes Spielbuch oder gemeinsam einen Krimi, entwerfen Logicals, korrespondieren mit anderen Fördergruppen übers Internet, schreiben Rezensionen u. a. (Naegele 1994a, 2001a, b).

Elternarbeit

Elternarbeit ist wichtig, da Lern- und Verhaltensauffälligkeiten oft auch Kommunikations- und Beziehungsprobleme mit der Umwelt bedeuten. Daher sollten Gespräche mit Eltern, Elternabende, Hospitationsangebote und individuelle Gespräche Teil des Förderkonzepts sein. Sie verbessern das Vertrauensverhältnis zwischen Schule und Elternhaus, was für erfolgreiches Lernen wesentlich ist. Motivierte Eltern unterstützen Projekte und begleiten die Gruppe bei Ausstellungs- oder Büchereibesuchen.

Grundsätze der Förderung werden in Kapitel 3.1 und die einzelnen Elemente der Förderarbeit (Spiel, Lesen, Schreiben, Rechtschreiben, Lern- und Arbeitstechniken, Konzentration) in Kapitel 3 vorgestellt. Bausteine der Förderung werden in Kapitel 9 ausführlich dargestellt. Im folgenden Beispiel wird deutlich, wie gezielte Förderung gelingen kann.

Anna, ein Beispiel für gezielte Förderung

> **Beispiel**
>
> Anna ist Schülerin einer 2. Klasse. Bis zu ihrem Schulwechsel Ende der 1. Klasse hat sie – und haben auch ihre Eltern – mit der Institution Schule und dem Schriftspracherwerb kaum positive Erfahrungen gemacht. Vor dem Schulanfang wurde sie nach vielen medizinischen Untersuchungen, die ihr gravierende Teilleistungsschwächen attestierten, zunächst ein Jahr zurückgestellt. Dem Zeugnis der 1. Klasse ist zu entnehmen, dass sie sich mit »nahezu endloser Geduld mit den dargebotenen Materialien beschäftigt« habe. Erst nach einem Schulwechsel fiel der neuen Klassenlehrerin auf, dass Anna ihre Geschichten überwiegend nach ihrer Artikulation zu verschriften versuchte, die wegen fehlender Wortgrenzen und Satzzeichen nicht leicht zu entziffern waren, z. B.:

ich mg nech frureaufschten (Anna, 9 Jahre)
Übersetzung: »Ich mag nicht früh aufstehen.«

Annas Förderung wird unter drei wichtigen Fragen aus dem Blickwinkel des Kindes dargestellt:
- Was kann das Kind schon?
- Was muss es noch lernen?
- Was kann es als Nächstes lernen? (Dehn/Hüttis-Graff 2006, S. 18)

Was kann Anna?

Die unten abgedruckte Geschichte hat Anna Mitte der 2. Klasse in Schreibschrift ins Heft geschrieben. Dank gezielter Förderung durch die neue Klassenlehrerin kann sie inzwischen beim Schreiben die alphabetische Strategie anwenden, wobei sie trotz Atemübungen die Frikate /f/ und /v/ noch verwechselt. Abgesehen von der fehlenden Großschreibung von Nomen und fehlender Satzzeichen hat Anna viele Wörter, die zum geübten Schreibwortschatz gehören, inzwischen normgerecht geschrieben. Zwar ist sie in der Buchstabenbildung der neu eingeführten Schreibschrift noch unsicher, aber sie lehnt Druckschrift ab, weil sie bei den Freundinnen nicht negativ auffallen will.

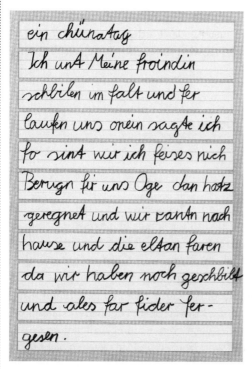

Anna, 9 Jahre

Übersetzung:
»Ein schöner Tag« Ich und meine Freundin spielen im Wald und verlaufen uns. »O nein«, sagte ich, »wo sind wir?« »Ich weiß es nicht.« »Warum weißt du's nicht?« »OK! Beruhigen wir uns erstmal.« Dann hat's geregnet und wir rannten nach Hause. Die Eltern waren da und wir haben noch gespielt und alles war vergessen.

Was muss Anna noch lernen?

Diese Geschichte mit Dialog zwischen Freundinnen ist wegen der fehlenden Satzzeichen nicht leicht zu entschlüsseln. Im Gespräch mit Anna und beim Vorlesen soll die Lehrerin die Bedeutung von Satzzeichen vorsichtig thematisieren. Am wichtigsten ist, dass Anna ihre Schreibfreude beibehält. Ihre Texte sollen in einer Mappe gesammelt und eine Auswahl nach eigener Bearbeitung am Computer als Lesetexte in der Klasse oder in der Familie gewürdigt werden. Aus der Analyse ihrer Texte lassen sich Wortlisten mit besonders häufig gebrauchten Wörtern erstellen, die sie wiederholt schreibend und lesend festigen soll. In Gesprächen mit der Lehrerin und der Förderlehrerin sollen die Großschreibung von Nomen und der noch unsichere Wortbegriff vorsichtig geübt werden.

Was kann Anna als Nächstes lernen?

Als nächste Schritte soll Anna mit der Förderlehrerin üben, ihre Aufmerksamkeit auf die Artikulation der bislang verwechselten Frikate [v] und [f] mit Unterstützung von entsprechenden Wortkarten zu lenken. Beim sorgfältigen Sprechen des Anlauts im Wort »Fahrrad« würde sich ein Wattebausch auf ihrer Hand bewegen, beim Wort »Wald« nicht. So kann die Unterscheidung zwischen stimmhaften und stimmlosen Lauten unterstützt werden. Häufig von ihr verwendete Wörter soll sie systematisch schriftlich in Wortlisten üben, getrennt nach »f« und »w«. Für Topsch gilt, dass beim Verwechseln des w-Lauts und des f-Lauts, die artikulatorisch an der gleichen Stelle gebildet werden, das Kind nicht umlernen, sondern »lernen muss, dass nicht alles, was man am Artikulationsort von [f] bildet, in der Schrift durch »f« dargestellt wird« (2005, S. 154). Die Phonemanalyse soll durch Silbensegmentierung unterstützt werden, damit Anna alle Redeteile schreiben lernt.

Ende der zweiten Klasse zeigt Anna Fortschritte. Im Sechs-Wörter-Test (plus Hund als selbst gewähltes Wort) (Dehn/Hüttis-Graff 2006, S. 125, S. 135) hat sie vier der insgesamt acht Wörter (»Sofa«, »Mund«, »Limonade«, »Mauer«, »Turm«, »Reiter«, »Kinderwagen«, »Hund«) richtig verschriftet. Drei Wörter sind an ihrer Artikulation orientiert: »limunade«, »Muntt«, »Sofer«; die Großschreibung von Nomen ist – wie in ihren Geschichten – noch unsicher (»limunade«), ebenfalls ihr Wortbegriff (»Kinder wagen«).

Abb. 17: Sechs-Wörter-Test

Anna hat durch gezielte Übungen inzwischen Sicherheit in der Zuordnung von »f« und »w« bekommen, ihr Wortbegriff ist stabiler geworden, ihr Schriftbild ist gleichmäßiger. Ihre schriftlichen Antworten auf Fragen zu den von ihr gelesenen Bilderbüchern zeigen, dass sie den Inhalt verstanden hat. Die Lesegeschwindigkeit ist jedoch noch langsam. Die Klassenlehrerin wird Annas Schreibwortschatz durch differenzierte Übungen sichern und ihr helfen, von der alphabetischen Strategie (»Ich schreibe, wie ich spreche«) zu Einsichten in orthografische Regelungen zu gelangen (z. B. Groß-/Kleinschreibung, Auslautverhärtung, Interpunktion).

Die Eltern werden in Abstimmung mit der Lehrerin Annas Lesemotivation unterstützen, die durch die Möglichkeiten des Vergrößerns auf einem digitalen Lesegerät gewachsen ist.

Kontrolle des Übungserfolgs von Fördermaßnahmen

Regelmäßige förderdiagnostische Analysen, Beobachtung der Lernentwicklung und Fortschreibung der Förderpläne sollen die Fortschritte der Kinder sichtbar machen und die Entwicklung der einzelnen Schülerinnen und Schüler aufzeigen. Es ist wichtig, dass Förderpläne und ihre Zielerreichung allen an diesem Prozess Beteiligten zur Verfügung gestellt werden und das schulische Förderkonzept regelmäßig überprüft wird. Effektivitätskontrollen schulischer Förderkurse (Rathenow/Vöge 1982, Naegele 1981) zeigen, dass Schülerinnen und Schüler, die regelmäßig das Förderkursangebot wahrnehmen, ihre Einstellung und Leistung verbessert haben. Fast alle haben nach ein bis zwei Jahren ihren Rückstand in der schriftsprachlichen Entwicklung aufgeholt und Vertrauen in ihre Fähigkeiten gewonnen. Rathenow/Vöge ziehen folgende Bilanz:

Langjährige Erfahrungen aus der Arbeit mit mißerfolgsorientierten Kindern haben utopische Vorstellungen über die Erfolgsaussichten unserer Förderarbeit nie aufkommen lassen. Aber wir wissen, dass sich jedes Kind bezogen auf seine Ausgangssituation psychisch stabilisieren, Selbstwertgefühl und Hoffnung auf Erfolg entwickeln, im Lesen eine für alle anderen Wissensgebiete grundlegende Fertigkeit meist wenigstens im Leistungsniveau des unteren Durchschnitts erreichen und im Rechtschreiben durch gezielte Förderung Sicherheit im selbständigen Schreiben innerhalb eines Grundwortschatzes bekommen kann. (Rathenow/Vöge 1982, S. 94 f.)

Kinder erinnern sich im Rückblick oft an die gemeinsam erlebten Spielszenen. Michael erinnert sich in einer E-Mail im Abstand von 20 Jahren:

Ich denke, die damalige Förderung hat einen wesentlichen Beitrag zu meiner allgemeinen sprachlichen Entwicklung und dem Selbstvertrauen im Umgang mit dieser geleistet. (Michael)

Weiterführende, vertiefende Literatur

Akademie für Lehrerfortbildung und Personalführung (2001): Lese-Rechtschreib-Schwierigkeiten. 2. Auflage. Donauwörth: Auer.
Hüttis-Graff, P./Baark, C. (1996): Die Schulanfangsbeobachtung. Unterrichtsaufgaben für den Schrifterwerb. In: Dehn, M./Hüttis-Graff, P./Kruse, N. (Hrsg.): Elementare Schriftkultur. Weinheim und Basel: Beltz.
Naegele, I./Valtin, R. (Hrsg.) (2003): LRS – Legasthenie in den Klassen 1–10. Band 1. 6. überarb. Auflage. Weinheim und Basel: Beltz.
Naegele, I./Valtin, R. (Hrsg.) (2001): LRS – Legasthenie in den Klassen 1–10. Band 2. 2. überarb. Auflage. Weinheim und Basel: Beltz.
Schründer-Lenzen, A. (2007): Schriftspracherwerb und Unterricht. Bausteine professionellen Handlungswissens. 2. Auflage. Wiesbaden: Verlag für Sozialwissenschaften.

Übungsmaterial

Das schaffe ich! Lese- und Rechtschreib-Schwierigkeiten überwinden. Heft A und Heft B. Braunschweig: Schroedel.
Das Elefantenbuch. Schreiben und Rechtschreiben. Übungshefte für 2., 3. und 4. Klasse. Braunschweig: Schroedel.
Bingo logo! Lesen und verstehen für die erste, zweite, dritte und vierte Klasse. Würzburg: Ensslin im Arena-Verlag.

Notizen

> Wenn du mehr Chancen haben willst, mußt du jeden Abend vor dem Schlafengehen eine Seite abschreiben.

Jan, 16 Jahre

7 | Wie kann älteren Schülerinnen und Schülern mit LRS geholfen werden?

Jan, ein 16-jähriger Gymnasiast, beschreibt hier in einem Brief, den er zur Beratung mitbrachte, seine Erfahrungen mit den sogenannten Experten, und wie er unter den divergierenden Sichtweisen mehrerer Schulpsychologen über LRS und deren Förderkonzepten zu leiden hatte:

> In der Grundschule merkte man noch nichts von meiner Rechtschreibschwäche. Wie sollte man denn auch, ich schrieb immer Dreier. Niemand war beunruhigt, weil eine drei ja befriedigend bedeutet. Dazu muss man auch sagen, dass unsere Klassenlehrerin nicht besonders Deutsch förderte. Wir waren eher auf Mathe und Biologie spezialisiert. Nach der Grundschule ging ich auf das Helmholtzgymnasium. Meine erste und auch zweite Klassenarbeit in Deutsch war ein Diktat. Beidesmal schrieb ich eine 6. Also ging meine Mutter mit mir zum Schulamt

Jan, 16 Jahre

Nach zwei Sechsen im Diktat der 5. Klasse war die erste Diagnose:

> *Im Kopf siehst du geschriebene Wortbilder. An jedes Wort hängt sich ein falsches an, sobald du dieses Wort falsch schreibst. Wir müssen versuchen, die falschen Wörter durch richtige zu ersetzen. Denn wenn fünf falsch an einem richtigen Wort hängen, hast du nur eine Chance, das richtige Wort zu schreiben.*

Und dann folgte das tägliche Abschreiben, das Jan zwei Jahre lang durchhielt.

Beim zweiten Termin war eine neue Psychologin. Sie erzählte mir, dass das tägliche Abschreiben nichts gebracht hätte und es auch nichts bringen würde. Nachdem sie mit mir zwei Tage Tests durchführte, gab sie mir den Rat, mich mit meinen kindlichen Problemen zwischen meiner Mutter und mir zu beschäftigen. […] Die Testergebnisse verstand ich sowieso nicht. […] Na ja, ich vergaß diese Frau eh bald, weil ich nicht verstand, wie ein Kind die Probleme aus der Kindheit herausfinden kann, die zu Regelverletzungen führen. Jetzt hoffe ich nur, Sie können mir helfen, denn ich hatte nicht vor, mein ganzes Leben mit dieser Rechtschreibschwäche zu verbringen.

Nach wie vor haben zu viele Schüler und Schülerinnen – wie der 16-jährige Jan – in der Sekundarstufe erhebliche Schwierigkeiten mit dem Lesen und/oder Rechtschreiben und laufen Gefahr, durch falsche Ratschläge wertvolle Zeit beim »Beseitigen ihrer Rechtschreibfehler« zu verlieren. Die seit 2000 durchgeführten Maßnahmen haben, wie die Ergebnisse der PISA-Erhebungen der OECD zeigen, zu einer signifikanten Verbesserung der Leseleistungen von 15-Jährigen geführt, aber sie sind nicht zufriedenstellend, wie Demmer (2011) für die GEW die PISA-2009-Ergebnisse analysiert:

Festzuhalten ist, dass die durchschnittlichen Schülerleistungen der 15-Jährigen in Deutschland in den getesteten PISA-Domänen zehn Jahre nach der ersten Runde nicht mehr unterdurchschnittlich, sondern jetzt Mittelmaß sind. Doch der Skandal eines unglaublich engen Zusammenhangs von sozialer Herkunft und Schulleistung besteht nahezu unverändert fort. Und auch die Gruppe schwacher Schülerinnen und Schüler ist mit mehr als einem Fünftel immer noch unverhältnismäßig groß. Über die Ursachen herrscht nach wie vor Uneinigkeit. (Demmer 2010, o. S.)

In der Sekundarstufe gibt es Schülerinnen und Schüler wie Jan, die erstmals Rechtschreibprobleme haben, weil sie in der Grundschule durch vorgeübte, auswendig gelernte Diktate und entsprechende Benotung verdeckt blieben. Andere Kinder kommen schon mit einer langen Leidensgeschichte. Gründe für ihre Schwierigkeiten sind:
- fehlende Passung des Lernangebots in den ersten beiden Schuljahren an den individuellen Entwicklungsstand,
- fehlende schulische Förderung: »Der Knoten wird irgendwann von alleine platzen«,
- häufiger Lehrer- und damit Methodenwechsel,
- falsche Einschätzung der Lesefähigkeit und des Schreibentwicklungsstands,
- falsche Schreibhaltung,
- Ängste, Frustrationen, Lernblockaden.

Es können aber auch nach dem Schulstufenwechsel von der Grundschule erstmals Lese-Rechtschreibschwierigkeiten auffallen, wenn Diktate geschrieben werden, deren Wortschatz unbekannt ist, die sehr lang sind und oft viel schneller diktiert werden, als es in der Primarstufe üblich war. Das Lesen und Verstehen anspruchsvollerer Texte wiederum setzt differenziertes Sprachwissen und vielfältige Lesestrategien voraus, über die eine Reihe von Kindern nicht ausreichend verfügen.

Die in der Sekundarstufe Unterrichtenden haben zudem oft falsche Vorstellungen von den Lerninhalten im Deutschunterricht der Grundschule. Es gibt Fälle, wo selbst normgerecht geschriebene Buchstaben in der amtlich genehmigten Handschrift (VA, SAS) als Fehler angestrichen werden – mit dem Hinweis, dass sie nicht lesbar seien! Vor allem in der Realschule wird oft erwartet, dass die deutsche Orthografie mit dem Übergang von Klasse 4 zu 5 von den Kindern weitgehend beherrscht wird und unbekannte Diktate ein sinnvolles Mittel zur Leistungsfeststellung sind, trotz aller gegenteiligen wissenschaftlichen und didaktischen Erkenntnisse (Spitta 1977, Bartnitzky 2000). Selbst in Erdkunde, Mathematik und anderen Fächern können Rechtschreibfehler die Note verschlechtern.

Gleichzeitig werden in den Lehrwerken für den Deutsch- und Fremdsprachenunterricht der Sekundarstufe häufig Übungsformen angeboten, die lernpsychologischen und sachlichen Gesetzen zuwiderlaufen und für Schülerinnen und Schüler mit LRS eher zu erhöhter Fehlerzahl als zum Aufbau von mehr Kompetenz führen: Ratestrategien, falsche Regelungen, Provokation von Fehlern durch Ähnlichkeitshemmung, Falschschreibungen u. a. (Kap. 3.5).

Prinzipien und Organisation der Förderung | 7.1

Je länger Lernprobleme bestehen, umso schwieriger wird es, neue Motivation zum Lesen und Schreiben zu wecken und den inzwischen oft frustrierten Schülerinnen und Schülern Lernerfolge zu ermöglichen. Hilfreich sind im Regelunterricht:
- Differenzierung der Aufgabenstellungen, auch in Klassenarbeiten,
- Lernen in Projekten, Wochenplanarbeit,
- freies Schreiben, evtl. mithilfe des Computers (Kap. 3.4),
- regelmäßiges Üben (Kap. 3.5).

Erleichterungen bieten Lesehilfen bei Textaufgaben, vergrößerte Lesetexte, keine handschriftlichen Arbeitstextvorlagen sowie die Möglichkeit, Hausaufgaben mithilfe des Computers zu schreiben. Weitere Hilfen sind in den Bestimmungen über einen Nachteilsausgleich in den LRS-Verordnungen der einzelnen Bundesländer geregelt.

7.2 | Förderunterricht

Schülerinnen und Schüler, die jahrelang Misserfolge beim Erwerb der Schriftsprache erlebt haben, bedürfen wegen dieser negativen Erfahrungen dringend positive Motivationshilfen und neue Zugänge zur Schriftsprache, damit nicht ihr gesamtes schulisches Lernen und ihre Persönlichkeitsentwicklung beeinträchtigt werden. Sie benötigen mehr Zeit zum Aufarbeiten fehlender Lernschritte und zum Aufbau von mehr Kompetenzen, wozu kleinere Schülergruppen nötig sind.

Erfolgreiche Förderarbeit setzt ein stringentes, langfristig angelegtes Konzept voraus, das:
- regelmäßig,
- kontinuierlich,
- systematisch und
- differenziert angelegt sein muss.

Ein integrativer Förderansatz – wie der in den Kapiteln 6 und 9 vorgestellte – hat sich in der schulischen und außerschulischen Arbeit gut bewährt. Er ist nach bestimmten Prinzipien aufgebaut und beinhaltet verschiedene Bausteine. Neben dem Lese-, Schreib- und Rechtschreibtraining gehören dazu die Elemente Arbeits- und Lerntechniken sowie Spiel, Gespräch und Stressabbau. Die Inhalte der Förderarbeit müssen möglichst nah an den Interessen der Lerngruppe orientiert sein. Über Gespräche, Spiele und freie Schreibanlässe lässt sich zunächst leichter ein positiver Zugang zu den Schülerinnen und Schülern finden als durch reines Lese-, Schreib- und Rechtschreibtraining. Das Lesen und die Arbeit an eigenen Texten sowie an der Rechtschreibung müssen förderdiagnostisch begleitet werden und mit der Zeit immer größeren Raum einnehmen.

Bedingt durch die häufig ungünstigen Förderkurszeiten in Randstunden ist es sinnvoll, wenn Spiele und Gespräche im Verlauf der gesamten Förderung ihren Platz behalten. So lassen sich Förderkurse durchaus in der Mittagspause mit gemeinsamem Essen und Spielen verbinden, wie Beispiele aus der Schulpraxis belegen (z. B. Naegele u. a. 1981, Frauenfeld 2001, Naegele/Valtin 2001, Naegele 2003, Matthes 2009).

Anstelle von Stundenprotokollen (Junker u. a. 1981, Naegele 2002) folgt hier ein Beispiel für den Aufbau eines zweistündigen Förderkurses. Es nahmen sieben Schülerinnen und Schüler einer 5. Klasse im Anschluss an den Regelunterricht teil:
- 20 Minuten Gesprächsrunde und Interaktionsspiel
- 25 Minuten individuelle Arbeit an der Rechtschreibung mit Beratung und Kontrolle
- 20 Minuten Vorlesen und gemeinsame Lektüre im Sitzkreis
- 15 Minuten Konzentrationsübungen, Schreiben oder ein Spiel
- 10 Minuten Ablage der Unterlagen in Portfoliomappen, Hausaufgaben, Kreisspiel

Wichtig ist, dass die einzelnen Phasen kurz und abwechslungsreich gestaltet sind, immer aber Lesen, Gespräch, Schreiben und Spiel/Motivation enthalten.

Elemente erfolgreicher Förderarbeit in der Sekundarstufe | 7.3

Lesen

Die Meinung, der Leselernprozess sei spätestens Ende der 2. Klasse abgeschlossen, ist durch die Ergebnisse der Leseuntersuchungen IGLU und PISA längst widerlegt. Auch ältere Schülerinnen und Schüler benötigen Unterstützung und Training, um ihre Lesekompetenz und Lesestrategien zu erweitern. Lautes Vorlesen eignet sich allerdings weniger. Sogar nach Abbau ihrer LRS bleiben bei vielen, selbst im Erwachsenenalter, Unsicherheiten beim Vorlesen: »Ich habe heute noch ein sehr großes Aufregungspotenzial, wenn es darum geht etwas vorzulesen, dies konnten mir auch die schönen Spiele und wichtigen Gespräche mit meiner Therapeutin nicht nehmen«, schreibt Tom im Rückblick.

Erfreulich ist, dass die meisten Jugendlichen rasch ihre Lesefertigkeit verbessern, wenn
- sie vom Verwenden des Fingers als Lesehilfe wegkommen und dafür zwischenzeitlich durch einen durchsichtigen Lesepfeil unterstützt werden,
- die Schrift schulischer Texte vergrößert wird,
- die äußere Gestaltung der Lektüre ansprechend ist,
- sie aktiv in das Geschehen eingreifen können (z. B. 1000-Gefahren-Reihe von RTB)
- und das Buchthema reizt, d. h. für die Leserinnen und Leser von Interesse ist.

Auch ältere Schülerinnen und Schüler brauchen Bestätigung und Lob, z. B. den sichtbaren Beleg ihrer Bemühungen durch Eintragen in einen Lesepass (s. Download) oder durch Belohnungen in Form einer Leseparty (z. B. nach der Lektüre einer vorher festgelegten Anzahl von Büchern). Buchpreise und Wettbewerbe unterstützen diese Bemühungen. Das Vorstellen und Besprechen von gelesenen Büchern fördern die Neugier und die Auseinandersetzung mit den Inhalten. Kurzbesprechungen können der gegenseitigen Information dienen. Leseportale (z. B. Antolin) bieten motivierende Anreize zum genauen Lesen durch ihr Punktesystem.

Zur Auswahl der Lesetexte ist anzumerken, dass es manchmal Detektivarbeit bedeutet, das persönliche Interesse bisheriger Leseverweigerer aufzuspüren. Ich kenne Schüler und Schülerinnen, deren erstes Buch eine Geschichte von Brecht oder Kafka war, andere beginnen mit Krimis, Detektivgeschichten, Fantasy-Romanen oder den Hits aus den Medien. Besonders beliebt sind bei Jugendlichen selbst hergestellte Lesetexte, seien es Zeitungen, Spielanleitungen, Witzsammlungen oder Geschichten zu Bildern.

Schrift

Bei vielen älteren Schülerinnen und Schülern fällt auf, dass sie eine falsche Schreibhaltung haben, bei der sich das Handgelenk verkrampft (vor allem bei Linkshändern). Sie drücken zu fest auf und ihre Arme ermüden dadurch rasch. Einzelne Buchstaben sind oft falsch in ihrer Bewegungsabfolge eingeschliffen und das Schriftbild wirkt ungelenk und chaotisch.

Was kann in der Sekundarstufe noch geändert werden?

Mit dem Übergang von der Grundschule zur weiterführenden Schule braucht jedes Kind eine unverkrampfte und lesbare Handschrift, um der Diktiergeschwindigkeit der Lehrkräfte folgen und Tafeltexte rasch abschreiben zu können. Kinder mit schreibmotorischen Auffälligkeiten werden immer wieder an Ergotherapeuten, die sensomotorische Therapien durchführen, verwiesen, doch konnte in internationalen Untersuchungen nachgewiesen werden, dass ein Schreibtraining effektiver hilft (vgl. Zwicker 2005).

Zu überlegen ist, ob nicht eine Umstellung der Schrift zu einem klareren Schriftbild verhelfen kann. Warum kann es nicht Druckschrift sein? Sie ist in vielen anderen Ländern als Normalschrift akzeptiert. Es ist nie zu spät, einen Schnellkurs in einer der verschiedenen Schriften zu absolvieren. Positiv bewährt hat sich auch die Umstellung auf eine modifizierte Schulausgangsschrift (SAS), welche die Schwächen der Vereinfachten und Lateinischen Ausgangsschriften ausgleicht. Längerfristige Erfahrungen werden zeigen, ob sich die neue »Grundschrift« in der Praxis bewährt (Kap. 5).

Das übergeordnete Ziel sollte sein, dass Schüler unökonomische, falsche, gegenläufige Schreibbewegungen durch ökonomische ersetzen. Interessant sind in diesem Zusammenhang Experimente mit unterschiedlichen Schreibsystemen (chinesisch, arabisch u. a.), um daran die Unterschiede – und letztlich Einfachheit – der alphabetischen Schrift zu erleben.

Abschreiben

Auch in der Sekundarstufe haben noch eine Reihe von Schülerinnen und Schüler erhebliche Probleme beim Abschreiben von der Tafel oder vom Buch, weil ihr visuelles Gedächtnis für sprachliche Zeichen/Wörter begrenzt ist und Teile vergessen werden. Ihre Strategie ist falsch, wenn sie das flüchtig Gelesene aus dem Gedächtnis ohne

Rückkopplung übertragen. Klar gegliederte, gut lesbare Tafeltexte, mehr Zeit und die Vermittlung von Strategien zum Speichern größerer Einheiten sind hilfreich, z. B. mit entsprechenden Materialien (vgl. Kap. 4.1).

Verfassen von Texten

Das Kapitel Schreiben (3.4) widmet sich ausführlich diesem Thema. An dieser Stelle sollen nur einige Hinweise für die Altersgruppe aufgegriffen werden.

Wesentlicher als der formale Aspekt der Schrift ist es, Kinder und Jugendliche zum schriftlichen Festhalten ihrer Gedanken und Erlebnisse zu motivieren, zum Schreiben von Geschichten, Gedichten, zur schriftlichen Auseinandersetzung mit Texten, zum schriftlichen Abarbeiten von Problemen – d. h. mehr als SMS-Texte oder Kurzeinträge auf Facebook, Twitter oder anderen Portalen im Internet zu verfassen. Aus Angst vor Fehlern, negativen Reaktionen ihrer Umwelt oder kritischen Anmerkungen trauen sich viele Jugendliche gar nicht erst, schriftlich darzustellen, was sie inhaltlich bewegt. Ein 4-Schritte-Plan zum eigenen Text hat sich bewährt:

- **Schritt 1:** Ein Bild oder ein Satz dient als Auslöser für eine Geschichte.
- **Schritt 2:** Nach dem ersten Schreiben (mit Bleistift und Leerzeilen zum Korrigieren) wird die Geschichte (vor-)gelesen.
- **Schritt 3:** Anschließend wird der Text in mehreren Schritten (möglichst am Computer) bearbeitet. Dabei ist zu beachten:
    - Sind gedankliche Zusammenhänge (durch Kommas oder Punkte) für die Leserinnen und Leser klar erkennbar?
    - Wurden die Zeiten richtig verwendet?
    - Sind die Wörter normgerecht geschrieben? (Wörterbuch benutzen)
- **Schritt 4:** Fertige Geschichten werden vorgelesen, in Geschichtenheften/Zeitungen zusammengefasst, an Freunde, Eltern, Verwandte verschenkt oder auf Schulfesten verkauft, manchmal auch bei Wettbewerben eingereicht.

Eine weitere Idee der Lese- und Schreibförderung ist das Erfinden, Erproben und Schreiben eigener Spiele, die in Pausen gespielt oder Verlagen angeboten werden können (Naegele 1995).

Rechtschreibung

Es kann ein wenig trösten, wenn man als schwacher Rechtschreiber oder schwache Rechtschreiberin anhand von Originaltexten oder Zitaten erfährt, dass auch berühmte Männer und Frauen mit der Rechtschreibung auf Kriegsfuß standen, z. B. Goethe, der von sich sagte: »Ich mache in jedem Brief Schreibfehler und keine Komma« (zit. n. Kleßmann 1993, S. 96).

Falls für eine bestimmte Zeit die Benotung der Rechtschreibung (sofern sie schlechter als ausreichend ist) ausgesetzt wird, wie in einigen LRS-Erlassen vorgesehen, so kann dies den Druck von den Betroffenen nehmen. Es wäre jedoch fatal zu glauben, dass sich ohne Üben die Probleme in Luft auflösen. Wie im Kapitel Rechtschreibung (3.5) näher ausgeführt, benötigen Schülerinnen und Schüler sinnvolle Rechtschreibübungen, um Sicherheit zu gewinnen. Dazu gehören:

- Sicherung eines begrenzten Wortschatzes mit Wiederholungen (einzeln und in Sätzen),
- Regelungen bewusst machen und ihre Anwendung isoliert einüben,
- Lernstrategien und Arbeitstechniken erwerben (Einprägen, Üben, Abschreiben, Kontrollieren).

Da viele Übungsmaterialien und Arbeitsblätter leider methodisch-didaktisch sinnlose Übungen (Kap. 3.5) enthalten, hat sich als ökonomische und erfolgreichste Lernmethode das Üben mit einem individuellen Karteisystem oder mit Wortlisten erwiesen (Kap. 8).

Fremdsprachen

> Es ist nähmlich eine Kual die Vocabeln krampartig in sinen Kopf zu bekommen. Und wenn man in die Klasse kommt können naturlich alle die Vocabeln das ist das kwallvolste Gefül im leben.

Tom, 14 Jahre

Diese Probleme teilt Tom, dessen voller Stoßseufzer im Kapitel 3.4 zu finden ist, mit anderen Schülerinnen und Schülern mit LRS. Sein Pech war, dass er in der Grundschule im Gegensatz zu den meisten Mitschülerinnen und Mitschülern keinen Zugang zu einer Fremdsprache erhalten hatte. Die Lehrkräfte am Gymnasium setzten dies jedoch voraus.

Während der fremdsprachliche Unterricht in der Grundschule meist spielerisch und überwiegend mündlich erfolgt, geht es ab Klasse 5 um das systematische Erlernen. Nun kommen zum Hören und Sprechen das Leseverstehen und das Schreiben hinzu. Wie soll ein Text richtig ausgesprochen, verstanden und fehlerfrei geschrieben werden, wenn die Vokabeln nicht geübt wurden?

Gleich welche Fremdsprache gewählt wird, die Unterrichtenden sollten von Anfang an auf das regelmäßige wiederholende handschriftliche Üben der Vokabeln achten und dabei unterschiedliche Einprägungsmethoden ausprobieren. Zur schriftlichen Kommunikation ist es auf jeden Fall hilfreich, wenn Schülerinnen und Schüler die häufigsten 100 bis 200 Wörter der englischen Sprache richtig schreiben können. Listen mit High-Frequency-Words finden sich in unterschiedlicher Form im Internet oder können als App für Smartphones gekauft werden.

Muss es in den Fremdsprachen erneut Probleme mit der Rechtschreibung geben?

Diese Frage lässt sich nicht generell beantworten, da jedes Kind eine unterschiedliche Geschichte mitbringt und die Lehrmethoden im Unterricht sehr unterschiedlich sind. Ein Kind mit LRS im Deutschen muss nicht zwangsläufig Schwierigkeiten beim Erlernen einer Fremdsprache bekommen, da es im Verlauf der Grundschulzeit die am Schulanfang fehlende kognitive Klarheit über das alphabetische System erworben hat. Lernenden, die bislang Schwierigkeiten hatten, sollte der Wortschatz von Anfang an schriftlich vorliegen und auch schriftlich geübt werden, selbst wenn der Unterricht in der Fremdsprache zunächst verstärkt mündlich abläuft. Kritisch wird es, wenn Schülerinnen oder Schüler Vokabeln nach der Strategie »Schreibe, wie du sprichst« üben, ohne Vorlage der Richtigschreibung. Dies gilt vor allem für die Fremdsprachen Englisch und Französisch, bei denen die Unterschiede zwischen Aussprache und orthografischer Schreibung besonders groß sind. Sinnvoll ist das Schreiben mit der Hand, da sich, wie bereits im Kapitel Rechtschreibung ausgeführt, dabei Schreibbewegungsmuster bilden, die ein schnelles Reproduzieren ohne langes Überlegen im Unterricht ermöglichen. Neueste Untersuchungen aus Norwegen belegen, dass Schreiben mit der Hand eine Art motorischer Erinnerungsspur hinterlässt und damit die Erinnerung an das Geschriebene leichter fällt.

Die zu den meisten Lehrbüchern angebotenen Computerlernprogramme bieten zwar meist gute Grammatik- und Satzbauübungen, jedoch wenig nützliche Hilfen zum Üben der Rechtschreibung.

Zu beachten ist, dass zunehmend wieder unproduktive Übungsstrategien Einlass in die Lehr- und Übungsmaterialien für die Fremdsprachen gefunden haben. Wie bereits im Kapitel Rechtschreibung an Beispielen erläutert, sind diese für Kinder mit LRS äußerst frustrierend und verwirrend. Es sollte immer nur das korrekt geschriebene Wort oder der Begriff gelesen, geschrieben und geübt werden und diese nicht gleichzeitig in der Fremdsprache und Deutsch, da das die sogenannte Ranschburgsche Hemmung provoziert und als Folge der gewünschte Lernerfolg ausbleibt.

Das Vokabellernen mithilfe eines handgeschriebenen Vokabelheftes erscheint ebenfalls wenig sinnvoll, da häufig Fehler beim Abschreiben entstehen und die Hand-

schrift meist nicht klar lesbar ist. In der praktischen Arbeit haben sich drei Übungsformen sehr gut bewährt:
- **Vokabellisten in den Lehrwerken:** In überschaubaren Einheiten von sieben bis zehn Vokabeln sollten die Lernenden zunächst mit einem durchsichtigen Lesepfeil die Vokabeln und ihre Übersetzung im Buch lesen. In einem zweiten Durchgang wird die deutsche Übersetzung verdeckt und nur die Vokabel oder der zu lernende Begriff in der Fremdsprache aufgeschrieben und sofort verglichen. Ist er richtig, erhält das Wort einen dünnen Haken, ist er falsch, wird der Begriff richtig abgeschrieben. Die weitere Bearbeitung erfolgt in Wortlisten oder mit Karteikarten. Lernende mit LRS sollten überlegen, wie sie die Fülle an Informationen in den Vokabellisten vieler Lehrwerke durch Abdecken zunächst reduzieren können. Zum Vokabellernen helfen kopierte Listen, in denen die Beispielsätze weggeknickt werden.
- **Wortlisten:** Mit dem Computer erstellte Wortlisten, in denen die Vokabeln mehrfach handschriftlich geübt und kontrolliert werden können, sind eine zweite, sehr effektive Übungsmethode (s. Anhang).
- **Lernkartei:** Die Vokabeln, die nach zweimaligen schriftlichem Üben nicht fehlerfrei geschrieben werden, können mit einer Vokabelkartei in Wiederholungsschleifen gesichert werden. Seitenlanges Wiederholen der im Buch aufgelisteten Wörter kann damit entfallen (s. Anhang).

Latein als erste Fremdsprache bei LRS?

Oft wird Kindern mit Lese-Rechtschreibschwierigkeiten, die das Gymnasium besuchen wollen, das mehr lautgetreue Latein anstelle von Englisch oder Französisch als erste Fremdsprache empfohlen. Dieser Rat ist problematisch. Die Wahl des Lateins setzt sehr gute grammatische Kenntnisse, hohe Abstraktionsfähigkeit, große psychische Belastbarkeit und Motivation beim Kind voraus.

> *So entscheiden innerhalb eines Satzes oft bereits kleinste Veränderungen an Wortendungen oder falsch gelesene Wortabschnitte über die Bedeutung eines ganzen Satzes. Auch erfordert Latein ein noch konsequenteres Vokabellernen als eine moderne Fremdsprache. Wo in Englisch oder Französisch im Unterricht kommunikativ Wortschatz angewendet, erarbeitet und zur Not unbekannte Wörter noch mithilfe von Hilfsbegriffen umschrieben werden können, kann dies in Latein gar nicht bewerkstelligt werden. Alle Vokabeln müssen gelernt werden. Dazu hat eine Vielzahl von Vokabeln je nach semantischem Zusammenhang eine unterschiedliche Bedeutung.*
> (Gerlach 2010)

Die Wahl von Latein birgt zudem eine besondere Gefahr. Stellt sich nämlich heraus, dass das Gymnasium nicht die geeignete Schulform ist, so gibt es keine Alternativen, da Realschulen und die meisten Gesamtschulen kein Latein anbieten. Das Nachholen des Stoffes einer anderen Fremdsprache stellt jedoch für jedes Kind eine große Belastung dar.

Lob, Ermutigung und Motivation

Schüler und Schülerinnen, die jahrelang aufgrund ihrer LRS Misserfolge und Frustrationen in Schule und Familie einstecken mussten, brauchen die Bestätigung, dass sich Üben lohnt. Deshalb sollten Lob und Ermutigung durchgängiges Prinzip sein, wie es die Verordnungen vieler Bundesländer ausdrücklich vorsehen. Die KMK-Grundsätze (2003/2007) geben Hinweise, welche Entlastungen durch Abweichung von den allgemeinen Grundsätzen der Leistungsbewertung bei LRS möglich sind und in den individuellen Förderplänen dokumentiert werden müssen wie

> *[...] stärkere Gewichtung mündlicher Leistungen, insbesondere in Deutsch und in den Fremdsprachen, Verzicht auf die Bewertung der Lese- und Rechtschreibleistung nicht nur im Fach Deutsch, sondern auch in anderen Fächern und Lernbereichen, Nutzung des pädagogischen Ermessensspielraums und zeitweise Verzicht auf die Bewertung der Rechtschreibleistung in Klassenarbeiten während der Förderphase.*
> (KMK 2003/2007, S. 3)

Roland – ein Beispiel für späte Fördermaßnahmen

> **Beispiel**
>
> *Was man Lehrern raten kann: Sie sollen blöde Ratschläge sein lassen wie: »Du musst an dir arbeiten«, »Du musst das jetzt aber können«, »Mehr üben!« Sie sollen die negativen Bemerkungen sein lassen, die keine Hilfe sind. Was nützt ein Tipp wie: »Schreib langsamer und besser«, wenn ich dann nicht mehr mitkomme. Oder wenn sie meine Schrift ständig kritisieren, selbst aber unleserlich an die Tafel und in meine Hefte schmieren. Ich sage, dass es Aufgabe der Lehrer ist, den Schülern Lesen und Schreiben beizubringen, was sie aber offensichtlich nicht können. Habe ich mal einen Rat befolgt, kam bestimmt ein anderer Lehrer und kritisierte: »Das bringt nichts! Du musst das anders machen.« Da kann doch was nicht stimmen. Die Lehrer sollten doch Wegweiser sein und dem Schüler Lösungswege zeigen, wie er mit seinem Problem fertig werden kann. Sie sollten ihm das Gefühl geben: Das macht nichts. Du bist ja in der Schule, um zu lernen.*
> (Roland, 17 Jahre)

Die Wegweiser, die der 17-jährige Roland vermisste, fand er beim Deutschlehrer seiner neuen Schule und in der Unterstützung durch eine Therapie nach dem FIT-Konzept.

Roland hatte in seinen 17 Jahren bereits viel Negatives erlebt: Seine körperliche Unruhe, die durch die Diskrepanz zwischen schneller Auffassung und der Unfähigkeit, das Schriftsprachsystem zu begreifen, sowie schwierigen häuslichen Verhältnissen bedingt war, wurde während der Grundschulzeit medikamentös behandelt. Da er Ritalin nicht vertrug, schlug seine Ärztin die Umschulung in die Sonderschule für Lernbehinderte vor, was Mutter und Sohn jedoch ablehnten. Die Wiederholung der 2. Klasse sieht er im Rückblick als Vergeudung an, denn ohne gezielte Unterstützung beim Lesen- und Schreibenlernen war er ganz schnell wieder das Schlusslicht der Klasse in Deutsch. Einmal im Leben habe er im Diktat eine 4 bekommen. Im Durchschnitt seien zwei Drittel der Wörter falsch gewesen. In der 5. Klasse gab es einmal kurzfristig Förderunterricht, den er positiv in Erinnerung hat. Danach wurde zwar seine Rechtschreibung meist verordnungsgemäß nicht benotet, er erhielt aber auch keine gezielten Hilfen zum Erwerb von mehr Lese- und Rechtschreibkompetenz. Zu Englisch bekam er in der Fachoberschule erstmals einen positiven Zugang. Seine Lehrerin in der Realschule hatte ihm in der 7. Klasse durch ihre negativen Kommentare jegliche Aussicht auf Erfolg genommen. So rettete er sich im Unterricht durch seine guten mündlichen Beiträge, sein Computerwissen und die positiven Leistungen in den naturwissenschaftlichen Fächern über die Runden, litt aber sehr und hatte die Hoffnung aufgegeben, sich jemals verständlich schriftlich artikulieren zu können.

Nach der mittleren Reife bekam er über das Jugendamt eine Einzeltherapie bewilligt und nun begann ein anstrengendes Jahr mit intensivem Lese- und Rechtschreibtraining sowie der Strukturierung seines Arbeits- und Lernverhaltens, was zusätzlich zum Berufspraktikum (einschließlich täglicher Arbeitsprotokolle) und Schulbesuch sehr anstrengend war. Dabei wurden natürlich die vielen Misserfolgserlebnisse thematisiert und bearbeitet. Sein größter Erfolg war, dass ihm der Deutschlehrer in der 12. Klasse mitteilte, dass er gar nicht gemerkt habe, dass Roland früher Lese-Rechtschreibschwierigkeiten hatte.

Als Download auf der Produktseite zum Buch auf www.beltz.de

Auswahl an Lektüre für Kinder und Jugendliche mit LRS, u. a. für ältere Schülerinnen und Schüler, deren Inhalte um Schulprobleme kreist.

Lesepass

Weiterführende, vertiefende Literatur

Ganser, B./Richter, W. (Hrsg.) (2003): Was tun bei Legasthenie in der Sekundarstufe? Donauwörth: Auer.

Naegele, I./Portmann, R. (Hrsg.) (1983): Lese- und Rechtschreibschwierigkeiten in der Sekundarstufe I. Weinheim und Basel: Beltz.

Übungsmaterial

Abschreiben erwünscht. Texte zum Abschreiben, Üben und Diktieren. Hefte für 5/6, 7/8, 9/10. Cornelsen: Berlin.

Lerne und wiederhole. Lese- und Rechtschreibschwierigkeiten überwinden. (über www.abc-netzwerk.de).

Zur Verbesserung der mündlichen Kommunikationsfähigkeit und Grammatik in Englisch:
Verb-Raps. Audio CD: Englische Verben leichter lernen mit Rap und Hip-Hop. München: Mentor.

Preposition Raps. Englische Präpositionen leichter lernen mit Rap und Hip-Hop. München: Mentor.

Right or wrong? Raps: Englische Stolpersteine. Leichter lernen mit Rap und Hip-Hop. München: Mentor.

Notizen

Häufig fehlt die Bereitschaft der Lehrerschaft, das eigene Konzept auf dessen Wirksamkeit hin zu reflektieren und dem Kind dann andere Hilfsmittel zur Verfügung zu stellen. All dies finde ich sehr bedauerlich und traurig, denn man steht als Eltern ganz allein mit den Problemen da, klagt die Mutter von Max.

8 Was können Lehrkräfte Eltern raten, um ihr Kind zu unterstützen?

Mein Sohn hatte eigentlich nie richtig Lust, lesen und schreiben zu lernen. Im Kindergarten meinte er, das bräuchte er nicht, er wolle sowieso Erfinder werden. In der Schule gab es dann ziemlich schnell Schwierigkeiten, die von uns und der Grundschullehrerin fehlinterpretiert wurden. Sie sah eher eine »Wahrnehmungsstörung«, was wir nach Durchsicht von Publikationen und fachärztlicher Abklärung nicht so interpretieren konnten. In einer Elterngruppe erfuhren wir über den Prozess des Schriftspracherwerbs und die unterschiedlichen Zugänge. […] Mein Anliegen war: Was kann ich als Mutter mit meinem Kind machen, ohne durch Überforderung die Beziehung zu ihm zu stören?

(Mutter von Jo)

Die obigen Ausschnitte aus den Berichten der Mütter von Max und Jo weisen auf Schwachstellen der Schule hin: Diesen Lehrkräften fehlten Kompetenzen im Hinblick auf den Schriftspracherwerb, sodass sich die Eltern außerhalb der Schule fachlichen Rat und Hinweise zum Üben holen mussten. In Unkenntnis der geltenden LRS-Erlasse und der theoretischen Konzepte interpretierten sie die Ursache für Rechtschreibprobleme als Eigenschaft der Schüler.

Es gibt jedoch auch anders gelagerte Schwierigkeiten in der Zusammenarbeit zwischen Schule und Eltern, z. B.: Eltern, die
- glauben, mit Bestrafung und Druck Leistungen verbessern zu können.
- weder das Lesen, Schreiben noch Üben ihres Kindes unterstützen.
- ihr Kind Material bearbeiten lassen, das methodisch-didaktisch sinnlos ist.

Elternberatung ist Aufgabe der Schule | 8.1

In den KMK-Grundsätzen zur »Förderung von Schülerinnen und Schülern mit besonderen Schwierigkeiten im Lesen und Rechtschreiben oder im Rechnen« von 2003/2007 – der derzeitigen Grundlage aller Länder-LRS-Erlasse und -Verordnungen – wird die Zusammenarbeit zwischen Schule und den Eltern als wichtiger Baustein für eine erfolgreiche Förderung benannt. Eltern sollen über »Erscheinungsformen der Schwierigkeiten und die Möglichkeit, sie zu überwinden, informiert werden. Sie erhalten Hinweise auf die jeweils angewandte Lese- und Rechtschreibmethode, auf die besonderen Lehr- und Lernmittel, auf häusliche Übungsmöglichkeiten, auf häusliche Unterstützungsmöglichkeiten, geeignete Fördermaterialien, Motivationshilfen und Leistungsanforderungen.«

Nur im Schriftspracherwerb qualifizierte Lehrkräfte können diesen Ansprüchen genügen, auf deren Bedeutung an verschiedenen Stellen bereits verwiesen wurde. Die Fülle an widersprüchlichen Informationen über das Thema LRS oder Legasthenie im Internet oder in der Presse verunsichert Eltern, die auf der Suche nach geeigneter Förderung für ihr Kind sind. Hier gilt es, die Eltern in ihrer Sorge ernst zu nehmen und sie aufzuklären über die kindlichen Erwerbsprozesse. Geschieht dies nicht, suchen Eltern Rat bei anderen, von ihnen als kompetenter erachteten Fachleuten, die LRS auf außerunterrichtliche Ursachen zurückführen, z. B. auf Wahrnehmungsstörungen, die Gene oder Hirnanomalien, und somit den Lerngegenstand Schriftsprache ausblenden, wie dies u. a. Zangerle 2001, Valtin 2001a, Stern 2003, Paulus 2010 oder Hasler 2012 kritisieren.

Die bereits zitierten LRS-Grundsätze der Konferenz der Kultusminister stellen klar:

Ein Lese- und Schreibunterricht, der am jeweiligen Entwicklungsstand des Kindes ansetzt, ausreichend Lernzeit gibt und die Ergebnisse gründlich absichert, ist die entscheidende Grundlage für den Erwerb der Fähigkeit zum Lesen und Rechtschreiben.
(KMK 2003/2007, S. 1)

Förderung muss also vorrangig eine schulische Aufgabe sein und dies vor allem in den ersten vier Schuljahren – der Basis für Lernerfolge oder schulisches Versagen.

8.2 Welche Anregungen und Unterstützung benötigen Eltern für das Üben mit ihrem Kind?

Da viele Eltern am eigenen Leib erfahren haben, welch überproportionale Bedeutung die Orthografie in ihrer Schulzeit und im Beruf spielt, wollen sie ihren Kindern diese negativen Erlebnisse ersparen. Daher ist es nicht verwunderlich, dass sie im Interesse am Lernerfolg ihres Kindes Übungsmaterial kaufen, in der Hoffnung, es sei von Fachleuten verfasst, die wissen, wie ein Kind am besten schreiben lernt. So quälen viele sich und ihr Kind mit sinnlosen Diktaten und Übungen, im Glauben, ihm damit zu helfen.

Für die Beratung mit Eltern sollte im Kollegium unter Einbezug der individuellen Unterlagen überlegt werden, ob es im Hinblick auf ein spezielles Kind mit LRS sinnvoll erscheint, häusliche Übungshinweise zu geben. Zu klären ist, ob das Kind eventuell die Schwierigkeiten beim Lernen »braucht«, um Aufmerksamkeit und Zeit von den Eltern zu ertrotzen – selbst wenn diese negativ besetzt ist (Bettelheim 2003, S. 66–81). Andererseits wird man im Interesse des Kindes abwägen müssen, ob es nicht besser ist, den Eltern kurze, methodisch-didaktisch richtige Anregungen an die Hand zu geben, als sie dem unüberschaubaren Markt an Übungsmaterial zu überlassen.

Wie können Eltern die Rechtschreibung ihres Kindes fördern? | 8.3

Im Anhang finden Sie Hinweise für die Arbeit mit einer Lernkartei, die als Kopiervorlage für die Hand der Eltern oder als Anregung für eine Elterninformation gedacht sind. Die Arbeit mit der Lernkartei und Wortlisten hat sich in vielen Jahren in der schulischen Förderung (Frauenfeld 2001) und der therapeutischen Praxis bewährt (Naegele 2003c, 2011).

Der Bericht von Jos Mutter schließt mit folgenden Hinweisen:

So kam ich zur Karteiarbeit. Mit dieser Methode werden gezielt Wörter geübt, mit denen das Kind Probleme hat. [...] Meines Erachtens ist es auch wichtig, dass diese Übungen innerhalb von zehn Minuten täglich erledigt sind. So wird es weder für die Kinder noch die Eltern zur Qual. Man kann sich auch ein Belohnungssystem ausdenken. Bei uns war es so, dass kleine Steinchen in einem Behälter gesammelt wurden: Für jede Übung ein Steinchen, und wenn alle Wörter richtig waren, wurde noch eins dazu gelegt. Waren es 50 Steine, gab es eine Kleinigkeit. Auch wenn eine bestimmte Anzahl der Wörter im letzten Fach gelandet waren, haben wir uns eine kleine Belohnung ausgedacht. Mein Sohn hat rasch gemerkt, dass er mit kontinuierlichem Üben Fortschritte gemacht hat. Er ist jetzt in der 11. Klasse eines Gymnasiums. Es ist durchaus nicht so, dass er alle Wörter richtig schreibt, aber ich glaube, dass sich unsere Arbeit gelohnt hat.

Weiterführende, vertiefende Literatur

Dehn, M. (2007): Kinder & Lesen und Schreiben. Was Erwachsene wissen sollten. Seelze: Kallmeyer.
Naegele, I. (2002): Schulschwierigkeiten in Lesen, Rechtschreibung und Rechnen. Ein Elternhandbuch. 2. überarb. Auflage. Weinheim und Basel: Beltz.
Naegele, I. (2011): Jedes Kind kann lesen und schreiben lernen. Weinheim und Basel: Beltz.

Notizen

> Mein Problem mit Lesen und Schreiben war schreglich. Ich hatte disen Lehrer. Ich fand ihn eigentlich sehr net, er hatt mir aber irgind einen Mist gelehrt. In der dritten Klasse kam die Katastrophe. Ich ging zu mehreren Augen- und Ohrenärzten, Zuchologen und noch ganz wo anders hin. Meine Eltern konnten es nicht fassen, das ich nirgendwo Probleme hatte. Dann schickten sie mich zu terapie, da ging oder sprang ich hin und her.

Lisa, 10 Jahre

9 Was ist bei außerschulischen LRS-Therapien wichtig?

So erinnerte sich Lisa, die zweisprachig aufwächst, zunächst handschriftlich in ihren »Memoiren«, einem Schreibprojekt im Rahmen ihrer Einzeltherapie, an die Genese ihrer »Katastrophe«.

Problemskizze — 9.1

Bei Durchsicht der Fachliteratur fällt auf, dass sich nur wenige positive Berichte über Fördermaßnahmen bei LRS finden lassen, die Kinder langfristig zu einem stabilen Selbstwertgefühl und zu durchschnittlichen Lese- und Rechtschreibleistungen verhelfen. Dies liegt zum großen Teil daran, dass

> [...] bei der Förderung von Kindern mit Lese-Rechtschreib-Schwierigkeiten [...] in den letzten Jahren vermehrt »Behandlungsmethoden« propagiert [werden], die die Besonderheiten des Schriftsprachsystems und die spezifischen Erwerbsstrategien ausblenden. Sie gleichen teils Glaubensbewegungen (Davis 1995), teils bestehen sie aus Versatzstücken der sensorischen Integration (Dietl 1987), aus Frostig-Training, Delacato- oder Tomatis-Methode. Es scheint, dass die Auswahl der Verfahren der persönlichen Neigung entspringt und der Präferenz ihrer Anwender für diffuse, neurologisch inspirierte Vorstellungen, wie zum Beispiel einer im Kinde liegenden anlagebedingten Störung von Teilfunktionen des zentralen Nervensystems. Mutter eines »Legasthenikers« zu sein reicht ebenso wenig aus wie die Tatsache, dass man

selbst Lesen und Schreiben gelernt hat! Deshalb kommt der Qualitätssicherung in der Behandlung lese-/rechtschreibschwacher Kinder eine besondere Bedeutung zu.
(Löffler/Meyer-Schepers/Naegele 2001, S. 186)

Aufgrund der negativen Erfahrungen haben die Autorinnen solche Überlegungen zur Qualitätssicherung in der kombinierten Lern- und Psychotherapie mit Kindern mit LRS präzisiert (2001, S. 186–193). Scheerer-Neumann beklagte bereits 1979 fehlende Effektivitätsvergleiche von Förderkonzepten:

Auf Grund der großen Unterschiede in den Variablen Ausgangsleistung der »Probanden«, »Gruppengröße und Dauer des Trainings« sowie der unzureichenden Normierung der zur Verfügung stehenden Lese- und Rechtschreibtests […] ist ein Effektivitätsvergleich zwischen den verschiedenen referierten Verfahren nicht durchführbar.
(Scheerer-Neumann 1979, S. 141)

Auch Klicpera/Gasteiger-Klicpera (1995, S. 378–391) bemängeln in ihrer Analyse von Förderprogrammen, dass die Aussagekraft der unterschiedlichen Konzepte und Interventionsdauer wegen fehlender Daten, Kontrollgruppen und zu geringer Langzeitwirkung gering ist.

Es ist sicherlich richtig, wenn festgestellt wird: »Die Behandlung schwerster Lese- und Rechtschreibstörungen ist mühsam und meist langwierig. Schnelle Erfolge sind insbesondere bei Kindern mit zusätzlichen ausgeprägten Störungen in weiteren Teilleistungsbereichen und erheblichen psychiatrischen Auffälligkeiten nicht zu erwarten« (Amorosa/Noterdaeme 2003, S. 87). Zuzustimmen ist der Forderung:

Jede LRS-Therapie muss längerfristig angelegt sein und eindeutige Behandlungsziele sind zu benennen. Allen Behandlungsangeboten, die schnelle Erfolge ohne große Anstrengung versprechen, sollte man misstrauisch gegenüber stehen. Bei den Bemühungen um das Kind dürfen Schule, Elternhaus und Therapeut nicht unabhängig voneinander handeln. Eine enge Kooperation ist Grundvoraussetzung für eine erfolgreiche Betreuung. (Suchodoletz 2003b, S. 272)

Die eigenen Erfahrungen in der Arbeit mit Betroffenen bestätigen, dass eine Therapie auf einer sorgfältigen förderdiagnostischen Analyse der individuellen Stärken und Schwierigkeiten aufbauen muss und die Zusammenarbeit und Absprachen mit den Eltern für den Therapieerfolg sehr förderlich sind. Kontakte zu den unterrichtenden Lehrkräften sind wünschenswert, da ein einheitliches Vorgehen den Erfolg unterstützt, jedoch keine Grundvoraussetzung für den Erfolg einer Maßnahme. Auch die These, dass »durch eine spezifische Förderung und Behandlung eine deutliche Verbesserung der Lese- und Rechtschreibleistungen zu erreichen« (Suchodoletz 2003b, S. 272) ist, »jedoch keine völlige Normalisierung erwartet werden« kann, deckt sich nicht mit den eigenen Erfahrungen, z. B. durch Langzeitbefragungen ehemaliger Therapiekinder und Jugendlicher. Ähnlich positiv sind die Ergebnisse einer Fragebogenaktion, die Löffler und Meyer-Schepers 2002 mit Ehemaligen durchführten (in: Hofmann/Sasse 2006).

Ausgangslage für eine außerschulische Therapie

Wenn Kinder mit Lese-Rechtschreibschwierigkeiten keine oder nur unzureichende schulische Förderung erhalten, besteht die Gefahr, dass die Auswirkungen auf die Persönlichkeit und Lernhaltung so massiv werden können, dass Lernblockaden und psychosomatische Beschwerden entstehen, da alles schulische Lernen schriftsprachliche Fertigkeiten voraussetzt. In diesem Fall werden außerschulische einzeltherapeutische Maßnahmen erforderlich. Selbst bei bestem Unterricht und schulischer Förderung gibt es einzelne Schüler und Schülerinnen, deren komplexe Lern- und Verhaltensprobleme nur mit therapeutischer Einzelhilfe aufgefangen werden können. Dies sind Kinder, die im Unterricht auffallen, weil die Schwierigkeiten in ihrer schriftsprachlichen Entwicklung gravierende Auswirkungen auf ihre Persönlichkeit, ihr Selbstwertgefühl und alles Lernen haben. Diese Arbeit könnte nur bei sehr veränderten schulischen Rahmenbedingungen in der Schule geleistet werden, zumal der Einbezug der Erziehungsberechtigten und ihre Kooperation für den Erfolg sehr wichtig sind.

Das Frankfurter integrative Therapiekonzept FIT[7] | 9.2

Das FIT-Konzept habe ich zunächst im Rahmen schulischen Förderunterrichts entwickelt und in 2. bis 7. Klassen erfolgreich umgesetzt wie in Kapitel 6 beschrieben. Aufgrund der Grenzen schulischer Förderung wurde es weiterentwickelt und konzentriert sich seither auf die Aufarbeitung komplexer Lern- und Verhaltensauffälligkeiten einzelner Kinder und Jugendlicher.

Es ist ein integrativer psycho- und lerntherapeutischer Förderansatz, nach dem seit über 25 Jahren im Institut für Lernförderung, einer privaten und unabhängigen Einrichtung in Frankfurt/M., erfolgreich gearbeitet wird. Der Förderansatz ist das Ergebnis meiner langjährigen fachlichen Auseinandersetzung und praktischen Erfahrung mit Lernproblemen und verbindet Erkenntnisse der entsprechenden Fachwissenschaften mit Modellen der Kognitionspsychologie sowie Elementen der Spiel-, Gesprächs- und Verhaltenstherapie. Das Förderkonzept ist getragen von gegenseitigem Vertrauen, Betonung der Stärken eines Kindes: »Liebe, Hilfe von einem Menschen, der dafür ausgebildet worden war, Lernbehinderungen abzubauen, jede Stunde mit einem Er-

---

7 Unter Einbezug diverser Veröffentlichungen, z. B. Naegele 2001c, 2011.

folgserlebnis beenden und einem sicheren Ort«, wie Mary MacCracken (1990, S. 271) es nennt.

Prinzipien in der Förderung

- das Kind abholen, wo es steht (Prinzip der Passung), nach einer Lernstandsanalyse
- Verbesserung der Motivation
- gezielte Förderung des Lesens und Schreibens, orientiert am Entwicklungsstand des Kindes unter Betonung des freien Schreibens
- Differenzieren gemäß unterschiedlicher Lernausgangslage
  - Verwendung geeigneter Materialien
  - Wechsel der Lernphasen, Freiarbeit
  - Einsicht in grammatische Zusammenhänge vermitteln
  - kommentieren statt sanktionieren
- Gesprächs- und Spielphasen
- Aufbau von Selbstwertgefühl durch Lernerfolge und emotionale Unterstützung

Das Ziel der Förderung muss sein, einem Kind zu neuer Motivation zum Lernen zu verhelfen. Kinder mit massiven Lese- und/oder Rechtschreibschwierigkeiten sollen aus dem Teufelskreis von Lern- und Verhaltensproblemen herauskommen, Selbstvertrauen in ihre Fähigkeiten gewinnen und dabei die fehlenden schriftsprachlichen Grundlagen und Einsichten aufbauen.

Das Selbstvertrauen und Selbstwertgefühl soll durch Spiele und Lernerfolge stabilisiert werden. Aus diesem Grund orientiert sich die Arbeit zu Beginn an den Stärken und Interessen des Kindes, seinen Hobbys, den Lieblingsspielen, gibt Raum für das Abreagieren negativer, aufgestauter Gefühle – möglichst häufig unter Einbezug der Schrift. Im Spiel, beim Malen, Entspannen, Abreagieren von Frustrationen am Boxsack, bei Fantasiereisen, aber natürlich zentral in Lese- und Schreibsituationen, erleben die Kinder durch die Passung der Aufgabenstellungen an ihre Fähigkeiten sofortige Erfolgsrückmeldungen.

Weil jedes Kind unterschiedliche Stärken und Schwächen mitbringt, ist eine individuelle Passung der Lern- und Spielangebote notwendig, sodass fast ausschließlich Einzeltherapien angeboten werden, die in der Regel einmal wöchentlich zwei Stunden als Block stattfinden. Die durchschnittliche Therapiedauer liegt bei etwa eineinhalb Jahren. In Ausnahmefällen kann bei sehr komplexer Problemlage eine Therapie auch länger dauern. Die Maßnahme wird beendet, wenn das Selbstwertgefühl des Kindes stabil ist und es sich in seinen schulischen Leistungen so verbessert hat, dass es befriedigende oder stabile ausreichende Benotungen erhält. Ein Großteil der Kinder und Jugendlichen erreicht trotz ihrer zunächst gravierenden LRS eine altersgemäße

Lesekompetenz – und zumindest mit ausreichend oder besser zu bewertende Rechtschreibleistungen, wie unsere Langzeitbeobachtungen zeigen.

Ziele von FIT

Ziele der Frankfurter Integrativen Therapie sind:
- einem Kind zu neuer Motivation zum Erwerb der Schriftsprache in für das Kind sinnvollen Bezügen zu verhelfen.
- die fehlenden Grundlagen im Lesen, Schreiben und Rechtschreiben schrittweise aufzubauen.
- das Selbstvertrauen und Selbstwertgefühl zu stabilisieren.
- die individuellen Stärken auszubauen und Lesen und Schreiben zu lohnenswerten Tätigkeiten werden zu lassen.

Die sechs Bausteine des FIT-Konzepts

Eine erfolgreiche Förderung sollte die folgenden sechs Bausteine beinhalten:
- **Baustein 1:** Ausgangspunkt ist das Erstellen eines individuellen Förderplans auf der Grundlage der Beratungsergebnisse, der Analyse der bisherigen Lerngeschichte und der schulischen Unterlagen.
- **Baustein 2:** Die gezielte Förderung des Lesens, Schreibens und Rechtschreibens, Aufbau von schriftsprachlicher Kompetenz, orientiert an den spezifischen Interessen und Stärken des Kindes.
- **Baustein 3:** Gesprächs- und spieltherapeutische Unterstützung hinsichtlich der Nöte und Probleme des Kindes.
- **Baustein 4:** Eine für das Kind nachvollziehbare Therapiestruktur mit festen Ritualen einschließlich Vermittlung von Lernstrategien, Arbeitsmethoden und Entspannungstechniken.
- **Baustein 5:** Begleitende Gespräche mit den Eltern und Lehrkräften, regelmäßiges kurzes häusliches Üben.
- **Baustein 6:** Einbezug geeigneter Medien und Materialien.

Zum besseren Verständnis werden diese sechs Bausteine näher beleuchtet.

Baustein 1

Für die Eingangsdiagnose von LRS haben sich intensive *Beratungsgespräche* als aussagekräftiger erwiesen als die Ergebnisse standardisierter Tests. Vor jedem Beratungsgespräch erhalten die Eltern einen Fragebogen, der zur Vorbereitung und Information dient. Er betrifft die Gründe für die Beratung, die frühkindliche, vorschulische und bisherige schulische Entwicklung des Kindes, eine eventuelle schulische und/oder außerschulische Förderung, sowie eine Einschätzung seiner emotionalen Befindlichkeit.

Im gemeinsamen Gespräch mit Erziehungsberechtigten und Kind wird zunächst von seinen Stärken ausgegangen, was es gerne macht, Informationen, die oft aus seinem mitgebrachten von Hand geschriebenen Brief hervorgehen. Darin soll das Kind seine Befindlichkeit thematisieren. Einbezogen in das eineinhalb bis zwei Stunden dauernde Anamnesegespräch werden die mitgebrachten Zeugnisse, Haus- und Arbeitshefte sowie häusliche Schreibproben. Im Mittelpunkt steht die Analyse des Entwicklungsstands in den betroffenen Lernbereichen, aus denen Hilfestellungen entwickelt und ausprobiert werden. Sie betreffen die Schreibhaltung, Lesetechnik, Förderung des Schreibens, der Rechtschreibung und des schriftlichen Ausdrucks ebenso wie Arbeitsverhalten und Anregungen zum Stressabbau. Hinweise zu geeigneten Lesetexten, Übungsmöglichkeiten zu Hause und geeigneten Spielen ergänzen die Beratung. Den Eltern werden Anregungen zum Umgang mit dem Kind gegeben, mit dem Ziel, dessen Selbstwertgefühl zu stärken, das durch die Lernprobleme oft angegriffen ist. Fast immer sind Informationen über die rechtlichen Rahmenbedingungen und ihre schulischen Konsequenzen nötig. Selbstverständlich müssen im Einzelfall bei Verdacht das Hör- und Sehvermögen oder die Sprachentwicklung fachärztlich abgeklärt werden.

Daniela – ein Beispiel für eine Beratung

 Beispiel

Vorgeschichte

Die Mutter brachte zur Beratung persönliche Notizen mit, auf denen sie den Verlauf der Lern- und Verhaltensauffälligkeit ihrer Tochter seit Schulbeginn festgehalten hatte. »Zwei Monate nach der Einschulung wurden wir beim ersten Elterngespräch von der Klassenlehrerin mit massiver Kritik überschüttet. Daniela habe nur sehr kurze Konzentrationsphasen und wäre nicht in der Lage, eine gestellte Aufgabe alleine auszuführen. Ihrer Meinung nach handele es sich um eine Auge-Hand-Wahrnehmungsstörung, und sie schickte uns zu einer Ärztin, die empfahl, ›es mit Ritalin zu versuchen‹. Als wir dies ablehnten, stießen wir bei der Lehrerin auf größtes Unverständnis und bekamen die Zukunft unserer Tochter in düstersten Farben geschildert. Eine Ergotherapie und Spieltherapie besserten zwar Ängste und motorische Entwicklungsverzögerungen, hatten jedoch keinen Einfluss auf Danielas Schreib- und Rechtschreibprobleme.«

Beratungsgespräch

In der zweistündigen Beratung mit beiden Eltern und Kind – unter Einbezug ihrer schulischen Unterlagen, freier Texte und eines Briefs – arbeitete Daniela konzentriert und motiviert mit. Dies passte nicht zur Diagnose ihrer Klassenlehrerin. Es fanden sich allerdings im gemeinsamen Gespräch plausible Gründe für das leicht ablenkbare Verhalten von Daniela. Es stellt sich heraus, dass im ersten Schuljahr krankheitsbedingt häufiger Lehrerwechsel stattgefunden hatten, auf den das sensible Mädchen mit Unruhe reagierte, die von den Lehrerinnen als Hyperaktivität etikettiert wurde. Daniela litt darunter, wegen ihrer feinmotorischen Ungeschicktheit nicht so schnell und schön wie ihre Freundinnen schreiben zu können. Statt die Kinder freie Texte schreiben zu lassen, wurde im Unterricht durchgängig ein Rechtschreibmaterial bearbeitet. Benotete Klassenarbeiten waren wörtlich bekannte, intensiv geübte Diktate daraus, die Daniela mit viel Drill zu Hause auswendig lernte. Im Stress der Arbeit jedoch versuchte sie möglichst genau nach Gehör zu schreiben. Die Folge waren viele Fehler und Frustrationen bei Mutter und Tochter. Für die Lehrerin waren es wiederum nur »Schusselfehler«, die sie auf fehlende Übung zurückführte und mit mangelhaft benotete. So entstand ein Teufelskreis. Die Lehrerin kannte gar nicht den »wahren« Schreibentwicklungsstand, der noch der phonetischen Schreibung entsprach. Daniela hatte ihre eigenen Strategien entwickelt: »lest« für »lässt«, »wier« in Analogie zu »wie«, »maren« statt »machen« (der r-Laut war als Schnarcher eingeführt worden). Daniela fehlten eine Reihe von wichtigen Einsichten in unser Schriftsystem (Wortfamilie, Verlängerung, Vokallänge und -kürze, Bedeutung der Interpunktion).

Ergebnis der Beratung

Die Eltern waren zunächst erleichtert, dass die medizinischen Diagnosen »auditive Wahrnehmung und Hyperaktivität« nicht Ursache der Schreibprobleme waren, denn Daniela konnte sehr gut Laute unterscheiden. Sie kannte jedoch einige unserer Orthografie zugrunde liegenden Prinzipien noch nicht, wie z. B. das Prinzip der Wortfamilie oder Auslautverhärtung. Daher schrieb sie lautgetreu »Hant«, »Stüg« und »giept«. Die Eltern nahmen Übungshinweise und Aufklärung über die Stolperstellen der Rechtschreibung mit. Auch gegen den Lesefrust erhielten sie Tipps: einfachere Lektüre, Hinweise auf die Bedeutung der Satzzeichen für das Leseverständnis und einen durchsichtigen farbigen Lesepfeil zur Strukturierung (anstelle des Zeigefingers).
Im Verlauf des folgenden Jahres wurden die Lernfortschritte, die Daniela durch kontinuierliches Üben ihrer eigenen Fehlerwörter mithilfe eines Karteisystems und des Lesens von selbst ausgesuchten Büchern machte, in größeren Abständen überprüft und begleitet. Aufgrund der Lernerfolge und der geänderten Sichtweise der Eltern hinsichtlich des Verhaltens ihrer Tochter, wurde Daniela ruhiger und fiel im Unterricht nicht mehr unangenehm auf.

Baustein 2

Die fehlenden Kenntnisse im Lesen, Schreiben und Rechtschreiben sind unter kontinuierlicher förderdiagnostischer Analyse in der Therapie schrittweise aufzubauen. Es geht darum, die jeweiligen Zugriffsweisen des Kindes zu verstehen und ihm zur »Zone der nächsten Entwicklung« (Vygotskij 2002, S. 331) zu verhelfen. Dabei sind Stufenmodelle hilfreich, aber nur in dem Sinn, dass sie die Schreibungen eines Kindes einschätzen helfen, wobei diese zu einem Zeitpunkt durchaus unterschiedlichen Strategien folgen können (Kap. 6: Analyse Text Anna). Problemlösungsstrategien und Lernstrategien gehören dazu, denn viele Schülerinnen und Schüler mit LRS haben sich falsche Lese- und Lernstrategien angeeignet. Daher lernt ein Kind in den Therapiestunden neue, erfolgreichere Wege auszuprobieren und durch Wiederholung zu festigen. Wichtig ist die Passung der Aufgabenstellungen nicht nur an das aktuelle Niveau, sondern das Kind soll unter Anleitung und mit Unterstützung des Therapeuten oder der Therapeutin erweiterte Einsichten erwerben. Sofortige Erfolgsrückmeldung und Kommentierung sind wichtig. Nicht die Fehler, sondern die richtigen Lösungswege werden hervorgehoben und verstärkt. Besonders produktiv hat sich das Schreiben und Bearbeiten von Geschichten des Kindes bewährt.

Baustein 3

Zunächst muss eine vertrauensvolle Beziehung zwischen Kind und Therapeutin oder Therapeut aufgebaut werden, um das angegriffene Selbstwertgefühl und fehlende Selbstvertrauen zu stärken. Daher orientiert sich die Arbeit zu Beginn an den Stärken und Interessen des Kindes und seinen Hobbys. Als Gründe für eine Beratung nennen Eltern neben den Problemen mit dem Lesen und Rechtschreiben oft Veränderungen im Sozialverhalten ihres Kindes wie z. B. aggressives oder ängstliches Verhalten, Hilflosigkeit beim Erledigen von Hausaufgaben, Unruhe, mangelndes Selbstbewusstsein. Manchmal sind es ungelöste innere Konflikte, die nichts mit dem Lernen in der Schule zu tun haben. Dazu gehören z. B. Probleme innerhalb der Familie, Belastungen durch Trennungen oder Streit, Geschwisterrivalität. Diese individuell unterschiedlichen Gründe herauszufinden und gemeinsam Lösungswege zu finden, ist eine wichtige Aufgabe einer Therapie.

Der geschützte Raum der Therapie gibt dem Kind die Chance, sich von Belastungen zu lösen. Er lässt das Abreagieren negativer, aufgestauter Gefühle zu – möglichst häufig unter Einbezug der Schrift in eigenen Texten (Kap. 3.4). Der Ausbau der individuellen Stärken, die Entwicklung von Selbstvertrauen sowie die Veränderung der Selbstsicht sind zentrale Bausteine der Förderung. Die Kinder und Jugendlichen erhalten die Gelegenheit, sich in vielfältiger Form schriftlich zu ihren Schwierigkeiten zu äußern: zu ihrer Einstellung zum Lesen, zu Ursachenvermutungen ihrer Schwierigkeiten und wie sie damit umgehen können, zum Umgang mit der Schule u. a.

Baustein 4

Das Kind soll lernen, seine bisherigen negativen Erfahrungen mit dem Lernen durch positive zu ersetzen. Hilfreich hierfür ist eine ausgewogene Balance zwischen Lernen, Gespräch, Spiel und Entspannung. Jede Stunde sollte eine bestimmte gleichbleibende Struktur haben, die an die aktuellen Bedürfnisse des Kindes angepasst wird.

Zu den Elementen dieser Struktur gehören:
- das Gespräch über die wichtigsten Ereignisse seit der letzten Therapiestunde, das Abreagieren von Stress am Boxsack oder mit dem Springseil, Entspannungs- und Lockerungsübungen verteilt über eine Therapiestunde,
- die gezielte Förderung der Lese- und Schreibkompetenz, die Entwicklung kognitiver Klarheit über die Eigenheiten unseres Schriftsystems und den Aufbau von mehr Rechtschreibsicherheit,
- Kontrolle des häuslichen Übens der eigenen Fehlerwörter in Listen, mit Karteiarbeit und durch Blitzleseübungen, damit das Gelernte gefestigt wird,
- Belohnen richtiger Lösungen und Lösungswege durch Punkte zur Förderung der Lernmotivation. Bei Erreichen einer bestimmten Punktezahl darf sich das Kind ein kleines Geschenk aussuchen,
- Besprechen der Lektüre, die sich das Kind ausgesucht und zu Hause gelesen hat mit einer kurzen Leseprobe und Verständnisfragen. Eintrag in einen persönlichen Lesepass,
- gemeinsames Spielen bei freier Auswahl von Brett-, Computer- und freien Spielen, in denen – außer bei Abreagierspielen – immer auch Lesen und/oder Schreiben eine Rolle spielen. Die Spielanleitung wird so gestaltet, dass das Kind eine möglichst große Chance erhält zu gewinnen, um positive Erfahrungen zu sammeln. Dabei kann das Kind auch seine Fähigkeiten ausprobieren und entfalten. Hat das Kind Selbstwertgefühl und Selbstsicherheit entwickelt, also gegen Ende der Therapie, kann es auch im Spiel verlieren.

Baustein 5

Eine erfolgreiche Förderung bedarf, sofern irgend möglich, häuslicher Unterstützung. Wichtig sind gegenseitiges Vertrauen, die Betonung der Stärken des Kindes, das Loslassen von Druck und Sanktionen. Ein intensiver, regelmäßiger Austausch über den Therapieverlauf – entweder schriftlich über ein Begleitheft oder mündlich beim Abholen – vermeidet falsche Vorgehensweisen beim Üben, denn regelmäßige kurze häusliche Übungen sollen Sicherheit im Lesen und Rechtschreiben aufbauen. Kontakte zu den Lehrkräften und gemeinsame Absprachen unterstützen die Therapie, sind jedoch in den höheren Klassen nur selten zu erreichen. In den regelmäßig stattfindenden Gesprächen werden die Eltern über den Umgang mit den Lernschwierigkeiten ihres Kindes (Belohnung, Ermutigung, Unterstützung in der Schule, Beschäftigung zu Hause

u. a.) aufgeklärt und beraten, die aktuelle Lernsituation des Kindes in der Schule und Therapie besprochen und sich über die Veränderungen im schulischen und familiären Bereich ausgetauscht.

Baustein 6

Wie bereits in den entsprechenden Kapiteln dargelegt, findet fast jedes Kind einen eigenen Weg in die Welt der Schrift, und entsprechend unterschiedlich sind die eingesetzten Materialien. Durchgängiges Übungsmaterial ist für fast alle Kinder eine individuelle Lernkartei, mit deren Hilfe die eigenen Fehlerwörter in Sätzen zu Hause geübt und in der Therapie überprüft und erläutert werden, oder selbst erstellte Wortlisten (s. Anhang). Hinzu kommt das von Naegele/Valtin herausgegebene, in der praktischen Arbeit entwickelte Übungsmaterial »Das schaffe ich!« (Schroedel) mit Hinführung zur alphabetischen und orthografischen Strategie (1. bis 3. Klasse). Für ältere Schülerinnen und Schüler wurde in der Praxis das Arbeitsheft »Lerne und wiederhole – Lese-Rechtschreibschwierigkeiten überwinden ab Klasse 5« erstellt. Bilder-, Kinder- und Jugendbücher unterschiedlicher Lesestufen und zu unterschiedlichsten Themen, Denkaufgaben (Logicals) sowie viele Spiele unterstützen die Arbeit. Ab und zu wird auch einmal ein Computerspiel eingesetzt, mehr jedoch unterstützt der Computer das Schreiben und Bearbeiten eigener Geschichten und die Recherche im Internet. Ausgesprochen beliebt ist das Leseportal Antolin (www.antolin.de), das durch seine Fragen zu vielen Büchern zum genauen Lesen motiviert, da das Textverständnis mit Lesepunkten belohnt wird.

Lisa – ein Beispiel einer Einzelförderung

> **Beispiel**
>
> **Um die Förderung nach dem FIT-Konzept zu veranschaulichen, folgt hier eine kurze Zusammenfassung der Einzeltherapie mit Lisa.**
>
> Beim Übertragen der handgeschriebenen Texte ihrer Lebensgeschichte (siehe Vorspann) in den Computer nach Diktat machte Lisa übrigens kaum noch Fehler. Ihre Eltern hatten, wie so viele andere, mehreren zunächst Erfolg versprechenden Therapieangeboten vertraut, dann abgebrochen, weil offensichtlich die notwendigen schriftsprachlichen Kompetenzen zum Lernerfolg fehlten.
> Lisa profitierte von der gleich bleibenden Struktur und den festen Ritualen ihrer Einzeltherapie nach dem FIT-Konzept. Im Zentrum jeder Doppelstunde stand die gezielte Förderung des Lesens und des Schreibens, die Entwicklung von kognitiver Klarheit über die Eigenheiten unseres alphabetischen Schriftsystems und die Ent-

faltung orthografischer Strategien. Lisa hatte zwar das alphabetische Prinzip erfasst, orientierte sich beim Schreiben aber noch häufig an ihrer Aussprache. Das Wortmaterial für die Übungen stammte aus Lisas Geschichten, die sie jede Woche als Hausaufgabe verfasste sowie aus den schulischen Unterlagen. Ihre Fehlerwörter unter Einbeziehung der Häufigkeitswörter wurden in ihrer Kartei gesammelt und regelmäßig während der Stunden und zu Hause einzeln und in Sätzen geübt, was ihr zunehmend Sicherheit gab.

Jede Doppelstunde umfasste
- Entspannungsübungen, oft mit der Klangschale,
- Gespräche,
- Durchsicht der schulischen Unterlagen,
- Kontrolle der häuslichen Schreibübungen, deren Überprüfung und Belohnung der richtigen Wörter durch Punkte,
- Besprechen der häuslichen Lektüre, Aufnahme einer kurzen Leseprobe für ihr Archiv und zur Analyse, gefolgt vom Eintrag in ihren Lesepass,
- Behandlung von Übungsschwerpunkten und
- mindestens ein Spiel.

Der Schreib- und Rechtschreibwortschatz wurde durch zusätzliche, mit der Mutter abgesprochene kurze häusliche Schreibübungen gesichert. »Lisa zeigt konstant gute Leistungen«, lobt die Deutschlehrerin. Nach dem 48. Buch, das Lisa während der Therapie gelesen hatte, wurde sie als Lesekönigin gefeiert.

Die Erfolge integrativer psycho- und lerntherapeutischer Förderansätze, bei denen der Aufbau schriftsprachlicher Kompetenzen im Zentrum steht, machen Mut (MacCracken 1990, Naegele 2001c, 2011, Zimmermann 2011, Löffler/Meyer-Schepers/Nijland 2001, Matthes 2009).

Wie schreibt der ehemals unter einer massiven Lernblockade leidende Schüler Michael (Kap. 3.4) im Rückblick nach 20 Jahren:

Ich bin für die gesammelten Erfahrungen mit meinen sprachlichen und schulischen Problemen rückblickend sehr dankbar. Erstens konnte ich erkennen, dass es für jeden einen Weg gibt, und zweitens kann man mit richtiger Unterstützung fast alles erlernen und überwinden. Für Eltern ist dies meiner Meinung nach eine wichtige Erkenntnis und verleiht vielleicht die notwendige Ruhe und Geduld, mit einer solchen Situation umzugehen. (Michael)

Weiterführende, vertiefende Literatur

Löffler/Meyer-Schepers/Naegele, I. (2001): Überlegungen zur Qualitätssicherung in der kombinierten Lern- und Psychotherapie. In: Naegele, I./Valtin, R. (Hrsg.): LRS – Legasthenie in den Klassen 1–10. Band 2. 2. überarb. Auflage. Weinheim und Basel: Beltz.

Naegele, I. (2002): Schulschwierigkeiten in Lesen, Rechtschreibung und Rechnen. 2. Auflage. Weinheim und Basel: Beltz.

Zimmermann, K. R. (2011): Jedes Kind kann rechnen lernen. 2. überarb. Auflage. Weinheim und Basel: Beltz.

> **Abschied**
>
> Ich nehme bald Abschied von Frau U.
> Ich gehe bald von meiner Therapie weg.
> Es war sehr schön hier.
> Ich habe mich immer gefreut,
> wenn ich hierher gekommen bin.
> Hier habe ich Lesen und Schreiben gelernt.
> Frau U. hat mich immer aufgemuntert, wenn
> ich kurz davor war, aufzugeben oder mir zu sagen:
> „Jetzt schaffst du es nicht mehr."
> Ich werde immer an sie denken.

Christopher, 10 Jahre

> Ich nart Schme und schnten fan
> und nalen und. Nan brar eran und
> en den ont ben.
> Ich asse nansna aufm.
> Ich kse hausahsa mare
> Ich ese gene schaen und
> sch ignalch
> Ich schaandn aeunone

Clara, 11 Jahre

10 Wie kann einem Kind bei drohendem Analphabetismus geholfen werden?[8]

10.1 Eine verhängnisvolle Kette: Missglückter Schulstart – LRS – Analphabetismus

Claras obiger Text ist kein verschlüsselter Text in einer Geheimschrift, sondern dokumentiert ihren Schreibentwicklungsstand zu Beginn der 4. Grundschulklasse. Die Ermutigung ihrer Hortbetreuerin und die Aussicht auf Unterstützung ließen die Elfjährige ihre Schreibblockade überwinden. Sie schrieb ihre persönlichen Abneigungen und Vorlieben auf und brachte sie zur Beratung mit. Nur dank der »Übersetzung« von der Hortbetreuerin konnten weite Teile des Texts entschlüsselt werden und damit Einblicke in Claras Vorstellungen über den Zusammenhang von gesprochener Sprache und Schreiben gewonnen werden. Das Folgende wollte sie mitteilen:

---

8 Das Förderkonzept, das der Therapie mit Clara zugrunde liegt, ist in Kap. 9 dargestellt. Dieser Ansatz hat sich auch in der Arbeit mit Jugendlichen und Erwachsenen bewährt, bei denen das geringe Zutrauen in die eigenen Fähigkeiten eine realistische Sicht auf das eigene Potenzial verschüttet hat.

Ich mag schwimmen und Schlitten fahren und malen und meinen Bruder ärgern und in den Hort gehen. Ich hasse mein Zimmer aufräumen. Ich hasse, Hausaufgaben zu machen. Ich esse gern Spaghettis und Zigeunerschnitzel. Ich verabscheue Eieromelette.

Welche Diskrepanz zwischen mündlichem und schriftlichem Ausdruck! Kein Wunder, dass Clara in der Schule das Schreiben völlig verweigerte. Nach vier Jahren Unterricht – die 1. Klasse musste sie laut Zeugnis wegen fehlender Buchstabenkenntnis und Synthesefähigkeit wiederholen – konnte sie nur vier Lernwörter, »ich«, »und«, »den« und »auf« normgerecht verschriften. Die Analyse zeigt, dass Clara über einige Einsichten in den Graphem-Phonem-Bezug verfügt und sich beim Schreiben kürzere Wörter an ihrer Artikulation zu orientieren versucht. Ihr ist jedoch nicht klar, dass in unserem alphabetischen Schriftsystem das Geschriebene nur Sinn ergibt, wenn die Lautfolge durch grafische Zeichen in der richtigen Reihenfolge von links nach rechts dargestellt wird. Ihre sprachlichen Auffälligkeiten bei der Unterscheidung von stimmhaften und stimmlosen Konsonanten /f/–/v/, /r/–/x/ erschweren ihr die Zuordnung ebenso wie Schwierigkeiten mit der räumlichen Anordnung vieler Grapheme. Im Mathematikunterricht konnte sie erfolgreich mitarbeiten. Textaufgaben wurden ihr vorgelesen. Obwohl sie Linkshänderin ist, hatte sie sich durch das viele jahrelange Abschreiben eine gut lesbare, ausgeschriebene Handschrift und eine richtige Schreibhaltung angeeignet. Clara konnte Texte buchstabenweise abschreiben – weitgehend ohne Verständnis. In der Beratung und anschließenden Einzeltherapie wurden die individuellen, familiären und schulischen Faktoren zusammengetragen, die zu diesem Teufelskreis geführt hatten: schwere Krankheiten als Kleinkind, verzögerte Sprachentwicklung, schwierige familiäre und soziale Verhältnisse mit wechselnden Bezugspersonen, fehlende literale Erfahrungen, Klassenwiederholung ohne gezielte Hinführung zur Schriftsprache, keine Förderung oder Differenzierung, Ablehnung der Mutter gegenüber der Institution Schule, Resignation und Aufgabe trotz »normaler Intelligenz« (Bericht der sonderpädagogischen Überprüfung).

Die Erfahrung von Illiteralität, konkretisiert durch einen niedrigen Stellenwert von Sprache und Schrift im häuslichen Alltag, wird in den Familien von der älteren an die jüngere Generation weitergegeben. (Nickel 2005, S. 179)

Die Merkmale, die Menschen mit gescheiterter Alphabetisierung verbinden, trafen auch auf Clara zu. Sie litt wie viele Betroffene unter
- schwierigen familiären und ökonomischen Lebensumständen: Schulden, wechselnde Lebenspartner der Mutter und Konkurrenz unter den Geschwistern,
- geringer Schriftkompetenz der Erziehungspersonen,
- unzureichender vorschulischer gezielter Förderung,
- keiner oder ungenügender Berücksichtigung ihrer Entwicklungsverzögerungen im Anfangsunterricht,

- fragwürdigen fachwissenschaftlichen und methodisch-didaktischen Konzepten der Lehrenden,
- negativer Selbsteinschätzung und mangelndem Selbstvertrauen in die eigenen Fähigkeiten durch diskriminierende Abwertung im Unterricht und durch die Familie.

Auch Clara vermisste in ihrer frühen Kindheit die den Schriftspracherwerb unterstützenden günstigen Bedingungen wie:
- ein Schrift förderndes häusliches Umfeld und den Besuch einer vorschulischen Einrichtung,
- frühe positive Erfahrungen mit Sprache und Schrift,
- Vorbilder in der Familie, die lesen und schreiben,
- die Förderung positiver Motivation, des Neugierverhaltens,
- Berücksichtigung ihres individuellen sprachlich-kognitiven und emotionalen Entwicklungsstands im Anfangsunterricht,
- und gezielten Aufbau von Kompetenzen durch qualifizierte Lehrkräfte.

Wie Claras Text zu entnehmen ist, fehlte ihr noch in der 4. Klasse kognitive Klarheit über Funktion und Aufbau unseres Schriftsystems. Beim Überprüfen ihres Buchstabenbestands fiel auf, dass sie buchstabierte – z. B. »be«, »de« – und nicht lautierte. Beim Schreiben ließ sie daher Vokale weg, sie schrieb z. B. »Kz« für »Katze«, »hse« für »hasse«. Mit Moosgummibuchstaben sollte sie das Wort »MAUS« durch Minimalpaarbildung verändern, was nur bedingt gelang: »HAUS«, »AUSL«, »RAUS«, da sie in der Schreib-/Leserichtung noch unsicher war.

Clara benötigte dringend Unterstützung zum Erwerb der fehlenden Einsichten für einen erfolgreichen Schriftspracherwerb und gleichzeitig motivierende, ihre persönlichen Frustrationen einbeziehende Sprech- und Schreibanlässe, um Zugang zur Schriftkultur zu bekommen, also »Literacy« auszubilden.

Die UNESCO definiert Literacy als

[…] die Fähigkeit, gedruckte und geschriebene Materialien aus unterschiedlichen Kontexten zu identifizieren, verstehen, interpretieren, schaffen, kommunizieren und berechnen. Literacy ermöglicht es dem Individuum, durch kontinuierliches Lernen seine Ziele zu erreichen, um sein Wissen und Potenzial weiterzuentwickeln und in vollem Umfang an der Gesellschaft teilzuhaben. (2004, Übersetzung Naegele)

Daten zum Analphabetismus in Deutschland und weltweit (2011) | 10.2

Die Daten des UNESCO-Weltbildungsberichts 2011 belegen: Etwa 796 Millionen Menschen sind Analphabeten, fast zwei Drittel von ihnen sind Frauen. Die große

Mehrheit der erwachsenen Analphabeten lebt in Süd- und Westasien und in Sub-Sahara-Afrika. Die arabischen Staaten weisen ebenfalls hohe Analphabetenraten auf. In nur zehn Ländern leben 72 Prozent der erwachsenen Analphabeten weltweit.
(UNESCO 2011)

Funktionale Analphabeten haben zwar lesen und schreiben gelernt, können aber nur einzelne Wörter oder einzelne Sätze lesen. Zusammenhängende – auch kürzere – Texte können sie nicht erfassen.

Seit 2011 gibt es gesicherte Zahlen zur Größenordnung des funktionalen Analphabetismus in Deutschland. Die Hamburger »leo. – Level-One Studie« hat die Literalität von Erwachsenen (18 bis 64 Jahre) untersucht. Demnach sind 7,5 Millionen Erwachsene (14,5 Prozent) aufgrund ihrer begrenzten schriftsprachlichen Kompetenz nicht in der Lage, am gesellschaftlichen Leben in angemessener Form teilzuhaben, und sind somit funktionale Analphabeten. (Bundesverband Alphabetisierung 2013)

19,3 Prozent der funktionalen Analphabeten haben keinen und 47,7 Prozent einen »unteren« Schulabschluss. Immerhin sind der Studie zufolge auch 12,3 Prozent der Deutschen mit einem höheren Bildungsabschluss nicht in der Lage, zusammenhängende Texte rasch zu erfassen. Rund 60 Prozent aller funktionalen Analphabeten in Deutschland sind erwerbstätig, 16,7 Prozent sind arbeitslos und 10,1 Prozent Hausfrauen.
(Hauser 2012)

Im Jahr 2010 haben nach Auskunft des Statistischen Bundesamts 6,5 Prozent der Schülerinnen und Schüler keinen Schulabschluss gemacht. »Ein Viertel dieser Jugendlichen besuchten zuvor eine Hauptschule, etwas mehr als die Hälfte eine Förderschule« (Spiegel Online vom 29.03.12). Nach der Studie lernten 42 Prozent zunächst eine andere Sprache. Es ist davon auszugehen, dass dies Menschen mit Migrationshintergrund sind, deren ungenügende Sprachbeherrschung sie im deutschen Schulalltag scheitern lässt.

10.3 | Lehrende und Lernende ohne kognitive Klarheit

Die Schule hat die Verpflichtung, für die erfolgreiche Alphabetisierung aller Schülerinnen und Schüler zu sorgen. Die KMK-Grundsätze zur Förderung von Schülerinnen und Schülern mit besonderen Schwierigkeiten im Lesen und Rechtschreiben (2003/2007) betonen dies ebenso wie die Bernburger Thesen zur Alphabetisierung (2006) unter Punkt 2:

Im Bereich der Prävention von funktionalem Analphabetismus muss gesichert werden, dass Schülerinnen und Schüler die Schule nicht ohne ausreichende Kenntnisse im Lesen und Schreiben verlassen. Dazu bedarf es regelmäßiger Analysen der Lernstandsentwicklung im Schriftspracherwerb und gezielter Fördermaßnahmen. Im Verlauf der Schulzeit muss es Möglichkeiten zum wiederholten Einstieg in den Schriftspracherwerb geben. Bereits vor der Schulzeit ist frühe Unterstützung durch vorschulische Einrichtungen und familienorientierte Maßnahmen zu gewährleisten.

Dieser Auftrag wird aber bislang nur sehr unzureichend erfüllt, wie die großen Zahlen an Schülerinnen und Schülern mit LRS sowie die obigen Zahlen von Menschen mit funktionalem Analphabetismus belegen.

Für Schülerinnen und Schüler, die noch berufsschulpflichtig sind, die Hauptschule mit oder ohne Abschluss beendet und keine Lehrstelle gefunden haben, gibt es in vielen Bundesländern die Einrichtung des Berufsvorbereitungsjahrs, die eine Chance für die Aufarbeitung fehlender schriftsprachlicher Kompetenz bietet, in der Regel aber ohne Einbezug der individuellen Lebensgeschichte.

Der Zugang zu einer Alphabetisierungsmaßnahme ist jedoch für erwachsene Betroffene mit großen Schwierigkeiten verbunden. Nicht nur müssen sie sich damit »outen« und ihr oft lang gehütetes Geheimnis offenlegen, es ist auch sehr schwierig, eine staatlich finanzierte, qualifizierte Hilfe zu finden.

Hinzu kommt, dass die Qualität der Hilfsmaßnahmen für Lese- und Schreibunkundige häufig durch schlechte Arbeitsbedingungen der Lehrkräfte beeinträchtigt ist, denn viele müssen im Rahmen von zeitlich begrenzten Lehraufträgen arbeiten. Dadurch können selten längerfristigen Konzepte entwickelt, durchgeführt und ihre Effektivität überprüft werden. Zudem fußen immer noch viele Konzeptionen für die Zielgruppe auf längst überholten Vorstellungen über den Schriftspracherwerb. Probleme beim Erwerb der Schriftsprache werden danach als Defekte des Individuums und als Folge von Teilleistungsschwächen im visuellen oder auditiven Bereich gesehen. Obwohl nachweislich ineffektiv, werden Funktionstrainings nach wie vor eingesetzt. Entsprechend problematisch in fachdidaktischer Hinsicht sieht eine Reihe von Materialien aus. So wird z. B. vom Arbeitskreis Orientierungs- und Bildungshilfe e. V. in Berlin 2012 noch Fördermaterial angeboten, das zwischen 1985 und 1986 entwickelt wurde – vor der Rechtschreibreform!

Die Kultusministerkonferenz hat 2010 eine »Förderstrategie für leistungsschwächere Schülerinnen und Schüler« verabschiedet, in der sie fordert:

Die Förderung leistungsschwächerer Schülerinnen und Schüler kann nur gelingen, wenn auf der Seite der Unterrichtenden entsprechende Kompetenzen vorhanden sind. Die Lehrerbildung muss sich deshalb stärker an den spezifischen Bedürfnissen der unterschiedlichen Schülergruppen orientieren. Dazu gehören neben fachlichen und didaktisch-methodischen auch pädagogische und psychologische Kompetenzen im

Umgang mit Schülerinnen und Schülern in Gefährdungslagen. Kompetenzen in den Bereichen Diagnostik, Sprachförderung, individuelle Förderung und integrativer/inklusiver Unterricht müssen bei allen Lehrämtern bereits Teil des Studiums sein und somit Teil der Lehrerbildung. Zudem sollten die Kompetenzen der Lehrkräfte in diesen Bereichen durch Fortbildungen erweitert und vertieft werden. (KMK 2010, S. 9)

Es wäre schon viel erreicht, wenn wenigstens ein Teil davon umgesetzt würde!

10.4 | Hilfe bei funktionalem Analphabetismus

Hilfen für Menschen, die lange unter Schulversagen und Schriftferne gelitten haben, erfordern jedoch ein integratives pädagogisch-therapeutisches Vorgehen, das die individuelle Biografie mit den oft traumatisierenden Schulerlebnissen und ihre Ängste beinhalten muss. Die Lehrenden sollten über die von der KMK 2010 geforderten Kompetenzen verfügen.

Neuere Ansätze belegen, dass sich Probleme beim Schriftspracherwerb am sinnvollsten und effektivsten innerhalb eines kognitiv-entwicklungspsychologischen Ansatzes erklären und beheben lassen. Die Theorie der kognitiven Klarheit (Valtin 1997, 2001c) besagt, dass Lernende zur Klarheit über Funktion und Aufbau der Schrift gelangen müssen und metakognitives Wissen in Bezug auf geeignete Lern- und Übungsstrategien sowie effektive Arbeitstechniken brauchen. Da man nicht passiv lernt, können bei der Komplexität und Abstraktheit der Schriftsprache Vorstellungen und Strategien entwickelt werden, die dem Lerngegenstand nicht angemessen sind und die sich bis zu Lernblockaden auswachsen können.

Beispiel Clara: Wie sah die Intervention aus?

Einige Anmerkungen zum Verlauf der zweijährigen Einzeltherapie anhand von Stundenprotokollen, Berichten und ihren eigenen Texten:

Zunächst mussten Rahmenbedingungen geschaffen werden, um Clara trotz fehlender häuslicher Unterstützung möglichst rasch die notwendigen »Schlüsselkompetenzen für eine aktive Teilhabe an der Schriftkultur der Gesellschaft« zu vermitteln, die Menschen mit gescheiterter Alphabetisierung fehlen. Die positive Zusammenarbeit zwischen Therapie, Hort und Schule war ein wichtiger Schlüssel. Zentrale Kernpunkte der Förderung waren die Schaffung positiv besetzter Erfahrungen mit Schrift sowie die Veränderung ihres negativen Selbstkonzepts.

Der Zugang zur Schrift war für sie stark emotional besetzt. Ausgehend von persönlichen Erlebnissen, eigenen Bildern und gesehenen Filmen erfand Clara Geschichten, bei denen sie trotz ihrer sehr geringen literalen Erfahrung von Anfang an auf altersgemäße Sprache bestand. Ihre Motivation zum Schreiben speiste sich aus zwei Quellen: Sie suchte ein Ventil für die aus ihrer Sicht erlittenen häuslichen Ungerechtigkeiten, und sie wollte ihrer Klasse beweisen, dass sie nicht die »Doofe« ist.

Der Konflikt mit dem jüngeren Halbbruder, den Clara in ihrem ersten Schreiben kurz erwähnte, war der Anknüpfungspunkt für unsere Zusammenarbeit und blieb ein dominantes Thema. Zunächst diktierte sie Fantasiegeschichten am Computer, in denen es oft um Geschwisterrivalität ging, wobei sie beim Überarbeiten das Schreiben immer mehr übernahm. Sie fügte mithilfe des »Creative Writers« (Microsoft) Bilder und Grafiken zur Auflockerung und Leseerleichterung ein. Große Schrift, das Unterteilen ihrer Sätze in Sinnschritte und eine lesefreundliche Schrift, alles von und mit ihr erarbeitet, dienten der leichteren Lesbarkeit. Ein durchsichtiger Lesepfeil erleichterte ihr zudem das Lesen ihrer Geschichten, die sie in ihrer Klasse vortrug. Ihr ausgezeichnetes Gedächtnis bewahrte sie vor erneuten Misserfolgen. Parallel dazu übte sie gezielt das Lesen und Schreiben von Häufigkeits- und Fehlerwörtern in Wortlisten und mit einer Lernkartei (Kap. 8). Mithilfe des kommentierten Schreibens erwarb sie beim Formulieren ihrer Texte immer mehr Sicherheit. Rechtschreibphänomene wie Ableitung, doppelte Konsonanten, Groß-/Kleinschreibung wurden einzeln behandelt. Der Sprung zur phonetischen Schreibung gelang relativ rasch, ihre Ausspracheschwierigkeiten bei bestimmten Phonemen konnten jedoch nur über die Schriftbilder überwunden werden. Lange hielt die jahrelang nicht bearbeitete Verwechslung der Grapheme <b> und <d> trotz Eselsbrücken an, zumal sie diese in Druckschrift schrieb.

Claras Lernfortschritte wurden förderdiagnostisch begleitet und zusätzlich mithilfe der Hamburger Schreibproben (HSP) überprüft. In jeder Therapiestunde hatten neben dem Schreiben und Lesen Spiele und Gespräche einen hohen Stellenwert. Das Spiel »Wer ist es?« (Hasbro) suchte sie sich lange Zeit jede Stunde aus, obwohl ihr das Lesen der Namen schwerfiel und wir uns zunächst nur auf das Lesen der Anlaute zur Lösung beschränken mussten. Später kamen »Das Taschengeld-Spiel« (Schmidt), »Schatz der Inka« (Ravensburger) und die »Peking-Akte« (Parker) dazu – alles Spiele, in denen das Entschlüsseln von Texten für den Spielverlauf notwendig ist. Lange war es unabdingbar, dass sie in jedem Spiel gewann. Trotz negativer Erfahrungen im Anfangsunterricht mit der gleichnamigen Fibel reizten sie die Rätsel und Spiele der Software »Fürst Marigor und die Tobis« (Cornelsen), und sie arbeitete sich durch das Programm, wobei die akustische Hilfestellung ausgeschaltet blieb. Mit wachsendem Vertrauen lernte sie über ihre schwierigen häuslichen Verhältnisse zu sprechen, schrieb Briefe an den im Ausland lebenden Vater und formulierte mit den Freundinnen Liebesgedichte. Im Unterricht konnte eine Differenzierung der Anforderungen und Positivbewertung erreicht werden.

Aber es gab auch immer wieder Rückschläge durch Konflikte innerhalb der Familie und mit einzelnen Lehrkräften. Als die Hortbetreuung aufhörte, begann Clara ihre häuslichen Übungen zu vernachlässigen und wurde weniger zuverlässig. Ihr blieb kaum Zeit für das Erledigen ihrer Aufgaben für Schule und Therapie, denn der überforderten Mutter war die Tochter als Arbeitskraft wichtiger als deren Schullaufbahn. Daher beantragte sie keine Verlängerung der Hilfen beim Jugendamt. Das Angebot der Jugendhilfe, Zeit für das Lernen und ihren Schulabschluss zu erhalten, indem sie vorübergehend aus der Familie herausgenommen wurde, lehnte Clara ab, aus Angst, die Liebe der Mutter zu verlieren. Daher musste die Therapie vorzeitig beendet werden. Die Schulleiterin wollte jedoch nach Wegen suchen, um sie weiter im Unterricht zu fördern. Immerhin hatte Clara den Zugang zum Lesen und die Bedeutung des Schreibens für ihr Leben begriffen und konnte sich schriftlich verständlich zu machen. Im Abschlussbericht des Jugendamtes stand:

> Clara hat sich in den vergangenen zwei Jahren sehr positiv entwickelt. Ihre Ängste und ihre negative Selbsteinschätzung konnte sie durch positive Lernerfahrungen, Gespräche, Spiele und Ermutigung abbauen. Ihre verbale Aggressivität reduzierte sich. Sie lernte sich realistischer und damit positiver zu sehen, ihre Stärken im Mündlichen und inzwischen auch im Lesen anzuerkennen. Sie schaffte es, die fehlenden Grundlagen des alphabetischen Systems zu begreifen. Inzwischen kann Clara gesprochene Sprache in der Regel lautgetreu verschriften, Häufigkeitswörter größtenteils fehlerfrei. Die Anwendung der Regeln für die Groß- und Kleinschreibung sowie die Kürzung/Dehnung gelingt ihr immer häufiger.

Die verhängnisvolle Kette wurde aufgebrochen, und es bleibt zu hoffen, dass Clara ihre damals formulierten Wünsche inzwischen realisieren konnte:

Ich wünsche mir zwei Katzen ein Telefon und viele Bücher.
Ich möchte Floristin oder Bademeisterin werden.

Clara, 13 Jahre

Weiterführende, vertiefende Literatur

Bundesverband Alphabetisierung und Grundbildung e. V. (Hrsg.) (2006): Bewährte und neue Medien in der Alphabetisierung und Grundbildung. Stuttgart: Klett. Hier besonders der Beitrag von C. Löffler: Rechtschreibdiagnostik in der Alphabetisierung.
www.alphabetisierung.de: Die Website des Bundesverbands Alphabetisierung und Grundbildung e.V bietet eine Fülle an Informationen zur Zielgruppe: zum ALFA-Mobeil und ALFA-Telefon, eine Literaturdatenbank, einen Newsletter, Hilfen für die Kurssuche, Hinweise zu Referenten sowie Downloads von Artikeln oder Vorträgen zu diversen Themen von Öffentlichkeitsarbeit bis zu Migrantinnen und Migranten.
Dehn, M./Hüttis-Graff, P./Kruse, N. (Hrsg.) (1996): Elementare Schriftkultur. Schwierige Lernentwicklung und Unterrichtskonzept. Weinheim und Basel: Beltz.

Hessisches Kultusministerium (Hrsg.) (2011): Förderung der Lesekompetenzen in allen Schulstufen. Vom Lesefrust zur Leselust. Wiesbaden: HKM. (Download unter: http://www.kultusministerium.hessen.de/irj/HKM_Internet?cid=d8deace91b653cb1cb9799e66b4d217c)

Löffler, C./Füssenich, I. (2002): Prävention von Analphabetismus in den ersten beiden Schuljahren. In: Grundschule Heft 5. S. 17–19.

Nickel, S. (2004): Schriftspracherwerb von Kindern, Jugendlichen und Erwachsenen unter massiv erschwerten Bedingungen. In: Thomé, G. (Hrsg.): Lese-Rechtschreib-Schwierigkeiten (LRS) und Legasthenie. Eine grundlegende Einführung. Weinheim und Basel: Beltz. S. 86–106.

Osburg, C. (2000): Gesprochene und geschriebene Sprache. Aussprachestörungen und Schriftspracherwerb. Baltmannsweiler: Schneider.

Die Rache des Pharao

Kevin wünschte sich für das neue Jahr, dass er der
beste Schüler in der Klasse wird
und seine Schwester ärgerte ihn deshalb.
Kevin wollte sich dafür rächen:
„Du mit deinem Scheiß-Skarabäus am Hals!"
Die Schwester sagte: „Du wirst schon sehen!
Der Skarabäus wird sich an dir rächen."
Am 1. Januar um 0 Uhr 1 passierte es:
Der Skarabäus fing an zu leuchten.
Aus dem Senckenberg-Museum verschwand in diesem Moment
die Mumie von Ramses II.
10 Minuten später erschien sie in Kevins Zimmer.
Dem geschockten Kevin drohte der Pharao:
„Wenn du noch einmal den Skarabäus
deiner Schwester beschmutzt, wirst du verflucht!"
Danach verschwand er.
Kevin ärgerte nie wieder seine Schwester.

, 13

Anhang

Kleines linguistisches Glossar	227
Berichtsbogen Schriftspracherwerb	228
Individueller Förderplan	235
10-Wörter-Test	237
Wochenplan	238
Häufigkeitswörter nach dem ABC	239
Tipps zum Üben von Wörtern	240
Meine Übungswörter	241
Matrix für das Üben von Vokabeln	242
Zu Hause üben – ein Elternbrief	243

Kleines linguistisches Glossar

Dekodieren: Bedeutungsentnahme aus geschriebenen Texten, Wörtern, Sätzen

Diphthong (Zwielaut): Folge von zwei zur selben Silbe gehörenden Vokalen, z. B. [ai] in »klein«.

Frikat: Reibelaut, z. B. /f/ – /v/

Graph: einzelne Buchstaben, z. B. »a«, »A«, »G«

Graphem: kleinste bedeutungsunterscheidende Einheit auf der Schriftebene, die mit einem Phonem korrespondiert. Das Graphem <sch> entspricht dem Phonem mit /ʃ/ gekennzeichnet und wird durch die Graphen »s«, »c«, »h« realisiert

Koartikulation: Beeinflussung eines Lauts durch die Nachbarlaute, führt zur Verschmelzung

Minimalpaar: zwei Wörter, die sich in einem einzigen Phonem unterscheiden: Futter– Butter, Rind–Rand

Morphem: kleinste bedeutungstragende Einheit der Sprache, z. B. Stamm-Morphem: spiel/Spiel, Wortbildungs-Morphem: en, er

Phone (Laute): die kleinsten sprachlichen Einheiten der Sprache, die das Ohr unterscheiden kann, z. B. [o].

Phonem: kleinste bedeutungsunterscheidende Einheit im phonologischen System der Sprache. Phoneme werden in Schrägstriche gesetzt, z. B. /o/, und Phone (Laute) in eckige Klammern [o]. Sie werden durch Minimalpaarbildung ermittelt: (Matte – Mitte). Die Laute [s] und [d] sind Phoneme in »sein« und »dein«.

Phonetisch/phonemisch: lautorientiert

Phonologische Bewusstheit: Fähigkeit von Kindern, die Lautstruktur der gesprochenen Sprache zu erfassen (im weiteren Sinn: Segmentieren von Wörtern und Silben; im engeren Sinn: Erkennen und Unterscheiden von Lauten)

Phonem-Graphem-Korrespondenz: die Beziehungen zwischen Phonemen und Graphemen sind nicht eindeutig, da es zum einen im Deutschen viel weniger Schreibzeichen als Sprechlaute gibt und zum anderen verschiedene nichtlautliche Prinzipien die Rechtschreibung beeinflussen

Plosiv: Verschlusslaut, Konsonant, der stimmhaft [b] und stimmlos [p] sein kann

Rekodieren: Umsetzung geschriebener Sprache in gesprochene Sprache

Schreibsilbe: orthografisch durch die Silbentrennungsregeln festgelegt, oft weder mit der Sprechsilbe noch mit dem Morphem identisch. Problematisch ist die Trennung der Doppelkonsonanten, die Grapheme wie <nn>, <ll> oder <tt> auseinanderreißen und bei Kindern falsche Analogien bewirken. Bsp. Wort »Mutter« besteht aus den Sprechsilben /mu-tɐ/. Ein /t/ am Ende der ersten Silbe ist keinesfalls zu hören.

Semantik: Bedeutungslehre

Signalgruppen: häufig auftretende Buchstabengruppen, die weder der Silbe noch einem Morphem entsprechen, wie z. B. ing, ang, ack, ett, oll (Warwel 1981)

Silbe: Die Silbe ist die kleinste Lautgruppe im natürlichen Sprachfluss, zu unterscheiden ist zwischen Sprechsilbe und Schreibsilbe (orthografischer Silbe)

Sprechsilbe: Kinder zerlegen Wörter in rhythmische Sprechsilben, wie sie in Reimen und Liedern vorkommen, z. B. Meine Mu, meine Mu, meine Mutter …, Pu-ppe, Ta-tze, ko-mmen.

Syntax: Satzlehre

Wortstamm: Teil eines Wortes, an den Flexionsendungen angehängt werden können

Berichtsbogen Schriftspracherwerb

Name: _____   Vorname: _____   Schuljahr: _____

Klasse: _____   Lehrkraft: _____

1. Schülerdaten

Geburtsdatum: _____

Adresse: _____

Telefon/E-Mail: _____

Familiensituation: _____

Erstsprache: _____

2. Faktoren mit Einfluss auf den Schriftspracherwerb

Ausdrucksfähigkeit und Sprachentwicklung: _____

Interessen/Hobbys: _____

Selbstkonzept/Motivation: _____

_____

Lern- und Arbeitsverhalten: _____

_____

Aufgabenverständnis: _____

_____

Position innerhalb der Klasse: _____

Bisherige schulische Fördermaßnahmen: _____

Bisherige außerschulische Fördermaßnahmen: _____

Lernstandsanalyse

(o = noch nicht, + = teilweise, ++ = selbstständig/erwartungsgemäß)

	Sommer – Herbst Datum:	Herbst – Winter Datum:	Winter – Frühjahr Datum:	Frühjahr – Sommer Datum:
Basale Kenntnisse				
Buchstabenkenntnisse				
Buchstaben-Laut-Beziehungen				
Erkennt schriftsprachliche Aktivitäten				
Kann schriftliche Zeichen (Buchstabe, Zahl, Wort, Satz) unterscheiden				
Vergegenständlichung von Sprache				
Silbengliederung				
Reime erkennen				
Anlaute erkennen				
Mündlicher Sprachgebrauch				
Spricht verständlich und kann zuhören				
Versteht mündliche Arbeitsaufträge				
Stellt Fragen und antwortet sachgerecht				
Erzählt verständlich				
Äußert sich sprachrichtig				

	Sommer – Herbst Datum:	Herbst – Winter Datum:	Winter – Frühjahr Datum:	Frühjahr – Sommer Datum:
Lesen von Wörtern und Texten				
Vorphonetisch				
Benennt Buchstaben				
Errät Wörter (anhand der Anfangsbuchstaben o. a.)				
Phonetisch				
Erliest Wörter synthetisierend – ohne Sinnverständnis				
– mit Sinnverständnis				
Liest silbenweise				
Orthografisch				
Liest zwei- und dreigliedrige Grapheme (‹ei›, ‹sch›, ‹ch›, ‹ie›, ‹ieh›)				
Liest Konsonantencluster				
Liest unbetonte Silben (-el, -er)				
Kann Häufigkeitswörter (Funktionswörter) automatisiert lesen				

Leseentwicklung

	Sommer – Herbst Datum:	Herbst – Winter Datum:	Winter – Frühjahr Datum:	Frühjahr – Sommer Datum:
Leseverhalten				
Verbessert sich				
Fragt nach				
Leseverständnis – beim stillen Lesen				
– beim lauten Lesen				
Umgang mit Texten				
Liest Texte sinnerfassend				
Liest Texte sinngestaltend vor				
Schreiben und Rechtschreiben				
Schreiben / Schreibhaltung				
Schreibt einzelne Buchstaben richtig. Welche?				
Mischt Groß- und Kleinbuchstaben				
Schreibt in gut lesbarer Druckschrift				
Schreibt in Schreibschrift flüssig/formklar				

		Sommer – Herbst Datum:	Herbst – Winter Datum:	Winter – Frühjahr Datum:	Frühjahr – Sommer Datum:
Verschriftungsniveau	**Vorphonetisch**				
	Rudimentär (meist nur Anfangslaute)				
	Skeletthaft: zumeist Wiedergabe von Konsonanten				
	Phonetisch				
	Schreibt an eigener Aussprache orientiert				
	Ordnet Lauten Buchstaben richtig zu				
	Orthografisch				
	Kann zunehmend orthografische Regelungen anwenden				
	Macht falsche Generalisierungen				
	Schreibt 2- und 3-gliedrige Grapheme				
	Schreibt Umlaute und Diphthonge				
	Kann unbetonte Silben (-el, -er) schreiben				
	Schreibt Auslautverhärtungen				

		Sommer – Herbst Datum:	Herbst – Winter Datum:	Winter – Frühjahr Datum:	Frühjahr – Sommer Datum:
Verschriftungsniveau	Kann Häufigkeitswörter (Funktionswörter) richtig schreiben				
	Grammatisch				
	Trennt Wörter durch Lücken				
	Schreibt am Satzanfang groß				
	Markiert Satzende				
	Schreibt Nomen mit großen Anfangsbuchstaben				
Freies Schreiben					
Schreibt einzelne Wörter und malt					
Schreibt rudimentäre Sätze					
Schreibt grammatisch korrekte Sätze					
Beachtet Satzzeichen					
Schreibt kurze Texte					
Schreibt längere Texte					
Kontrolliert und korrigiert Texte					

	Sommer – Herbst Datum:	Herbst – Winter Datum:	Winter – Frühjahr Datum:	Frühjahr – Sommer Datum:
Arbeitstechniken				
Liest mithilfe eines Lesepfeils				
Schreibt sinnvoll ab.				
Übt mit einer Wörterkartei /Wortlisten				
Beherrscht Wege zur Erkundung der Richtigschreibung				

Auf der Basis der Lernstandsanalyse soll ein individueller Förderplan erstellt werden.

Individueller Förderplan

für: _____ Klasse: _____ Zeitraum: _____

Klassenlehrerin/-lehrer: _____ Deutschlehrerin/-lehrer: _____

Bereich	Lernstand	Förderinhalt/ Ziele	Fördermaterialien/ Kommentare
Motivation zum Lesen und Schreiben • Interesse an Texten und Büchern • Verwendung von Schrift zur Verständigung mit anderen			
Basale Kenntnisse • Vergegenständlichung von Sprache • Buchstabenkenntnisse			

Lesen
• Stand der Leseentwicklung beim Vorlesen
  – von Wörtern
  – von Texten
• Leseverständnis beim stillen Lesen
• Leseverhalten
• Umgang mit Texten			

Schreiben • Abschreiben • Schreibhaltung/Schriftbild			
Freies Schreiben • Texte planen, schreiben und überarbeiten • Motivation zum Schreiben von Texten			

Bereich	Lernstand	Förderinhalt/ Ziele	Fördermaterialien/ Kommentare
Rechtschreiben • Verschriftungsniveau • Beachtet Groß- und Kleinschreibung • Fragt nach Richtigschreibung/Schaut im Wörterbuch nach			
Arbeitstechniken • Lesestrategien • Übungsstrategien			

Ergänzungen:

10-Wörter-Test

M33 Lernstandsanalyse: Zehn-Wörter-Test

COPY

Deutsch differenziert 3/2006

Name: .... Datum: ....

Schreib mal ...

Meine Lieblingswörter:

_____

_____

_____

Auswertungshinweise zum Verschriftungsniveau:
vorphonetisch (rudimentär, Skelettschreibung),
phonetisch (an eigener Aussprache, an Standardlautung orientiert),
orthographisch (orthographische Regelungen falsch generalisiert bzw. richtig beachtet)

Deutsch differenziert 3/2006
Weitere Materialien und Artikel finden Sie unter www.deutsch-differenziert.de
in der Rubrik »Suchen und Finden« → »Einzelheftarchiv«

aus: Naegele, Praxisbuch LRS, © Beltz Verlag · Weinheim und Basel

Wochenplan für die Woche vom _____ bis _____

	Montag	Dienstag	Mittwoch	Donnerstag	Freitag
Heute ist wichtig					
13:00 bis 13:20 Uhr					
13:20 bis 13:40 Uhr					
13:40 bis 14:00 Uhr					
14:00 bis 14:20 Uhr					
14:20 bis 14:40 Uhr					
14:40 bis 15:00 Uhr					
15:00 bis 15:20 Uhr					
15:20 bis 15:40 Uhr					
15:40 bis 16:00 Uhr					
16:00 bis 16:20 Uhr					
16:20 bis 16:40 Uhr					
16:40 bis 17:00 Uhr					
17:00 bis 17:20 Uhr					
17:20 bis 17:40 Uhr					
17:40 bis 18:00 Uhr					
18:00 bis 18:20 Uhr					
18:20 bis 18:40 Uhr					
18:40 bis 19:00 Uhr					

rot = Hobbys, Sport, Musik   blau = Hausaufgaben   gelb = Pausen   grün = freie Zeit   eigene Farbe = üben

Häufigkeitswörter nach dem ABC
ohne Verben und Nomen (* häufige Fehler)

ab	einzelnen	schon
aber	er	sehr*
alle	es	sein
als	für	seine
am	ganz*	seiner
an	gegen	selbst
auch	hier*	sich
auf	ich*	sie
aus	ihm*	so
bei	ihn*	über
bis	ihnen	um
da	ihr	und*
dann*	ihre	uns
das*	im	unter
dass*	in	vom*
dem	ja	von*
den*	man	vor
denn*	mehr	was
der	meine	weg
des	mich	welche
die	mir*	wem
diese	mit	wen
dieser	nach	wenn*
doch	nicht*	wer
du	nie	wie*
durch	noch	wieder*
ein	nun	wir*
eine	nur	wo
einem*	ob	zu
einen	oder	zum
einer	oft	zur
eines*	ohne	

Tipps zum Üben von Wörtern

So kannst du Wörter in Listen mit vier Spalten üben:
1. Schreibe Fehlerwörter richtig in Spalte 1 und lies sie.
2. Decke jeweils ein Wort zu und schreibe es in Spalte 2.
3. Vergleiche anschließend:
- Ist das Wort richtig geschrieben, mache einen Haken.
- Ist das Wort falsch geschrieben, streiche es durch und schreibe es noch einmal in Spalte 3.
4. Vergleiche wieder wie in 3.
5. Übe die Wörter noch ein- bis zweimal in den Spalten 3 und 4

Spalte 1	Spalte 2	Spalte 3	Spalte 4
Wort	schreibe auf	schreibe und übe	schreibe und übe
dann			
alle			
wann			
wenn			
denn			
immer			
wenn			
ein			
nein			
mein			
kein			
sein			
klein			
eine			
meinem			
deiner			
eines			

Meine Übungswörter für die Woche vom _____ bis _____

Übungswörter eintragen	abschreiben und vergleichen	schreiben und vergleichen	schreiben und vergleichen	schreiben und vergleichen

Lass dir einen oder zwei Sätze diktieren, in denen die obigen geübten Wörter vorkommen: _____

Diese Wörter muss ich noch üben: _____

Matrix für das Üben von Vokabeln

Name: _____   Datum: _____

lfd. Nr	Vokabel	abschreiben (von Hand)	üben (von Hand)	üben (von Hand)	deutsche Übersetzung
1					
2					
3					
4					
5					
6					
7					
8					
9					
10					

Zu Hause üben – ein Elternbrief

Liebe Eltern,

Sie möchten Ihrem Kind helfen, damit es weniger Fehler beim Schreiben macht und Lesen als etwas Positives erlebt. Vielleicht wehrt es sich auch gegen das Schreiben, weil es ihm schwer fällt. Oftmals weichen Kinder dem Üben aus und sehen lieber fern, chatten im Internet und spielen am Computer. Häusliches Üben ist häufig eine Tortur für alle Beteiligten, und das Ergebnis steht in keinem Verhältnis zum Zeitaufwand. Mehr Druck, Verbote oder Strafen bringen in den seltensten Fällen Besserung, mit der Folge, dass die ganze Familie leidet.

Wo liegt das Problem?

Sie sollten sich klarmachen, dass Ihr Kind zunächst nicht aus Faulheit, Unkonzentriertheit oder Dummheit Fehler macht, sondern weil es bestimmte Lernschritte noch nicht verstanden hat und mehr Zeit, günstigere Lernbedingungen und gezielte Anregungen braucht, um sich diese Einsichten anzueignen. Dies ist keine Frage von Intelligenz. Bedenken Sie, dass Ihr Kind eine positive Einstellung zum Üben benötigt. »Angst macht dumm«, wie das Sprichwort und heute die Hirnforscher sagen. Wichtiger als alles häusliche Üben ist, dass Sie Ihr Kind mit seinen Stärken und Schwächen akzeptieren, sich Zeit für seine Freuden und Sorgen nehmen und es unterstützen. Dazu ist natürlich der Kontakt zur Schule wichtig und das Gespräch mit der Lehrkraft, die von den Anstrengungen Ihres Kindes beim Lesen und Schreiben und Problemen bei den Hausaufgaben erfahren sollte.

Wo fange ich an?

Zunächst einmal ist wichtig, dass Sie verstehen, dass Fehler etwas Normales sind und die individuellen Vorstellungen Ihres Kindes über unsere Orthografie wiedergeben. Vier der häufigsten Verstöße gegen die Regeln stelle ich Ihnen kurz vor:

1. **»Schreiben, wie man spricht«**: Viele Kinder mit LRS nehmen diese Aufforderung wörtlich, d. h. sie bemühen sich, das Gehörte in seine lautlichen Bestandteile zu zerlegen und diesen Buchstaben zuzuordnen. Diese Strategie ist höchst fehlerträchtig, da im Deutschen der Anteil an lautgetreuen Wörtern nicht sehr groß ist. Vor allem unter Stress und bei der Konzentration auf »schwere« Wörter werden sogenannte »einfache« Wörter falsch geschrieben: »unt«, »aein«, … Dem Kind fehlt in diesem Fall Sicherheit im Grundwortschatz und Einblicke in das Regelsystem der Rechtschreibung.

2. **Verwechslung von Dehnung und Kürzung:** Kinder bilden sich eigene »logische« Regeln, die jedoch oft nicht mit denen unserer Orthografie übereinstimmen: In ihrer Konzentration auf die Mitlaute (statt auf den Selbstlaut) verschriften manche Kinder nach der Regel »Was ich lang höre, schreibe ich auch lang«. So wird »der Hase« mit zwei »s« geschrieben, das Verb »hassen« mit einem »s«. Richtig wäre jedoch, wenn das Kind sich auf die Länge oder Kürze des Selbstlauts konzentrierte. Der Doppelkonsonant ist das Zeichen dafür, dass der Vokal davor kurz gesprochen wird (Mutter – Mut). Der Hinweis, ein Wort mit Klatschen in Silben zu trennen, um die beiden Mitlaute zu hören, ist bei Doppelkonsonanten wenig hilfreich. Wir sprechen nicht »Mut-ter«, sondern »Mu-ter«. Die beiden »t« zeigen an, dass der Vokal davor kurz gesprochen wird.
3. **Schreiben ohne Punkt und Komma:** Ein Kind, das beim Lesen die Satzzeichen nicht berücksichtigt (und so den Sinn oft nicht versteht), vergisst diese häufig auch beim Schreiben. Ihm ist die Bedeutung der Satzzeichen noch nicht klar. Hier hilft es, das Kind zunächst jeden neuen Gedanken in einer neuen Zeile beginnen zu lassen. Die Wichtigkeit von Satzzeichen wird einem Kind auch deutlich, wenn man seine eigenen Geschichten beim Vorlesen durch verfremdete Pausen entstellt.
4. **Groß- und Kleinschreibung:** Während das Wort am Satzanfang von den Kindern meist richtig, d. h. mit großem Anfangsbuchstaben geschrieben wird, fällt es vielen Kindern lange Zeit schwer, die Wörter nach Wortarten entsprechend ihrer Verwendung im Satz richtig zu schreiben. Der Hinweis, dass man nach einem Artikel groß schreibt, ist problematisch, da dann leicht falsche Wörter groß geschrieben werden, wie z. B. »das Alte auto«. Das Kind erkennt nicht, dass sich »das« auf »Auto« bezieht und »alte« als Adjektiv klein geschrieben wird. Oftmals schreiben Kinder willkürlich je nach Betonung groß oder weil die neue Zeile beginnt. Hier hilft das Üben im ganzen Satz.

Wie kann ich die Rechtschreibung meines Kindes fördern?

Da es nur wenige unproblematische kommerzielle Übungsmaterialien gibt, ist die Arbeit mit den individuellen Fehlerwörtern des Kindes sehr sinnvoll und hat sich seit Jahrzehnten bewährt. Neben der Rechtschreibung fördert die Karteiarbeit die Satzbildung mit Zeichensetzung, genaues Lesen und Vergleichen, sprachlich richtigen Ausdruck und übt Lern- und Arbeitstechniken ein.

Bevor Sie konkrete Tipps zum Üben erhalten, noch ein paar Ratschläge vorweg, die über Erfolg oder Misserfolg Ihres Engagements entscheiden:

Wichtig ist, dass Sie
- das Selbstwertgefühl Ihres Kindes stärken, indem Sie es positiv motivieren, richtige Lösungen hervorheben, weder schimpfen noch ärgerlich reagieren!

- Ihrem Kind da helfen, wo es Lücken hat, d.h. es nicht über-, aber auch nicht unterfordern!
- mit Ihrem Kind lieber wenig und intensiv üben anstelle von Vielem ein wenig, vor allem nicht mehrere Regeln zur gleichen Zeit!

Was beim Üben vermieden werden sollte (!)

- schnelle Lernerfolge zu erwarten
- Ungeduld zeigen oder schimpfen – Angst blockiert
- länger als vereinbart arbeiten und zu viel auf einmal fordern
- Konzentration auf die Fehler
- für Fehler oder schlechte Noten mit Liebesentzug oder anderen Sanktionen strafen
- unbekannte Texte aus Übungsbüchern oder aus der Zeitung diktieren
- Fehler zu provozieren durch Diktate mit ähnlich oder gleich klingenden Lauten, die unterschiedlich verschriftet werden, z.B. der ks-Laut im Wort »Fuchs«, der »x« – »chs« – »gs« – »ks« geschrieben werden kann

Anleitung zur Arbeit mit einer Lernkartei und Wortlisten

Die Arbeit mit einer Kartei, die eigene Fehlerwörter enthält, hat sich als effektive, billige und erfolgreiche Übungsmethode vielfach bewährt. Ihr Kind soll mit einer kurzen Übung seine Angst vor Fehlern verlieren, neue Motivation am Schreiben gewinnen und die erworbenen Techniken erfolgreich im schulischen Schreiben umsetzen.

Voraussetzung ist jedoch regelmäßiges, kurzes, systematisches und sorgfältiges Üben, was erfahrungsgemäß meist nur unter Mithilfe einer erwachsenen Person möglich ist.

Üben mit der Lernkartei

Was wird benötigt?
- ein Karteikasten mit passenden Karteikarten in vier Farben (DIN A6 oder 7)
- ein Schreibheft
- fünf Karten eines ABC-Registers zur Unterteilung

Die Rückseiten der ersten vier Registerkarten werden mit »1«, »2«, »3«, »4« und die fünfte Karte mit »fertig« beschriftet. Sie bilden den Rahmen für die Karteiarbeit.

Woher kommen die Wörter?
Die Rechtschreibfehler Ihres Kindes in Geschichten, Diktaten, Hausaufgaben, Briefen u. a. sind die Wörter, die geübt werden sollen.

Wie richte ich eine Kartei ein?
Zunächst muss festgelegt werden, welche Kartenfarbe welche Wortart vertritt, am besten so, wie es im Deutschunterricht üblich ist: z. B. alle Nomen auf rote, Verben auf blaue, Adjektive auf gelbe und alle anderen Wortarten auf weiße Karteikärtchen.

Nun werden von einem Erwachsenen die bisher fehlerhaften Wörter einzeln richtig und gut leserlich auf Karteikärtchen der entsprechenden Farbe geschrieben:
- bei Nomen (Namenwörtern) wird der Artikel (evt. auch die Mehrzahl) ergänzt: z. B. die Maus – die Mäuse, der Freund – die Freunde, der Fuchs – die Füchse
- bei Verben das Personalpronomen (persönliche Fürwörter) und darunter die Grundform: z. B. er geht – gehen, du rennst – rennen, sie fährt – fahren
- bei Adjektiven eventuell die Verlängerungsform (bei Endungen -ig, -lich) oder ein verwandtes Wort, das die Schreibung näher erklärt, z. B. gefährlich (die Gefahr, fahren), nächster (nach), wenig (weniger)
- die kritische Stelle im Wort, die den Fehler bewirkte, kann auch noch innerhalb des Wortes farbig betont werden: z. B. hässlich (der Hass)
- Außerdem sollten Dehnung und Kürzung markiert werden: Die Länge des Vokals (Selbstlaut) wird mit einem Strich gekennzeichnet, z. B. sie fährt (fahren). Wird der Vokal kurz gesprochenem, wird darunter ein Punkt gesetzt: z. B. ihr esst (essen). Wichtig ist, dass der Selbstlaut und nicht der Doppelmitlaut markiert wird!

Alle neuen Karten kommen in das Fach vor der Karte mit der Nummer 1.

Achten Sie bitte darauf, dass auf den einzelnen Karten nicht zu viele Informationen stehen!

Wie wird geübt?
Das Üben sollte in dem eigens dafür vorgesehenen Heft erfolgen. Das Ziel ist, dass Ihr Kind möglichst viele Wörter richtig schreibt. Es sollte außer am Wochenende und dem größten Teil der Ferien täglich insgesamt zehn bis 15 Minuten geübt werden.
- Nach Eintrag des Datums nimmt Ihr Kind zwei bis vier Karteikarten – später aus unterschiedlichen Fächern – und liest sie sich sorgfältig durch.
- Es überlegt sich laut ein bis zwei Sätze mit den ausgewählten Wörtern. Damit ein Satz sprachlich richtig ist und auch nicht zu viele zusätzliche schwierige Wörter den Lernerfolg gefährden, sollten Sie den Satz ggf. leicht korrigieren. Jetzt werden die Karten umgedreht zur Seite gelegt. (Ab der 4. Klasse sollte ein Satz einen Nebensatz enthalten, sodass Ihr Kind auch die Kommasetzung übt.)
- Nun diktieren Sie Ihrem Kind diesen gemeinsam überlegten Satz langsam und deutlich und kommentieren dabei bestimmte allgemeine Regeln, die Ihr Kind noch

nicht ausreichend beachtet, z. B. »Wie schreibt man am Satzanfang?« oder »Nomen schreibt man …«.
- Ihr Kind soll diesen Satz anschließend sorgfältig allein durchlesen, einmal von vorne, einmal wortweise vom Ende des Textes her (um sich vom Satzzusammenhang zu lösen).
- Erst danach vergleicht es die Karteiwörter einzeln mit dem Text. Wurde ein Karteiwort richtig geschrieben, erhält die Karteikarte rechts oben ein »+« und wandert ins nächste Fach (von 0 in 1, von 1 in 2 usw.); war das Wort falsch, geht die Karte in Fach 0 zurück und erhält einen Strich »–«. Zur Festigung wird dieses Wort nun dreimal richtig unter den Satz geschrieben.

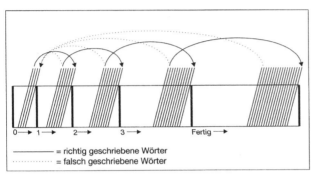

So wandern die Wörter

- Nun gehen Sie gemeinsam den geschriebenen Satz durch, zählen alle richtig geschriebenen Wörter und schreiben einen positiven Kommentar unter die Übung, z. B. »6 von 8 Wörtern richtig, super!«. Ein Sticker, Stempel oder ein zusätzliches Lob erhöhen die Motivation.
- Wörter, die mindestens fünfmal richtig geschrieben wurden und ins Fach »fertig« gelangt sind, bilden den eigenen Schreibwortschatz. Die Karten können an anderer Stelle alphabetisch gesammelt werden und sollten von Zeit zu Zeit einmal gezählt, durchgesehen und überprüft werden.

Üben mit Wortlisten

Falls Ihr Kind sich gegen das Üben mit der Kartei wehrt oder Sie auch nicht sicher sind, ob die gebildeten Sätze grammatisch stimmen, können Wortlisten als Übungsform helfen.

Richten Sie sich am Computer oder per Hand ein DIN-A4-Blatt im Querformat mit fünf Spalten ein. Nun schreiben Sie in die erste Spalte die Übungswörter Ihres Kindes, möglichst nach Fehlerschwerpunkten geordnet (siehe Karteiarbeit) gut lesbar auf. Ihr Kind kann dann jeweils das betreffende Wort lesen, zudecken, aus dem Gedächtnis schreiben und anschließend mit der Vorgabe vergleichen. Hat es das Wort richtig geschrieben, erhält es einen Haken. War das Wort falsch, wird es sofort in der nächsten Spalte nochmals richtig abgeschrieben. Nach zwei solchen Durchgängen sollte die dritte Wiederholung über Diktieren erfolgen, um zu überprüfen, ob das Wort nun gesichert ist. Danach sollte das Kind seine Schreibung wiederum mit der Vorgabe vergleichen.

Datum:			Ich übe Wörter	
Wort	abschreiben, vergleichen, verbessern	schreiben, vergleichen, verbessern	schreiben, vergleichen, verbessern	schreiben, vergleichen, verbessern

Beispiel einer Wortliste

Vokabellernen mit der Kartei

Nach ähnlichem Prinzip kann das Üben von Vokabeln erfolgen. Hier wird auf die eine Kartenseite das fremdsprachliche Wort oder der Begriff geschrieben und auf die andere die deutsche Übersetzung. Nach dem Überlegen, Anschauen und Schreiben sollte nach jedem Wort gleich verglichen werden und eventuell bei Fehlern die Vokabel dreimal richtig geschrieben werden.

Die Anzahl der zu übenden Vokabeln sollte auf jeweils zehn begrenzt werden. Keinesfalls sollten im gleichen Arbeitsgang neben den Vokabeln die deutsche Übersetzung geschrieben werden, da sonst die sogenannte Ranschburgsche Hemmung bewirkt, dass Ihr Kind verunsichert wird, statt die richtige Schreibung zu behalten.

Zum Vokabellernen eignen sich ebenfalls Wortlisten-Vorlagen, um damit Wörter zu üben, die nach mehrfachem Schreiben noch fehlerhaft sind. Vorgegeben werden soll in der linken Spalte das Wort in der Fremdsprache, in der ganz rechten Spalte die deutsche Übersetzung. Das Üben selbst soll von Hand erfolgen.

Datum: _____

lfd. Nr.	Computer	von Hand schreiben			Computer
	Vokabel	abschreiben	üben	üben	deutsche Übersetzung
1					
2					
3					

Matrix für das Üben von Vokabeln

Denken Sie daran, dass Üben nur dann positive Ergebnisse bringt, wenn Sie Verständnis und Geduld für die Schwierigkeiten Ihres Kindes aufbringen können und es sich von Ihnen helfen lassen will. Ist dies nicht der Fall, so ist zu befürchten, dass die Lernprobleme sein Selbstwertgefühl beeinträchtigen. Ihr Kind leidet, weil es glaubt, dass Sie es nur dann lieben, wenn es gute Leistungen erbringt. In diesem Fall sollten Sie über andere Hilfsmöglichkeiten nachdenken und sich fachlichen Rat holen.

Mit besten Wünschen

Literaturverzeichnis

Adrion, D. (1978): Praxis des Rechtschreibunterrichts. Freiburg: Herder.
Ahlering, E. (2006): Das Scheeßeler Modell. Außerschulische Rechtschreibförderung durch Gymnasiasten/innen. In: Hofmann, B./Sasse, A. (Hrsg.): Legasthenie. Lese-Rechtschreibstörungen oder Lese-Rechtschreibschwierigkeit? Berlin: DGLS, S. 215–227.
Akademie für Lehrerfortbildung (2001): Lese-Rechtschreib-Schwierigkeiten. Diagnose – Förderung – Materialien. Projektplanung und Gesamtredaktion: B. Ganser. 2. Auflage. Donauwörth: Auer.
Amrosa, H./Noterdaeme, M. (2003): Therapie schwerer Lese-Rechtschreib-Störungen. In: Suchodoletz, W. v. (Hrsg.): Therapie der Lese-Rechtschreib-Störung (LRS). Stuttgart: Kohlhammer, S. 79–90.
Andresen, H. (2009): Sprachliche Bewusstheit im Kontext von Spracherwerb und Schriftspracherwerb. In: Hofmann, B./Valtin, R. (Hrsg.): Projekte, Positionen, Perspektiven. 40 Jahre DGLS. Berlin: Deutsche Gesellschaft für Lesen und Schreiben, S. 83–104.
Andresen, U. (2006): Die Hand, die Schrift, das Schreiben, die Freiheit. In: Grundschule aktuell, Heft 96.
Artelt, C./Stanat, P./Schneider, W./Schiefele, U. (2001): Lesekompetenz: Testkonzeption und Ergebnisse. In: Baumert, J./Klieme, E./Neubrand, M./Prenzel, M./Schiefele, U./Schneider, W./Stanat, P./Tllmann, K./Weiß, M. (Hrsg.): PISA 2000. Basiskompetenzen von Schülerinnen und Schülern im internationalen Vergleich. Opladen: Leske + Budrich, S. 69–137.
Augst, G./Dehn, M. (1998): Rechtschreibung und Rechtschreibunterricht. Stuttgart: Klett.
Axline, V. M. (1997): Kinder-Spieltherapie im nicht-direktiven Verfahren. 9., neugestaltete Auflage. München: E. Reinhardt.
Backhus, J. (2011): Ohne Lese-Rechtschreib-Schwierigkeiten durch die Schule. Der kleine Lerndrachen. Stuttgart: Klett.
Ballinger, E. (2003): Lerngymnastik-Bewegungsübungen für mehr Erfolg in der Schule. 7. Auflage. Wien: Haupt.
Bamberger, R. (2002): Zur Lesemisere. In: Forschungsdienst Lesen und Medien der Stiftung Lesen, Nr. 19/2002.
Bartnitzky, H. (2000): Diktate – oder was sonst? In: Valtin, R. (Hrsg.): Rechtschreiben lernen in den Klassen 1–6. Frankfurt/M.: Grundschulverband, S. 124–128.
Bartnitzky, H. (2010): Individuell fördern – Kompetenzen stärken. In: Bartnitzky, H./Hecker, U. (Hrsg.): Allen Kindern gerecht werden. Aufgaben und Wege. Frankfurt/M.: Grundschulverband, S. 307–317.
Bartnitzky, H. (2011): Grundschrift: Konzept und Begründungen. In: Bartnitzky, H./Hecker, U./Mahrhofer-Bernt, Ch. (Hrsg.): Grundschrift. Damit Kinder besser schreiben lernen. Frankfurt/M.: Grundschulverband, S. 12–30.
Bartnitzky, H./Brügelmann, H./Erichson, Ch. (2002): Aufruf: »Fördert das Rechtschreiblernen – schafft die Klassendiktate ab!« In: Balhorn, H./Bartnitzky, H./Büchner, I/Speck-Handam, A. (Hrsg.): Sprachliches Handeln in der Grundschule. Schatzkiste Sprache 2. Frankfurt/M.: Grundschulverband/DGLS, S. 267–272.

Bartnitzky, H./Brügelmann, H./Hecker, U./Schönknecht, G. (Hrsg.) (2005): Pädagogische Leistungskultur: Materialien für Klasse 1 und 2. Frankfurt/M.: Grundschulverband.
Bartnitzky, H./Brügelmann, H./Hecker, U./Schönknecht, G. (Hrsg.) (2006): Pädagogische Leistungskultur: Materialien für Klasse 3 und 4. Frankfurt/M.: Grundschulverband.
Bartnitzky, H./Hecker, U. (2006): Deutsch. Pädagogische Leistungskultur: Materialien für Klasse 3 und 4. Frankfurt/M.: Grundschulverband (CD).
Bartnitzky, H./Hecker, U./Mahrhofer-Bernt, Ch. (Hrsg.) (2011): Grundschrift. Damit Kinder besser schreiben lernen. Frankfurt/M.: Grundschulverband.
Baumert, J./Klieme, E./Neubrand, M./Prenzel, M./Schiefele, U./Schneider, W./Stanat, P./Tillmann, K./Weiß, M. (Hrsg.) (2001): PISA 2000. Basiskompetenzen von Schülerinnen und Schülern im internationalen Vergleich. Opladen: Leske + Budrich.
Bayerischer Erlass → Bayerische Staatsministerien für Unterricht und Kultus und Wissenschaft, Forschung und Kunst (1999/2000): Bekanntmachungen »Förderung von Schülern mit besonderen Schwierigkeiten beim Erlernen des Lesens und des Rechtschreibens«.
Becker, T. (2011): Der Orthographieerwerb deutscher und deutsch-türkischer Kinder im Vergleich. In: Hornberg, S./Valtin, R. (Hrsg.): Mehrsprachigkeit. Chance oder Hürde beim Schriftspracherwerb. Berlin: DGLS, S. 137–151.
Bernburger Thesen zur Alphabetisierung. (2006) In: Bundesverband Alphabetisierung und Grundbildung. e. V. (Hrsg.): Bewährte und neue Medien in der Alphabetisierung und Grundbildung. Stuttgart: Klett, S. 177–178.
Bettelheim, B./Zelan, K. (1985): Kinder brauchen Bücher. München: dtv.
Bettelheim, B. (2003): Ein Leben für Kinder. Erziehung in unserer Zeit. Neuauflage. Weinheim und Basel: Beltz.
Bildungsserver Berlin-Brandenburg (2013): Deutsch: Lese-Rechtschreib-Schwierigkeiten. www.bildungsserver.berlin-brandenburg. de/lrs.html (Abruf 25.06.2013).
Bos, W./Lankes, E. M./Prenzel, M./Schwippert, K./Valtin, R./Walther, G. (Hrsg.) (2004): IGLU. Einige Länder der Bundesrepublik Deutschland im nationalen und internationalen Vergleich. Münster: Waxmann.
Bos, W./Hornberg, S./Arnold, K. H./Faust, G./Fried, L./Lankes, E. M./Schwippert, K./Valtin, R. (Hrsg.) (2008a): IGLU-E 2006. Die Länder der Bundesrepublik Deutschland im nationalen und internationalen Vergleich. Münster: Waxmann.
Bos, W./Lankes, E. M./Prenzel, M./Schwippert, K./Valtin, R./Walther, G. (Hrsg.) (2008b): IGLU. Einige Länder der Bundesrepublik Deutschland im nationalen und internationalen Vergleich. Münster: Waxmann.
Bosch, B. (1937/1984): Grundlagen des Erstleseunterrichts. Reprint der 1. Auflage 1937 mit einem Nachwort von R. Valtin. Frankfurt/M.: Arbeitskreis Grundschule.
Brauer, J./Lehmann, L. M. (2013): Max-Planck-Institut Leipzig. Ein Interview zum Legascreen-Projekt mit Dr. Jens Brauer (21.03.2013). www.legasthenie-coaching.de/interview-zum-legascreen-projekt-mit-dr-jens-brauer/ (Abruf 06.04.2013).
Bredel, U./Fuhrhop, N./Noack, Ch. (2011): Wie Kinder lesen und schreiben lernen. Tübingen: Francke.
Breuninger, H./Betz, D. (1996): Jedes Kind kann schreiben lernen. 6. Auflage. Weinheim und Basel: Beltz.
Brinkmann, E./Brügelmann, H. (2005): Deutsch. Pädagogische Leistungskultur: Materialien für Klasse 1 und 2. Frankfurt/M.: Grundschulverband (CD).

Brinkmann, E./Rackwitz, R. Ph./Wespel, M. (2006): Freies Schreiben fördert die Rechtschreibentwicklung. In: Hofmann, B./Sasse, A. (Hrsg.): Legasthenie-Lese-Rechtschreibstörungen oder Lese-Rechtschreibschwierigkeiten? Berlin: DGLS.
Breuninger, H./Betz, D. u. a. (1982): Jedes Kind kann schreiben lernen. Ein Ratgeber für Lese-Rechtschreib-Schwäche. Weinheim und Basel: Beltz.
Brinkmann, E. (2011). Rechtliche Grundlagen: Grundschrift in den Bundesländern. In: Bartnitzky, H./Hecker, U./Mahrhofer-Bernt, Ch. (Hrsg.): Grundschrift. Damit Kinder besser schreiben lernen. Frankfurt/M.: Grundschulverband, S. 49–51.
Brosche, H. (2011): Hauptschüler schreiben ein Buch. In: Pädagogik 1/11, S. 52–53.
Bruchmüller, K./Schneider, S. (2012): Fehldiagnose Aufmerksamkeitsdefizit- und Hyperaktivitätssyndrom? In: Psychotherapeut 2012, S. 77–89.
Brügelmann, H. (1997): Fördern durch Fordern. In: Balhorn, H./Niemann, H. (Hrsg.): Sprachen werden Schrift. Lengwil: Libelle, S. 20–29.
Brügelmann, H. (2000): Gutachten zur fachlichen Einschätzung des bayerischen Erlasses zur Förderung zur Förderung von Schülern mit besonderen Schwierigkeiten beim Erlernen des Lesens und des Rechtschreibens vom 16.11.1999. www.alphabetisierung.de → Service → downloads → Fachtexte → Brügelmann-GEW-LRS.pdf. (Abruf 20.03.2013).
Brügelmann, H. (2003): Prävention von Lese-/Rechtschreibschwierigkeiten durch ein phonologisches Training vor der Schule? In: logik.03.artikel_grundschule.07–132.pdf. www.agprim.uni-siegen.de/logik…/logik[1].03.artikel…grundschule.0… (Abruf 06.08.2012).
Brügelmann, H. (2004): »Output« statt »Input«? Kritische Anmerkungen zur aktuellen Leistungsdebatte. In: Bartnitzky, H./Speck-Hamdan, A. (Hrsg.): Leistungen der Kinder wahrnehmen – würdigen – fördern. Frankfurt/M.: Grundschulverband, S. 10–26.
Bühler-Niederberger, D. (2006): Legasthenie – Geschichte einer Pathologisierung. In: Hofmann, B./Sasse, A. (Hrsg.): Legasthenie. Lese-Rechtschreibstörungen oder Lese-Rechtschreibschwierigkeiten? Berlin: DGLS, S. 20–42.
Bundesverband Alphabetisierung und Grundbildung (2013): Infos: Wie viele funktionale Analphabeten gibt es in Deutschland? www.alphabetisierung.de/infos/faq.html (Abruf 14.06.2013).
Comenius, J. A. (1657/1971): Aus der »Großen Didaktik«. In: Gewalt sei ferne den Dingen. Eine Auswahl aus seinen Schriften, erläutert und herausgegeben von E. Biewend. Heilbronn: E. Salzer, S. 39–57.
Crämer, C./Füssenich, I./Schumann, G. (Hrsg.) (2004): Lesekompetenz erwerben und fördern. Braunschweig: Westermann.
Daublebsky, B. (1977): Spielen in der Schule. Vorschläge und Begründungen für ein Spielcurriculum. 5. Auflage. Stuttgart: Klett.
Dehaene, S. (2009): Reading in the Brain. New York: Viking. Deutsche Übertragung (2010): Lesen. 3. Auflage. München: Knaus.
Dehn, M. (2006): Zeit für die Schrift I. Lesen und Schreiben können. Berlin: Cornelsen.
Dehn, M./Hüttis-Graff, P./Kruse, N. (Hrsg.) (1996): Elementare Schriftkultur. Schwierige Lernentwicklung und Unterrichtskonzept. Weinheim und Basel: Beltz.
Dehn, M./Hüttis-Graff, P. (2006): Zeit für die Schrift II: Beobachtung und Diagnose. Berlin: Cornelsen.
Demmer, M. (2011): Zehn Jahre PISA-Trauma. In: Erziehung und Unterricht 12/2011. www.gew.de/GEW_Zehn_Jahre_PISA_Trauma_und_kein_Ende. html (Abruf 06.06.2013).

Deutsch differenziert (2006): Lese-Rechtschreibschwierigkeiten im Anfangsunterricht. Heft 3 (mit Material auf CD) → Weitere Materialien und Artikel finden Sie unter www.deutsch-differenziert.de in der Rubrik »Suchen und Finden« → »Einzelheftarchiv«

Deutsch differenziert (2008): Lese-Rechtschreibschwierigkeiten im weiterführenden Unterricht. Heft 3 (mit Materialien auf CD) → Weitere Materialien und Artikel finden Sie unter www.deutsch-differenziert.de in der Rubrik »Suchen und Finden« → »Einzelheftarchiv«

Deutsche Gesellschaft für Lesen und Schreiben (DGLS) (2006): Stellungsnahme zum Problem von LRS/Legasthenie. In: Hofmann, B./Sasse, A. (Hrsg.): Legasthenie. Lese-Rechtschreibstörungen oder Lese-Rechtschreibschwierigkeiten? Berlin: DGLS, S. 13–17. www.dgls.de/download/category/3-stellungnahmen.html → DGLS-Stellungnahme-LRS.pdf (Abruf 10.07.2012).

Dilling, H./Mombour, W./Schmidt, M. H. (Hrsg.) (2008): Internationale Klassifikation psychischer Störungen. ICD-10. 6. Auflage. Bern: Huber.

Dudenredaktion (2006): Die deutsche Rechtschreibung. 24. Auflage. Mannheim: Dudenverlag.

EACEA-EURYDICE (2011): Leseerziehung in Europa: Kontexte, politische Maßnahmen und Praktiken. Brüssel: Exekutivagentur Bildung, Audiovisuelles und Kultur der Europäischen Kommission.

Eckermann, J. P. (1955): Gespräche mit Goethe. 2. Band. Wiesbaden.

Endres, W. (Hrsg.) (2007): Lernen lernen – Wie stricken ohne Wolle? 13 Experten streiten über Konzepte und Modelle zur Lernmethodik. Weinheim und Basel: Beltz.

Erichson, Ch. (1989): Spontanschreiber entdecken die Rechtschreibung. In: Günther, K. B. (Hrsg.): Ontogenese, Entwicklungsprozeß und Störungen beim Schriftspracherwerb. Heidelberg: Edition Schindele, S. 350–367.

E. U. L. E. Abschlussbericht (1986): Projektteil II: Sprachförderung in Anfangs-Regelklassen. Frankfurt/M.: J. W. Goethe-Universität.

Falb, H. (2004): Ein exemplarischer Fall misslungener Hilfeleistung bei Lese-Rechtschreib-Schwierigkeiten (LRS). In: Hessisches Kultusministerium (Hrsg.): Kein Ende mit den Lese- und Rechtschreibschwierigkeiten? Wiesbaden, S. 25–34.

Feilke, H. (2001): Was ist und wie entsteht Literalität? In: Pädagogik, Heft 5/2001: Literalität. Wege zur Schriftkultur, S. 34–38.

Flitner, A. (2011): Spielen-Lernen. Praxis und Deutung des Kinderspiels. 4. Auflage. Weinheim und Basel: Beltz.

Fördergruppe Peter-Petersen-Schule und Ingrid Naegele (1983): Unterrichtsprojekt im Förderunterricht »Der goldene Engel & Co«. In: Naegele, I./Portmann, R. (Hrsg.): Lese- und Rechtschreibschwierigkeiten in der Sekundarstufe I. Weinheim und Basel: Beltz, S. 100–104.

Frauenfeld, H. (2001): Ein Förderkonzept für die Grundschule. In: Naegele, I/Valtin, R. (Hrsg.): LRS – Legasthenie in den Klassen 1–10. Band 2. 2. Auflage. Weinheim und Basel: Beltz, S. 106–109.

Frith, U. (1985): Beneath the Surface of Developmental Dyslexia. In: Patterson, K. E./Marshall, J. C./Coltheart, M. (Hrsg.): Surace Dyslexia. Neuropsychological and Cognitive Studies of Phonological Reading. Hillsdale, N. J. Erlbaum, S. 301–330.

Fuchs, D./Fuchs, L. S. (2006): Introduction to Response to Intervention: What, why and how valid is it? In: Reading Research Quarterly 41, S. 93–99.

Füssenich, I. (2004): Wenn er mehr als seinen Namen schreiben soll … In: Grundschule H. 9/2004, S. 29–33.

Füssenich, I. (2012): Sandra lernt lesen und schreiben. Schriftspracherwerb aus der Sicht von Kindern. In: Grundschule H. 2/2012, S. 14–16.

Füssenich, I./Röbe, E./Wedel-Wolff, A./Wespel, M. (2003): Lehr- und Lernprozesse bei der Ausbildung und Entwicklung der Lese- und Schreibfähigkeit in der Primarstufe. In: Speck-Hamdan, A./Brügelmann, H./Fölling-Albers, M./Richter, S. (Hrsg.): Jahrbuch Grundschule IV: Fragen der Praxis-Befunde der Forschung. Frankfurt/M.: Grundschulverband, S. 196–200.

Füssenich, I./Löffler, C. (2005): Schriftspracherwerb. Einschulung, erstes und zweites Schuljahr. München: Reinhardt. + Materialheft (2009).

Gailberger, S. (2011): Lesen durch Hören. Leseförderung in der Sek. I mit Hörbüchern und neuen Lesestrategien. Weinheim und Basel: Beltz.

Galvada, A. (2005): 35 Kilo Hoffnung. Berlin Verlag.

Gaskin, I. W. (2005): Success with Struggling Readers. The Benchmark School Approach.

Genuneit, J. (2007): Wie heißt der siebte Buchstabe des Alphabets? Über Sinn und Unsinn von Prüfungen und Tests in literarischen Texten und Erinnerungen. In: Hofmann, B./Valtin, R. (Hrsg.): Förderdiagnostik beim Schriftspracherwerb. Berlin: DGLS, S. 49–69.

Gerlach, D. (2010): Warum Latein NICHT die richtige Fremdsprache für Legastheniker ist. www.legasthenie-englisch.de/2010/10/warum-latein-nicht-die-richtige-fremdsprache-fur-legastheniker-ist/ (Abruf 16.07.2012).

Goethe, J. W. von (1795/2006): Maximen und Reflexionen. Koopmann, H. (Hrsg.): München: C. H. Beck.

Goethe, J. W. von (1830) in Eckermann, J. P.: Gespräche mit Goethe. Wiesbaden: Brockhaus Ausgabe 1959, S. 537.

Götte, R. (1991): Sprache und Spiel im Kindergarten. 7. Auflage. New York: Guilford Press. Weinheim und Basel: Beltz.

Grissemann, H. (1986): Pädagogische Psychologie des Lesens und Schreibens. Bern: H. Huber.

Grünewald, H./Kleinert, I. (1998): Arbeitstechniken und Unterrichtshilfen zum Schreibenlernen. In: Grundschule H. 9/1998, S. 26–30.

Günther, K. B. (1986): Ein Stufenmodell der Entwicklung kindlicher Lese- und Schreibstrategien. In: Brügelmann, H. (Hrsg.): ABC und Schriftsprache: Rätsel für Kinder, Lehrer und Forscher. Konstanz: Faude, S. 32–54.

Günther, H. (2007): Schriftspracherwerb und LRS. Methoden, Förderdiagnostik und praktische Hilfen. Weinheim und Basel: Beltz.

Hanke, P. (2002): Lernen mit eigenen Texten in den ersten Schulwochen. In: Zeitschrift Grundschule H. 3/2002, S. 40–42.

Hasler, F. (2012): Kritik an Neuroscans, Spiegel online vom 16.12.2012 (Abruf 25.05.2013).

Hauser, R. (2012): Analphabetismus – Jeder fünfte Erwachsene betroffen. Reutlinger Generalanzeiger vom 14.02.2012.

Hermann, U. (Hrsg.) (2006): Neurodidaktik. Weinheim und Basel: Beltz.

Hessisches Kultusministerium (Hrsg.) (2004): Kein Ende mit den Lese- und Rechtschreibschwierigkeiten? Wiesbaden.

Hessisches Kultusministerium (Hrsg.) (2009): Individuelle Förderung. www.kultus ministerium.hessen.de → Schule → Allgemeines → Individuelle Förderung (Abruf 11.07.2012).

Hessisches Kultusministerium (Hrsg.) (2011): Förderung der Lesekompetenzen in allen Schulstufen. Vom Lesefrust zur Leselust. Wiesbaden: HKM. Download über www.kultusministerium.hessen.de → Schule → Informationen für Sie → Infomaterial oder als direkter Link: http://www.kultusministerium.hessen.de/irj/HKM_Internet?cid=d8d eace91b653cb1cb9799e66b4d217c (Abruf 07.03.2012).

Hingst, W. Heimbucher, C./von Rosenzweig, A. (2008) (Hrsg.): Lese-Rechtschreib-Schwäche kann verhindert werden. Ein Programm für die Grundschule. Band 1. Braunschweig: Westermann.

Hofer, A. (1974): linguistik und ortografieunterricht; überlegungen zu den abbildungsbeziehungen zwischen fonem- und grafemebene. In: Hiestand, W.: Rechtschreibung. Müssen wir neu schreiben lernen? Weinheim und Basel: Beltz, S. 69–85.

Hofmann, B./Sasse, A. (Hrsg.) (2006a): Legasthenie. Lese-Rechtschreibstörungen oder Lese-Rechtschreibschwierigkeiten? Berlin: DGLS.

Hofmann, B./Sasse, A. (2006b): Eine Legasthenie ist doch behebbar! Eine Befragung ehemaliger Legastheniker. In: Hofmann, B./Sasse, A. (Hrsg.): Legasthenie. Lese-Rechtschreibstörungen oder Lese-Rechtschreibschwierigkeiten? Berlin: DGLS, S. 78–97 (empirische Daten von Löffler, I. und Meyer-Schepers, U.).

Hoffmann, Ch./Schmelcher, A. (2012): Ritalin: Wer nicht passt ... wird passend gemacht. Wo die wilden Kerle wohnten. In: Frankfurter Allgemeine Sonntagszeitung vom 12.02.2012, S. 1–3.

Hornberg, S./Lankes, E. M./Potthoff, B./Schulz-Zander, R. (2008): Lehr-und Lernbedingungen in den Ländern der Bundesrepublik Deutschland. In: Bos, W./Hornberg, S./Arnold, K. H./Faust, G./Fried, L./Lankes, E. M./Schwippert, K./Valtin, R. (Hrsg.): IGLU-E. Die Länder der Bundesrepublik Deutschland im nationalen und internationalen Vergleich. Münster: Waxmann, S. 29–50.

Hübner, L. (2001): Kontraproduktive Übungen. In: Ganser, B. (Hrsg.): Lese-Rechtschreib-Schwierigkeiten. Diagnose. Förderung. Materialien. Akademie für Lehrerfortbildung und Personalführung Dillingen. 2. Auflage. Donauwörth: Auer Verlag.

Hüttis-Graff, P./Baark, C. (1996): Die Schulanfangsbeobachtung, Unterrichtsaufgaben für den Schrifterwerb. In: Dehn, M./Hüttis-Graff, P./Kruse, N. (Hrsg.): Elementare Schriftkultur. Schwierige Lernentwicklung und Unterrichtskonzept. Weinheim und Basel: Beltz.

Itschner, H. (1912): Unterrichtslehre III. Leipzig: Quelle & Meyer.

Jaumann-Graumann, O. (1997): »Ich hade schön mal Angst gegriegt womal was rünter gewalen ist!« – Was geht in Boris vor, wenn er diesen Satz schreibt? Ein Plädoyer für das persönliche Gespräch. In: Balhorn, H./Niemann, H. (Hrsg.): Sprachen werden Schrift. Lengwil: Libelle, S. 74–85.

Jogschies, P. (2008): Förderdiagnostische Erhebungsstrategien, Untersuchungsverfahren und Begutachtung. In: Arnold, K. H./Graumann, O./Rakhkochkine, A. (Hrsg.): Handbuch Förderung. Weinheim und Basel: Beltz, S. 126–145.

Johnen, W. (2004): Muskelentspannung nach Jacobsen. 6. Auflage. München: Gräfe und Unzer.

Kästner, E. (2011): Als ich ein kleiner Junge war. 15. Auflage. München: dtv.

Kaltwasser, V. (2008): Achtsamkeit in der Schule. Weinheim und Basel: Beltz.
Kemmler, L. (1967): Erfolg und Versagen in der Grundschule. Göttingen: Hogrefe.
Kessler, A. (2007): Außerschulische Förderung von Kindern mit Lese-/Rechtschreibproblemen aus systemischer Sicht. http://dokumentix.ub.uni-siegen.de/opus/volltexte/2007/280/pdf/Kessler.pdf#page=100 (Abruf 07.03.2012).
Kinkel, K. (2009): Forderungen für ein starkes Bildungssystem. Bonn: Deutsche Telekom Stiftung.
Kirschner, G. (2003): Kinder in der Schule schützen. Manuskript ZebRa. Abrufbar über die Homepage www. grundschulhilfen.de (Abruf 20.04.2012).
Klasen, E. (1995): Legasthenie – umschriebene Lese-Rechtschreib-Störung. Informationen und Ratschläge. München: Piper.
Klicpera, Ch./Gasteiger-Klicpera, B. (1993): Lesen und Schreiben. Entwicklung und Schwierigkeiten. Bern: Huber.
Klicpera, Ch./Gasteiger-Klicpera, B. (1995): Psychologie der Lese- und Schreibschwierigkeiten. Weinheim und Basel: Psychologie Verlags Union.
Klippert, H. (2012): Methoden-Training. Übungsbausteine für den Unterricht. 20. Auflage. Weinheim und Basel: Beltz.
KMK → Sekretariat der Ständigen Konferenz der Kultusminister.
Kossow, H.-J. (1979): Zur Therapie der Lese-Rechtschreibschwäche. 6. Auflage. Berlin: Deutscher Verlag der Wissenschaften.
Küspert, P. (2004): Möglichkeiten der frühen Prävention von Lese-Rechtschreib-Problemen. In: Thomé, G. (Hrsg.): Lese-Rechtschreib-Schwierigkeiten (LRS) und Legasthenie. Weinheim und Basel: Beltz, S. 144–149.
Küspert, P./Schneider, W. (2001): Hören, lauschen, lernen. 3. Auflage. Göttingen: Vandenhoeck & Ruprecht.
Labuhn, A. S./Schmid J. M. (2011): Lernfähigkeit sehr gut – Rechtschreiben mangelhaft. In: Wissenschaftsmagazin der Goethe Universität. Forschung Frankfurt 1/2011, S. 37–40.
Lang, W. (2010): Fördernder Unterricht und individuelles Fördern. Was Lehrkräfte leisten können – und was nicht! In: Grundschule aktuell. Heft 109, 02.2110, S. 12–13.
Lankes, E. M./Plaßmeier, N./Bos, W./Schwippert, K. (2004): Lehr- und Lernbedingungen in einigen Ländern der Bundesrepublik Deutschland und im internationalen Vergleich. In: Bos, W./Lankes, E. M./Prenzel, M./Schwippert, K./Valtin, R./Walther, G. (Hrsg.) (2004): IGLU. Einige Länder der Bundesrepublik Deutschland im nationalen und internationalen Vergleich. Münster: Waxmann.
Lehmann, I. (2011): Legasthenie. Gefangen im Buchstabendickicht. In: Focus Schule online vom 12.12.2011. www.focus. de/schule/lernen/lernstoerungen/legasthenie/legasthenie_aid_24283.html (Abruf 31.03.2013).
Leifermann-Jahn, K. (1996): Die NLP-Buchstabiermethode. In: Grundschule H. 4/1996, S. 21 ff.
Linder, M. (1951): Über Legasthenie (spezielle Leseschwäche). 50 Fälle, ihr Erscheinungsbild und Möglichkeiten ihrer Behandlung. In: Zeitschrift für Kinderpsychiatrie 18/1951, S. 97–143.
Löffler, C. (2006): Rechtschreibdiagnostik in der Alphabetisierung. In: Bundesverband Alphabetisierung und Grundbildung e. V. (Hrsg.): Bewährte und neue Medien in der Alphabetisierung und Grundbildung. Stuttgart: Klett, S. 152–167.

Löffler, I./Meyer-Schepers, U./Nijland, E. (2001): Das LautAnalytische RechtschreibSystem (LARS). In: Naegele, I./Valtin, R. (Hrsg.): LRS – Legasthenie in den Klassen 1–10. Band 2. 2. Auflage. Weinheim und Basel: Beltz, S. 221–229.

Löffler, I./Meyer-Schepers, U./Naegele, I. (2001): Überlegungen zur Qualitätssicherung in der kombinierten Lern- und Psychotherapie. In: Naegele, I./Valtin, R. (Hrsg.): LRS – Legasthenie in den Klassen 1–10. Band 2. 2. Auflage. Weinheim und Basel: Beltz, S. 186–193.

Löffler, I./Meyer-Schepers, U. (2008): Analyse von Rechtschreibfehlern. In: Deutsch differenziert 3/2008, S. 30–32.

Lompscher, J. (1975): Psychologie des Lernens in der Unterstufe. 2. Auflage. Berlin.

Lurija, A. R. (1970): Die höheren kortikalen Funktionen und ihre Störungen bei örtlichen Hirnschädigungen. Berlin: VEB Deutscher Verlag der Wissenschaften.

Lumpp, G. (2011): Richtig Deutsch lernen. Sprachförderung für Schüler mit Migrationshintergrund in den Klassen 1–6. Weinheim und Basel: Beltz.

MacCracken, M. (1990): Charlie, Eric und das ABC des Herzens. Außenseiter im Klassenraum. Frankfurt/M.: Fischer.

Mann, Ch. (2010): Strategiebasiertes Rechtschreibenlernen. Selbstbestimmter Orthografieunterricht von Klasse 1–9. Weinheim und Basel: Beltz.

Mannhaupt, G. (2004) in Falb, H.: Analyse aktueller Experten-Gutachten zum Erkenntnisstand über den Schriftspracherwerb. In: Hessisches Kultusministerium (Hrsg.): Kein Ende mit den Lese- und Rechtschreibschwierigkeiten? Wiesbaden, S. 20–24.

Matthes, G. (2009): Individuelle Lernförderung bei Lernstörungen. Verknüpfung von Diagnostik, Förderplanung und Unterstützung des Lernens. Stuttgart: Kohlhammer.

May, P. (1987): Lesenlernen als Problemlösen. In: Balhorn, H./Brügelmann, H. (Hrsg.): Welten der Schrift in der Wahrnehmung der Kinder. Konstanz: Faude, S. 92–102.

May, P. (2001): Diagnose der Rechtschreibstrategien mit der Hamburger Schreibprobe. In: Naegele, I./Valtin, R. (Hrsg.): LRS – Legasthenie in den Klassen 1–10. Band 2. 2. Auflage. Weinheim und Basel: Beltz, S. 87–92.

May, P. (2002): Lernstandsdiagnose – mit und ohne Test. Grundschule H. 5/2002, S. 44–46.

Meiers, K. (1998): Lesen lernen und Schriftspracherwerb im ersten Schuljahr. Bad Heilbrunn: Klinkhardt.

Messner, R. (2005): Neue Zugänge zum Lesen für »Risikoschüler«. In: Steffens, U./Messner, R. (Hrsg.): Neue Zugänge zum Lesen schaffen – Lesekompetenz und Leseförderung nach PISA. Wiesbaden: Institut für Qualitätsentwicklung, S. 53–70.

Metze, W. (2008): Lernwegsorientierter Schriftspracherwerb im Spiegel der Empirie und des Schulalltags. Vortrag Zürich 31.05.2008. www.wilfriedmetze.de/Vortrag_Zurich_31.5.08.pdf

Metze, W. (o. J.): Stolperwörtertests. Gratis unter www.wilfriedmetze.de (Abruf 18.06.2012).

Naegele, I. (1981): Studienhilfe: »Legasthenie« In: Naegele, I./Haarmann, D./Rathenow, P./Warwel, K. (Hrsg.): Lese- und Rechtschreibschwierigkeiten. Weinheim und Basel: Beltz, S. 7–16.

Naegele, I. (1989): »Internationales Koch- und Spielbuch« – LRS-Förderung in Klasse 5. Grundsätze der Förderung. In: Naegele, I./Valtin, R. (Hrsg.): LRS in den Klassen 1–10. 4. Auflage. Weinheim und Basel: Beltz, S. 77–81.

Naegele, I. (1994a): Wie motiviere ich Nicht-Schreiber? Ideen und Vorschläge. In: Valtin, R./Naegele, I. (Hrsg.): Schreiben ist wichtig! Grundlagen und Beispiele für kommunikatives Schreiben(lernen). 4. Auflage. Frankfurt/M.: Arbeitskreis Grundschule, S. 294–302.

Naegele, I. (1994b): O LRS ADE! Förderung von Schülerinnen und Schülern mit Lese-Rechtschreib-Schwierigkeiten. In: Praxis Schule 5–10 H. 5/1994, S. 14–17.

Naegele, I. (1995): Lese-Rechtschreib-Schwierigkeiten. Ein Elternbuch. Weinheim und Basel: Beltz.

Naegele, I. (1996): Das Lernen lernen. Lern- und Arbeitstechniken für Grundschüler. In: Haarmann, D. (Hrsg.): Handbuch Grundschule. Band 1. 3. Auflage. Weinheim und Basel: Beltz, S. 240–250.

Naegele, I. (1999): Spielend lernen – Lernen im Spiel. In: Naegele/Haarmann (Hrsg.): Schulanfang heute. Ein Handbuch fürs Elternhaus, Kindergarten und Schule. 2. Auflage. Weinheim und Basel: Beltz, S. 33–42.

Naegele, I. (2000): Wie können Eltern sinnvoll helfen? Zur Arbeit mit der Rechtschreibkartei. In: Valtin, R. (Hrsg.): Rechtschreiben lernen in den Klassen 1–6. Grundlagen und didaktische Hilfen. Frankfurt/M.: Grundschulverband, S. 70–73.

Naegele, I. (2001a): »Internationales Koch- und Spielbuch«. In: Naegele, I: Schulschwierigkeiten in Lesen, Rechtschreibung und Rechnen. Vorbeugen, verstehen, helfen. Ein Elternbuch. 2. Auflage. Weinheim und Basel: Beltz, S. 82–87.

Naegele, I. (2001b): Förderung in der Sekundarstufe (mit Projekt »Der goldene Engel & Co«). In: Naegele, I./Valtin, R. (Hrsg.): LRS – Legasthenie in den Klassen 1–10. Band 2. 2. Auflage. Weinheim und Basel: Beltz, S. 110–121.

Naegele, I. (2001c): FIT – das Frankfurter Integrative Therapiemodell. Naegele, I./Valtin, R. (Hrsg.): LRS – Legasthenie in den Klassen 1–10. Band 2. 2. Auflage. Weinheim und Basel: Beltz, S. 204–214.

Naegele, I. (2001d): Spiele und Spielen mit LRS-SchülerInnen. In: Naegele, I./Valtin, R. (Hrsg.): LRS – Legasthenie in den Klassen 1–10. Band 1. 5. Auflage. Weinheim und Basel: Beltz, S. 184–194.

Naegele, I. (2002): Schulschwierigkeiten in Lesen, Rechtschreibung und Rechnen. 2. überarb. Auflage. Weinheim und Basel: Beltz.

Naegele, I. (2003a): Wie hilfreich sind die LRS-Erlasse und -Richtlinien der Bundesländer? In: Naegele, I./Valtin, R. (Hrsg.): LRS – Legasthenie in den Klassen 1–10. Band 1. 6. Auflage. Weinheim und Basel: Beltz, S. 21–30.

Naegele, I. (2003b): Zu Hause Rechtschreibung üben. In: Naegele, I./Valtin, R. (Hrsg.): LRS – Legasthenie in den Klassen 1–10. Band 1. 6. Auflage. Weinheim und Basel: Beltz, S. 116–126.

Naeegele, I. (2003c): Können Sie richtig r(R)echt-S(s)chreiben? In: Naegele, I./Valtin, R. (Hrsg.): LRS – Legasthenie in den Klassen 1–10. Band 1. 6. Auflage. Weinheim und Basel: Beltz, S. 178–185.

Naegele, I. (2004): Sechs Ärgernisse für schwache Rechtschreiber. In: Grundschulunterricht H. 4, S. 7–11.

Naegele, I. (2006a): Kinder brauchen effektive Lern- und Arbeitstechniken. In: Deutsch differenziert. H. 3/2006, S. 37–41.

Naegele, I. (2006b): »Ich schaff das schon!« – Lernblockaden aufbrechen – Motivation schaffen. In: Deutsch differenziert. H. 3/2006, S. 44–45.

Naegele, I. (2006c): Eine verhängnisvolle Kette: Missglückter Schulstart – LRS – Analphabetismus. Lehrende und Lernende ohne kognitive Klarheit. In: Bundesverband Alphabetisierung und Grundbildung e. V. (Hrsg.): Bewährte und neue Medien in der Alphabetisierung und Grundbildung. Stuttgart: Klett, S. 119–127.

Naegele, I. (2006d): Exemplarische Selbstzeugnisse. LRS aus der Sicht von Kindern und Jugendlichen. In: Hofmann, B./Sasse, A. (Hrsg.): Legasthenie – Lese-Rechtschreibstörungen oder Lese-Rechtschreibschwierigkeit? Berlin: DGLS, S. 234–237.

Naegele, I. (2006e): Verhindert, dass Kinder behindert werden! Helfen bei LRS. In: Hofmann, B./Sasse, A. (Hrsg.): Legasthenie – Lese-Rechtschreibstörungen oder Lese-Rechtschreibschwierigkeit? Berlin: DGLS, S. 166–181.

Naegele, I. (2010): Schreiben ist ein Handwerk. Schreiben lernen. Wichtige Aspekte in der Schreiberziehung. In: Deutsch differenziert. H. 3/2010, S. 10–20.

Naegele, I. (2011): Jedes Kind kann lesen und schreiben lernen – LRS, Legasthenie Rechtschreibschwäche – Wie Eltern helfen können. Weinheim und Basel: Beltz.

Naegele, I. (Hrsg.) (2013): Lerne und wiederhole. LRS überwinden ab Klasse 5. Frankfurt/M.: www.abc-netzwerk.de.

Naegele, I./Haarmann, D./Rathenow, P./Warwel, K. (Hrsg.) (1981): Lese- und Rechtschreibschwierigkeiten. Orientierungen und Hilfen für die Arbeit mit Grundschülern. Weinheim und Basel: Beltz.

Naegele, I./Haarmann, D. (Hrsg.) (1993): Darf ich mitspielen? Kinder verständigen sich in vielen Sprachen – Anregungen zur interkulturellen Kommunikationsförderung. 4. Auflage. Weinheim und Basel: Beltz.

Naegele, I./Haarmann, D. (2000): Grenzenlose Verständigung im Spiel. Schulanfang – interkulturelles Lernen – Förderunterricht. In: Haarmann, D. (Hrsg.): Handbuch Grundschule. Band 2: Fachdidaktik: Inhalte und Bereiche grundlegender Bildung. 4. Auflage. Weinheim und Basel: Beltz, S. 165–175.

Naegele, I./Portmann, R. (Hrsg.) (1983): Lese- und Rechtschreibschwierigkeiten in der Sekundarstufe I. Weinheim und Basel: Beltz.

Naegele, I./Rathenow, P./Warwel, K. (1980): Lese-rechtschreibschwache Kinder in der Grundschule. In: Haarmann, D. (Hrsg.): Die Grundschule der achtziger Jahre. Frankfurt/M.: Arbeitskreis Grundschule, S. 153–167.

Naegele, I./Valtin, R. (Hrsg.) (1992): LRS in den Klassen 1–10. 2. Auflage. Weinheim und Basel: Beltz.

Naegele, I./Valtin, R. (Hrsg.) (1994a): Rechtschreibunterricht in den Klassen 1–6. 3. Auflage. Frankfurt/M.: Arbeitskreis Grundschule.

Naegele, I./Valtin, R. (1994b): Rechtschreibförderung? – Kriterien zur Beurteilung von Rechtschreibmaterialien. In: Naegele, I./Valtin, R. (Hrsg.): Rechtschreibunterricht in den Klassen 1–6. 3. Auflage. Frankfurt/M.: Arbeitskreis Grundschule, S. 114–116.

Naegele, I./Valtin, R. (2001a): Einleitung. In: Naegele, I./Valtin, R. (Hrsg.): LRS – Legasthenie in den Klassen 1–10. Band 2. 2. Auflage. Weinheim und Basel: Beltz, S. 9–11.

Naegele, I./Valtin, R. (2001b): »Legasthenie kommt von Gott« – Wie Schülerinnen und Schüler ihr Versagen erklären. In: Naegele, I./Valtin, R. (Hrsg.): LRS – Legasthenie in den Klassen 1–10. Band 2. 2. Auflage. Weinheim und Basel: Beltz, S. 41–46.

Naegele, I./Valtin, R. (2001c): Wie LRS vermeiden und beheben? In: Naegele, I./Valtin, R. (Hrsg.): LRS – Legasthenie in den Klassen 1–10. Band 2. 2. Auflage. Weinheim und Basel: Beltz, S. 36–40.

Naegele, I./Valtin, R. (Hrsg.) (2003): LRS – Legasthenie in den Klassen 1–10. Band 1. 6. Auflage. Weinheim und Basel: Beltz.

Naegele, I./Valtin, R. (Hrsg.) (2006a): Das schaffe ich! Heft A. Braunschweig: Schroedel.
Naegele, I./Valtin, R. (2006b): Förderdiagnostisches Vorgehen. In: Deutsch differenziert H. 3/2006, S. 18 + Materialien auf der CD.
Naegele, I./Valtin, R. (Hrsg.) (2007): Das schaffe ich! Heft B. Braunschweig: Schroedel.
Naegele, I./Valtin, R. (Hrsg.) (2008): Handreichung zu »Das schaffe ich! A+B«. Braunschweig: Schroedel.
Naegele, I./Vohs, R. (2001): Konkrete Hilfe statt Kritik und unbrauchbare Ratschläge. In: Pädagogik H. 1, S. 29–34.
Naegele, I./Zimmermann, G. (1983): Lesen. In: Naegele, I./Portmann, R. (Hrsg.): Lese- und Rechtschreibschwierigkeiten in der Sekundarstufe I. Weinheim und Basel: Beltz, S. 139–141.
Naumann, J./Artelt, C./Schneider, W./Stanat, P. (2010): Lesekompetenz von PISA 2000 bis 2009. In: Klieme, E./Artelt, C./Hartig, J./Jude, N./Köller, O./Prenzel, M./Schneider, W./Stanat, P. (Hrsg.): PISA 2009. Bilanz nach einem Jahrzehnt. Münster: Waxmann.
Nickel, S. (2004): Schriftspracherwerb von Kindern, Jugendlichen und Erwachsenen unter massiv erschwerten Bedingungen. In: Thomé, G. (Hrsg.): Lese-Rechtschreib-Schwierigkeiten (LRS) und Legasthenie. Weinheim und Basel: Beltz, S. 86–106.
Nickel, S. (2005): Literacy beginnt in der Familie. Family Literacy: eine Aufgabe für die Schule? In: Hofmann, B./Sasse, A. (Hrsg.): Übergänge. Kinder und Schrift zwischen Kindergarten und Schule. Berlin: DGLS, S. 179–188.
OECD (2012): Deutschland- Länderüberblick- Bildung auf einen Blick 2012: OECD-Indikatoren. www.oecd.org/edu/eag2012 (Abruf 15.04.2013).
Osburg, C. (2000): Gesprochene und geschriebene Sprache. Aussprachestörungen und Schriftspracherwerb. Baltmannsweiler: Schneider.
Osburg, C. (2003): Die Pädagogik ist eine Wissenschaft vom Menschen und nicht vom Kinde – Unterrichtsstörungen und Nichtlernen als Ausdruck mangelnden (sprachlichen) Verstehens. In: Brinkmann, E./Kruse, N./Osburg, C. (Hrsg.): Kinder schreiben und lesen. Beobachten – Verstehen – Lehren. Freiburg: Fillibach, S. 199–216.
O'Shea, M. (2008): Das Gehirn. Eine Einführung. Stuttgart: Reclam.
Ott, E. (1989): Der Lese-Freund. München: Lentz Aktivbuch.
Padtberg, C. (2009): Unser Alltag in Berlin. Jugendliche Migranten. www.spiegel-online.de → Archiv. Unser Alltag in Berlin vom 30.04.2009 (Abruf 18.03.2012).
Paulus, J. (2010): Neurodidaktik. Lernrezepte aus dem Hirnlabor. In: Zeit.de Wissen vom 04.12.2010.
Pearce, M.S. (2012/2013): Radiation Exposure from CT scans in childhood and subsequent risk of leukaemia and brain tumours: a retrospective cohort study. In: The Lancet, 04.08.2012, Volume 380, S. 499–505. Summery: www.thelancet.com/journals/lancet/article/PIISO!$=-6736(12)60815-0/abstract (Abruf 25.06.2013).
Pistor, A. (2003): Lässt sich die Problematik lese-rechtschreibschwacher Kinder durch Beobachtung erschließen? Eine kritische Betrachtung. In: DGLS-Jahrbuch 2003: Brinkmann, E./Kruse, N./Osburg, C. (Hrsg.): Kinder schreiben und lesen. Beobachten – Verstehen – Lehren. Freiburg: Fillibach, S. 79–92.
Portmann, R. (1997): Förderdiagnostik beim Lesen und Rechtschreiben. In: Naegele, I./Valtin, R. (Hrsg.): LRS – Legasthenie in den Klassen 1–10. Band 1. 4. Auflage. Weinheim und Basel: Beltz, S. 78–96.

Ranschburg, P. (1916): Die Leseschwäche (Legasthenie) und Rechenschwäche (Arithmasthenie) der Schulkinder im Lichte des Experiments. Berlin: J. Springer.
Ranschburg, P. (1928): Die Lese- und Schreibstörungen des Kindesalters. Halle: Marhold.
Rathenow, P. (1981): Erlasse und Richtlinien zur Förderung von Schülern mit Lese- und Rechtschreibschwierigkeiten. In: Naegele, I./Haarmann, D./Rathenow, P./Warwel, K. (Hrsg.): Lese-und Rechtschreibschwierigkeiten. Weinheim und Basel: Beltz, S. 28–36.
Rathenow, P./Vöge, J. (1982): Erkennen und Fördern von Schülern mit Lese-/Rechtschreibschwierigkeiten. Braunschweig: Westermann.
Reuter-Liehr, C. (2008): Lautgetreue Rechtschreibförderung. Band 1. 3. Auflage. Bochum: Winkler.
Richter, S. (2002): Interessenbezogenes Rechtschreiblernen. 3. Auflage. Braunschweig: Westermann.
Richter, S. (2003). Welche Rechtschreibfehler machen Grundschulkinder? Erste Ergebnisse aus einer gezogenen Stichprobe. In: Speck-Hamdan, A./Bruegelmann, H./Foelling-Albers, M./Richter, S. (Hrsg.): Jahrbuch Grundschule IV. Seelze/Kallmeyer, 174–182.
Riehme, J. (1981): Probleme und Methoden des Rechtschreibunterrichts. 5. Auflage. Berlin: Volk & Wissen.
Riehme, J. (1987): Rechtschreibunterricht. Probleme und Methoden. Frankfurt/M.: Diesterweg.
Röber-Siekmeyer, Ch. (2011): Der Mythos der Lauttreue. Für eine andere Präsentation der Schrift. www.ph-freiburg.de/fileadmin/…/ew/…/mythos_lauttreue.pdf (Abruf 28.12.2011).
Roth, G. (2011): Bildung braucht Persönlichkeit. Wie Lernen gelingt. Stuttgart: Klett-Cotta.
Salzmann, C. G. (1781/2012): Krebsbüchlein. www.gutenberg.spiegel.de/buch 3435 (Abruf 17.06.2012).
Salzmann, C. G. (1805/2012): Ameisenbüchlein. www.gutenberg.spiegel.de/buch (Abruf 18.06.2012).
Sandfuchs, U./Frotscher, J. (2002): Lernschwache Kinder fördern. In: Grundschule H. 4/2002, S. 28–31.
Sasse, A. (Hrsg.) (2007): Das schaffe ich! Lesen und Schreiben vorbereiten – Basisheft + Handreichung. Braunschweig: Schroedel.
Sasse, A./Valtin, R. (2008): Erstellen eines Förderplans. In: Deutsch differenziert (3/2008), S. 18–20 + Kopiervorlage M9.
Satel, S./Lilienfeld, S. O. (2013): Brainwashed. The Seductive Appeal of Mindless Neuroscience. New York: Basic.
Sattler, J. B. (1996): Schreibunterlagenblock für Linkshänder. Donauwörth: Auer.
Schaub, H./Zenke, K. G. (1997): Wörterbuch Pädagogik. 2. Auflage. München: dtv.
Scheerer-Neumann, G. (1979): Intervention bei Lese-Rechtschreibschwäche. Überblick über Themen, Methoden und Ergebnisse. Bochum: Kamp.
Scheerer-Neumann, G. (1998): Schriftspracherwerb: »The State of the Art« aus psychologischer Sicht. In: Huber, L./Kegel, G./Speck-Hamdam, A. (Hrsg.): Einblicke in den Schriftspracherwerb. Braunschweig: Westermann, S. 31–46.
Scheerer-Neumann, G. (2001): Förderdiagnostik beim Lesenlernen. In: Naegele, I./Valtin, R. (Hrsg.): LRS – Legasthenie in den Klassen 1–10. Band 2. 2. Auflage. Weinheim und Basel: Beltz, S. 70–86.

Scheerer-Neumann, G. (2002): Zum Begriff der Lese-Rechtschreibschwäche. In: Balhorn, H./Bartnitzky, H. (Hrsg.): Sprachliches Handeln in der Grundschule. Frankfurt/M.: Grundschulverband, S. 41–53.

Scheerer-Neumann, G. (2003a): LRS und Legasthenie. In: Naegele, I./Valtin, R. (Hrsg.): LRS – Legasthenie in den Klassen 1–10. Band 1. 6. Auflage. Weinheim und Basel: Beltz, S. 32–41.

Scheerer-Neumann, G. (2003b): Rechtschreibschwäche im Kontext der Entwicklung. In: Naegele, I./Valtin, R. (Hrsg.): LRS – Legasthenie in den Klassen 1–10. Band 1. 6. Auflage. Weinheim und Basel: Beltz, S. 45–65.

Scheerer-Neumann, G. (2007): Verbale Selbstinstruktion zur Selbstregulierung der Lernprozesse beim Erwerb der Rechtschreibung. In: Sprachrohr Lerntherapie. H. 1/2007.

Scheerer-Neumann, G. (2008a): Förderung bei Lese-Rechtschreib-Schwierigkeiten. In: Arnold/Graumann/Rakhkochkine (Hrsg.): Handbuch Förderung. Weinheim und Basel: Beltz, S. 266–275.

Scheerer-Neumann, G. (2008b): Die Definition von Lese-Rechtschreibschwäche und Legasthenie: Eine unendliche Geschichte. In: Hofmann, B./Valtin, R. (Hrsg.): Checkpoint Literacy. Tagungsband zum 15. Europäischen Lesekongress 2007 in Berlin. Berlin: DGLS, S. 108–121.

Scheerer-Neumann, G./Kretschmann, R./Brügelmann, H. (1986): Andrea, Ben und Jana: Selbstgewählte Wege zum Lesen und Schreiben. In: Brügelmann, H. (Hrsg.): ABC und Schriftsprache – Rätsel für Kinder, Lehrer und Forscher. Konstanz: Faude, S. 55–96.

Scheerer-Neumann, G./Hofmann, C. D. (2005): Dimensionen der Lesekompetenz analysieren und fördern. In: Sasse, A./Valtin, R. (Hrsg.): Lesen lehren. Berlin: DGLS, S. 43–58.

Scheerer-Neumann, G./Schnitzler, C. D. (2008): Die Förderung von Lesestrategien. In: Deutsch differenziert H. 3/2008, S. 26–29.

Schenk-Danzinger, L. (1975): Handbuch der Legasthenie im Kindesalter. 3. Auflage. Weinheim und Basel: Beltz.

Scheuerl, H. (1985): Zum Stand der Spielforschung. In: Einsiedler, W. (Hrsg.): Aspekte des Kinderspiels. Weinheim und Basel: Beltz.

Schlee, J. (1976): Legasthenieforschung am Ende? München: U & S Pädagogik.

Schneider, W. (2001): Das Konzept der phonologischen Bewusstheit und seine Bedeutung für den Schriftspracherwerb. In: Akademie für Lehrerfortbildung: Lese-Rechtschreib-Schwierigkeiten. Diagnose – Förderung – Materialien. Projektplanung und Gesamtredaktion: B. Ganser. 2. Auflage. Donauwörth: Auer.

Schräder-Naef, R. (1996): Schüler lernen Lernen. 6. Auflage. Weinheim und Basel: Beltz.

Schräder-Naef, R. (2002): Lerntraining in der Schule. Weinheim und Basel: Beltz.

Schräder-Naef, R. (2004): Lern- und Arbeitsstrategien im Gymnasium. Lerntrainer für die Klassen 1–13. Weinheim und Basel: Beltz.

Schraml, P. (2013): Legasthenie oder LRS? Nicht jede Lese-Rechtschreib-Schwäche ist eine Legasthenie. Bildung und Innovation. www.bildungsserver.de/innovationsportal/bildungplus.html (Abruf 21.02.2013).

Schründer-Lenzen, A. (2007): Schriftspracherwerb und Unterricht. Bausteine professionellen Handlungswissens. 2. Auflage. Wiesbaden: Verlag für Sozialwissenschaften.

Schulte-Körne, G. (2004): Lese-Rechtschreib-Störung – Symptomatik, Diagnostik, Verlauf, Ursachen und Förderung. In Thomé, G. (Hrsg.): Lese-Rechtschreib-Schwierigkeiten (LRS) und Legasthenie. Eine grundlegende Einführung. Weinheim und Basel: Beltz, S. 64–85.

Schulte-Körne, G. (2009): Ratgeber Legasthenie. München: Knaur.

Schulte-Körne, G. (2010): Diagnostik und Therapie der Lese-Rechtschreib-Störung. www.aerzteblatt.de/archiv/78734/Diagnostik-und-Therapie-der-Lese-Rechtschreib-Stoerung (Abruf 06.04.2013).

Schwarz, A./Cohen, S. (2013): More Diagnoses of A. D. H. D. Causing Concern! In: New York Times vom 31.03.2013.

Schwartz, E. (1976): Selbsterfahrungstests für Leselehrer. In: Grundschule 11/1976, S. 602–606.

Schwippert, K./Hornberg, S./Goy, M. (2008): Lesekompetenzen von Kindern mit Migrationshintergrund im nationalen Vergleich. In: Bos, W./Hornberg, S./Arnold, K. H./Faust, G./Fried, L./Lankes, E. M./Schwippert, K./Valtin, R. (Hrsg.): IGLU-E 2006. Die Länder der Bundesrepublik Deutschland im nationalen und internationalen Vergleich. Münster: Waxmann, S. 111–125.

Scinexx (2012): Sprachzentrum des Gehirns war falsch verortet. www.g-o.de/wissen-aktuell-14387-2012-01-31.html (Abruf 11.02.2012).

Sekretariat der Ständigen Konferenz der Kultusminister der Länder der Bundesrepublik Deutschland (2004): Bildungsstandards im Fach Deutsch für den Mittleren Schulabschluss (Jahrgangsstufe 10). Beschluss vom 04.12.2003. München: Wolters Kluwer.

Sekretariat der Ständigen Konferenz der Kultusminister der Länder der Bundesrepublik Deutschland (2005): Bildungsstandards im Fach Deutsch für den Primarbereich (Jahrgangsstufe 4). Beschluss vom 15.10.2004. München: Wolters Kluwer (www.kmk.org, weiter über Dokumentation → Veröffentlichungen/Beschlüsse → Bildung/Schule → Allgemeine Bildung → Primarstufe).

Sekretariat der Ständigen Konferenz der Kultusminister der Länder der Bundesrepublik Deutschland (2007): Sonderpädagogische Förderung: Grundsätze zur Förderung von Schülerinnen und Schülern mit besonderen Schwierigkeiten im Lesen und Rechtschreiben oder im Rechnen. Beschluss der Kultusministerkonferenz vom 04.12.2003 i. d. F. vom 15.11.2007 (www.kmk.org, weiter über Dokumentation → Veröffentlichungen/Beschlüsse → Bildung/Schule → Allgemeine Bildung → Sonderpädagogische Förderung).

Sekretariat der Ständigen Konferenz der Kultusminister der Länder der Bundesrepublik Deutschland (2010): Förderstrategie für leistungsschwächere Schülerinnen und Schüler. Beschluss der Kultusministerkonferenz vom 04.03.2010. Köln: Wolters Kluwer. www.kmk.org/dokumentation/veroeffentlichungen-beschluesse/bildung-schule/qualitaetssicherung-in-schulen.html (Abruf 27.06.2012).

Shaywitz, S.: (2003): Overcoming Dyslexia. A new and complete science-based program for reading problems at any level. New York: A. Knopf.

Sirch, K. (1975): Der Unfug mit der Legasthenie. Stuttgart: Klett.

Spitta, G. (1977): Die leidigen diktate. 10 thesen zu ihrer allmählichen überwindung. In: Spitta, G. u. a. (Hrsg.): Rechtschreibunterricht. Braunschweig: Westermann, S. 203–209.

Spitta, G. (2000): Mit Eigendiktaten zum selbstbewussten richtigen Schreiben. In: Valtin, R. (Hrsg.): Rechtschreiben lernen in den Klassen 1–6. Frankfurt/M.: Grundschulverband, S. 92–96.

Spitzer, M. (2003): Lernen. Gehirnforschung und die Schule des Lebens. Heidelberg: Spektrum Akad. Verlag.

Stern, E. (2003): Neurodidaktik: Rezepte statt Rezeptoren. In: Die Zeit vom 25.09.2003. www.zeit.de/2003/40/Neurodidaktik2 (Abruf 22.05.2013).

Stern, E./Klippert, H. (2007): Lernen lernen – wie stricken ohne Wolle? Ein Streitgespräch. In: Endres, W. (Hrsg.): Lernen lernen – wie Stricken ohne Wolle? Weinheim und Basel: Beltz, S. 11–19.

Stolz, N. (2012): Der Computer: Freund und Helfer. In: Grundschule H. 2/2012, S. 27–28.

Suchodoletz, W. v. (Hrsg.) (2003a): Therapie der Lese-Rechtschreib-Störung (LRS). Stuttgart: Kohlhammer.

Suchodoletz, W. v. (2003b): Ein Fazit. In: Suchodoletz, W. v. (Hrsg.): Therapie der Lese-Rechtschreib-Störung (LRS). Stuttgart: Kohlhammer, S. 257–273.

Suchodoletz, W. v. (2003c): Alternative Therapieangebote im Überblick. In: Suchodoletz, W. v. (Hrsg.): Therapie der Lese-Rechtschreib-Störung (LRS). Stuttgart: Kohlhammer, S. 161–256.

Süselbeck, G. (1993): Abschreiben. In: Grundschule, H. 5/1993, S. 52–56.

Tarelli, I./Valtin, R./Bos, W./Bremerich-Vos, A./Schwippert, K. (2012): IGLU 2011: Wichtige Ergebnisse im Überblick. In: Bos, W./Tarelli, I./Bremerich-Vos, A./Schwippert, K. (Hrsg.): IGLU 2011. Lesekompetenzen von Grundschulkindern in Deutschland im internationalen Vergleich. Münster: Waxmann, S. 11–25.

Theis, E. (2012): Interview mit dem Generalsekretär der KMK. In. Die Zeit vom 14.01.2012.

Thoma, L. (1983): Josef Filsers Briefwexel. 16. Auflage. München: dtv.

Topsch, W. (2005): Grundkompetenz Schriftspracherwerb. Weinheim und Basel: Beltz.

Trubek, A. (2010): Die Handschrift ist eine unnatürliche Art zu schreiben. NZZ am Sonntag vom 10.01.2010 (online unter www.nzz.ch → Archiv) (Abruf 03.06.2013).

UNESCO (2011): Weltbildungsbericht. www.unesco.de/alphabetisierung.html (Abruf 10.01.2012).

Urban, H./Naegele, I. (2001): »Das ist dir vielleicht auch pasiert« – Freies Schreiben mit lese-rechtschreibschwachen Kindern. In: Naegele, I./Valtin, R. (Hrsg.): LRS – Legasthenie in den Klassen 1–10. Band 2: Schulische Förderung und außerschulische Therapien. 2. Auflage. Weinheim und Basel: Beltz, S. 140–145.

Vahle, F. (2012): Die schönsten Lieder von Fredrik Vahle. Mannheim: Sauerländer.

Valtin, R. (1975): Ursachen der Legasthenie: Fakten oder Artefakte? In: Zeitschrift für Pädagogik, Nr. 3, S. 407 ff. (Reprint in Hofmann, B./Sasse, A. (Hrsg.) (2006): Legasthenie – Lese-Rechtschreibstörungen oder Lese-Rechtschreibschwierigkeiten. Berlin: DGLS, S. 61–76).

Valtin, R. (1978): Legasthenie – ein überholtes Konzept. In: Deutsche Forschungsgemeinschaft (Hrsg.): Zur Lage der Legasthenieforschung. Mitteilungen 1. Boppard: Boldt, S. 27–33.

Valtin, R. (1997): Stufen des Lesen- und Schreibenlernens. Schriftspracherwerb als Entwicklungsprozeß. In: Haarmann, D. (Hrsg.): Grundschule Band 2. Fachdidaktik: Inhalte und Bereiche grundlegender Bildung. 3. Auflage. Weinheim und Basel: Beltz, S. 76–88.

Valtin, R. (2000): Ein Entwicklungsmodell des Rechtschreibens. In: Valtin, R. (Hrsg.): Rechtschreiben lernen in den Klassen 1–6. Grundlagen und didaktische Hilfen. Frankfurt/M.: Grundschulverband, S. 17–22.

Valtin, R. (2001a): Von der klassischen Legasthenie zu LRS – notwendige Klarstellungen. In: Naegele, I./Valtin, R. (Hrsg.): LRS – Legasthenie in den Klassen 1–10. Band 2:

Schulische Förderung und außerschulische Therapien. 2. Auflage. Weinheim und Basel: Beltz, S. 16–35.

Valtin, R. (2001b): Schwierigkeiten beim Schriftspracherwerb. In: Naegele, I./Valtin, R. (Hrsg.): LRS – Legasthenie in den Klassen 1–10. Band 2: Schulische Förderung und außerschulische Therapien. 2. Auflage. Weinheim und Basel: Beltz, S. 48–63.

Valtin, R. (2001c): Die Theorie der kognitiven Klarheit – Das neue Verständnis von Lese-Rechtschreib-Schwierigkeiten. In: Akademie der Lehrerfortbildung: Lese-Rechtschreib-Schwierigkeiten. 2., erw. Auflage. Donauwörth: Auer, S. 19–44.

Valtin, R. (2003): Empirische Befunde zu Fördermöglichkeiten bei LRS. In: Naegele, I./Valtin, R. (Hrsg.): LRS – Legasthenie in den Klassen 1–10. Handbuch der Lese-Rechtschreibschwierigkeiten. Band 1: Grundlagen und Grundsätze der Lese-Rechtschreib-Förderung. 6. vollst. Neubearb. Weinheim und Basel: Beltz, S. 42–44.

Valtin, R. (2006a): Förderung von Kindern mit Schwierigkeiten beim Schriftspracherwerb (LRS). In: Sasse, A./Hofmann, B. (Hrsg.): Legasthenie – Lese-Rechtschreibstörungen oder Lese-Rechtschreibschwierigkeit? Berlin: DGLS, S. 127–148.

Valtin, R. (2006b): Der medizinische Ansatz der Legasthenie und seine Problematik. In: Sasse, A./Hofmann, B. (Hrsg.): Legasthenie – Lese-Rechtschreibstörungen oder Lese-Rechtschreibschwierigkeit? Berlin: DGLS, S. 44–58.

Valtin, R. (2008a): Lernwege beobachten. In: Lese-Rechtschreibschwierigkeiten im weiterführenden Unterricht. Deutsch differenziert H. 3/2008, S. 9 + M1–6 auf CD.

Valtin, R. (2008b): Entwicklungsmodell für das Lesen- und Schreibenlernen. In: Naegele, I./Valtin, R. (Hrsg.): Das schaffe ich! Handreichung A+B. Braunschweig: Schroedel, S. 16–18.

Valtin, R. (2009a): Zehn Rechte der Kinder auf Lesen und Schreiben. Wie gut werden sie in Deutschland verwirklicht? In: Hofmann, B./Valtin, R. (Hrsg.): Projekte, Positionen, Perspektiven. 40 Jahre DGLS. Berlin: DGLS, S. 30–53.

Valtin, R. (2009b): Neues zur Diskussion um Legasthenie und LRS. www.dgls.de → Downloads → Publikationen → Stellungnahmen → Neues zur Diskussion um Legasthenie und LRS (Abruf 29.05.2012).

Valtin, R. (2009c): Brauchen wir die Legasthenie? www.dgls.de → Downloads → Publikationen → Renate Valtin – Brauchen wir die Legasthenie? (Abruf 14.03.2013).

Valtin, R. (2010): Phonologische Bewusstheit – eine notwendige Voraussetzung beim Lesen- und Schreibenlernen? Leseforum.ch 2/2010. www.leseforum.ch2/2010 (Abruf 07.08.2012).

Valtin, R. (2011): Die neuen PISA-Ergebnisse – ein Grund zur Freude? Stellungnahme für die Deutsche Gesellschaft für Lesen und Schreiben. www.dgls.de → Downloads → Publikationen → Stellungnahmen → PISA 2009. Stellungnahme – Valtin (Abruf 25.06.2013).

Valtin, R./Naegele, I. (Hrsg.) (1994a): Schreiben ist wichtig! Grundlagen und Beispiele für kommunikatives Schreiben(lernen). 4. Auflage. Frankfurt/M.: Arbeitskreis Grundschule.

Valtin, R./Naegele, I. (1994b): Nicht nachahmenswert – Negative Beispiele aus Rechtschreibmaterialien. In: Naegele/Valtin: Rechtschreibunterricht in den Klassen 1–6. 3., überarb. Auflage. Frankfurt/M.: Arbeitskreis Grundschule, S. 117–126.

Valtin;R./Naegele, I. (2000): Kriterien zur Beurteilung von Rechtschreibmaterialien und Lernsoftware. In: Valtin, R. (Hrsg.): Rechtschreiben lernen in den Klassen 1–6. Grundlagen und didaktische Hilfen. Frankfurt/M.: Grundschulverband, S. 144–145.

Valtin, R./Naegele, I. (2006a): Lese-Rechtschreibschwierigkeiten vermeiden. In: Deutsch differenziert H. 3/2006, S. 10–12.

Valtin, R./Naegele, I. (2006b): Lernwege beobachten. In: Deutsch differenziert H. 3/2006, S. 9.

Valtin, R./Naegele, I./Sasse, A. (2013): Wie sollte ein erfolgreiches LRS-Material aussehen? Theoretische Grundlagen und ein praktisches Beispiel: »Das schaffe ich!« In: Hellmich, F./Siekmann, K. (Hrsg.): Sprechen, Lesen und Schreiben lernen. Erfolgreiche Konzepte der Sprachförderung. Berlin: DGLS, S. 200–2014.

Valtin, R./Naegele, I./Thomé, G. (2000): Nicht nachahmenswert – Vier Ärgernisse in Rechtschreibmaterialien. In: Valtin, R. (Hrsg.): Rechtschreiben lernen in den Klassen 1–6. Grundlagen und didaktische Hilfen. Frankfurt/M.: Grundschulverband, S. 154–158.

Valtin, R./Löffler, I./Meyer-Schepers, U./Badel, I. (2004): Orthographische Kompetenzen von Schülerinnen und Schülern der vierten Klasse im Vergleich der Länder. In: Bos, W./Lankes, E. M./Schwippert, K./Valtin, R./Walther, G. (Hrsg.): IGLU – Einige Länder der Bundesrepublik Deutschland im nationalen und internationalen Vergleich. Münster: Waxmann, S. 141–164.

Valtin, R./Bos, W./Buddeberg, I./Goy, M./Potthoff, B. (2008): Lesekompetenzen von Schülerinnen und Schülern am Ende der vierten Jahrgangsstufe im nationalen und internationalen Vergleich. In: Bos, W./Hornberg, S./Arnold, K. H./Faust, G./Fried, L./Lankes, E. M./Schwippert, K./Valtin, R. (Hrsg.): IGLU-E. Die Länder der Bundesrepublik Deutschland im nationalen und internationalen Vergleich. Münster: Waxmann, S. 51–101.

Valtin, R./Hornberg, S./Buddeberg, M./Voss, A./Kowoll, M. E./Potthoff, B. (2010): Schülerinnen und Schüler mit Leseproblemen – eine ökosystematische Betrachtungsweise. In: Bos, W./Arnold, K. H./Hornweg, S./Faust, G./Fried, L./Lankes, E. M./Schwippert, K./Tarelli, I./Valtin, R. (Hrsg.): IGLU 2006 – Die Grundschule auf dem Prüfstand. Münster: Waxmann, S. 44–90.

Velden, M. (2005): Biologismus – Folge einer Illusion. Göttingen: V & R unipress.

Vygotskij, L. S. (2002): Denken und Sprechen. Lompscher, J./Rückriem, G. (Hrsg.): Weinheim und Basel: Beltz.

Wagner, I. (1981/2001): Aufmerksamkeitstraining mit impulsiven Kindern. Frankfurt/M.: Ullstein/Eschborn: Klotz.

Wang, S. S. (2013): CT Scans on Children worry Experts. In: Wall Street Journal vom 11.06.2013, S. A1–A2.

Warwel, K. (1981): Rechtschreibmaterialien – Rote Karte! In: Naegele, I./Haarmann, D./Rathenow, P./Warwel, K. (Hrsg.): Lese- und Rechtschreibschwierigkeiten. Orientierungen und Hilfen für die Arbeit mit Grundschülern. Weinheim und Basel: Beltz, S. 69–74.

Warwel, K. (1983): Versäumte Rechtschreiblektionen. In: Naegele/Portmann (Hrsg.): Lese- und Rechtschreibschwierigkeiten in der Sekundarstufe I. Weinheim und Basel: Beltz, S. 106–113.

Weber, J. M./Marx, P./Schneider, W. (2001): Legastheniker und allgemein lese-rechtschreibschwache Kinder. Ein Vergleich bezüglich Verursachungsfaktoren und Therapierbarkeit. In: Fölling-Albers, M./Richter, S./Brügelmann, H./Speck-Hamdan, A. (Hrsg.): Jahrbuch Grundschule III: Fragen der Praxis-Befunde der Forschung. Frankfurt/M.: Grundschulverband, S. 185–191.

Weigt, R. (1994): Lesen- und Schreibenlernen kann jeder!? Methodische Hilfen bei Lese-Rechtschreib-Schwäche. Neuwied: Luchterhand.
Weinert, F. E. (1980): Lernübertragung. In: Weinert, F. E./Graumann, C. F./Heckhausen, H./Hofer, M. u. a.: Funk-Kolleg Pädagogische Psychologie 2. Frankfurt/M.: Fischer, S. 685–709.
Wendlandt, W. (2002): Entspannung im Alltag. Ein Trainingsbuch. 2. Auflage. Weinheim und Basel: Beltz.
Wikipedia.org/wiki/legasthenie (Abruf 15.04.2013).
Zangerle, H. (2001): Angebote des Psycho-Marktes. Kritische Sichtung und Wertung. In: Naegele, I./Valtin, R. (Hrsg.): LRS – Legasthenie in den Klassen 1–10. Band 2: Schulische Förderung und außerschulische Therapien. 2. überarb. Auflage. Weinheim und Basel: Beltz, S. 194–203.
Zimdars, K./Zink, S. (2003): Computergestützte Trainingsverfahren. In: Suchodoletz, W. v. (Hrsg.): Therapie der Lese-Rechtschreib-Störung (LRS). Traditionelle und alternative Behandlungsmethoden im Überblick. Stuttgart: Kohlhammer, S. 55–78.
Zimmermann, G. (1983): Förderung an einer Hauptschule mit integrierter Förderstufe. In: Naegele, I./Portmann, R. (Hrsg.): Lese- und Rechtschreibschwierigkeiten in der Sekundarstufe I. Weinheim und Basel: Beltz, S. 77–84.
Zimmermann, K. R. (2011): Jedes Kind kann rechnen lernen. 2. korr. Auflage. Weinheim und Basel: Beltz.
Zwicker, J. G. (1990): Effectiveness of Occupational Therapy in Remediating Handwriting Difficulties in Primary Students: Cognitive versus Multisensory Interventions. Magisterarbeit University Viktoria/Australien. (unter Name und Titel als pdf in google abrufbar; Abruf 29.06.2013).

Die Leseempfehlung für Eltern zum Thema LRS

Ingrid Naegele
Jedes Kind kann lesen und schreiben lernen
LRS, Legasthenie, Rechtschreibschwäche - Wie Eltern helfen können
2011. 144 Seiten. Broschiert.
978-3-407-22513-9

Immer mehr Eltern fragen sich, ob es sich bei den Lese- und Rechtschreibproblemen ihres Kindes um eine ganz normale Entwicklungsverzögerung handelt, die das Kind im Laufe der Zeit wieder aufholen kann, oder um Legasthenie oder LRS? Mit vielen Tipps und schulgerechten Hinweisen aus der Praxis zeigt die erfahrene Pädagogin und Autorin Ingrid Naegele, wie Eltern ihren Kindern bei Rechtschreibung und Lesen helfen können.

- Was Eltern über Lese- und Rechtschreibschwierigkeiten wissen sollten
- Wie können Sie Ihr Kind zu Hause unterstützen?
- Wie man die Rechtschreibung am besten übt
- Tipps für den Umgang mit der Schule
- Welche Ziele soll eine außerschulische Förderung verfolgen?

»In ihrem Buch beschreibt Ingrid Naegele Wege, den Kindern die Lust am Lesen und Schreiben zurückzugeben.« Welt am Sonntag

Beltz Verlag · Weinheim und Basel · Weitere Infos und Ladenpreis: www.beltz.de

Jedes Kind kann rechnen!

Viele Kinder tun sich schwer im Umgang mit Zahlen. Schnell heißt es dann: Dyskalkulie! Christina Buchner stellt ein Konzept vor, mit dem Kinder das Rechnen handelnd begreifen. Mit den vielen Übungen und Beispielen in diesem Buch machen Sie allen Kindern die Welt der Zahlen verständlich:

- Mathematische Klippen wie Zehnerübergang und Umkehraufgaben werden dank der Anschauungsmodelle gut bewältigt.
- Mit der Unterstützung von Fünferräubern, Schnackelfischern und Schnappi begreifen die Kinder Mathematik mit allen Sinnen.

Christina Buchner
So lernen alle Kinder rechnen
Mathelust und Denkvergnügen in den Klassen 1 und 2.
Mit Online-Materialien
2012. 272 Seiten. Broschiert.
978-3-407-62803-9

Mit Kopiervorlagen für Elternabende zum Download: Damit vermitteln Sie, wie und warum die Kinder »anders« Mathematik lernen.

Ergänzend erhältlich:
Mathematik-Arbeitsblätter für die
1. Klasse (ISBN 978-3-407-62849-7)
und 2. Klasse
(ISBN 978-3-407-62875-6)
Kopiervorlagen für Arbeitsblätter, die direkt im Unterricht eingesetzt werden können.

Beltz Verlag · Weinheim und Basel · Weitere Infos und Ladenpreis: www.beltz.de

Mentale Stärke macht Kinder bärenstark

Saskia Baisch-Zimmer,
Gabriele A. Petrig
Kinder-Mentaltraining
Kinder für das Leben stärken.
Mit vielen Übungen und
»Bärenstarken Gedanken«
2011. 128 Seiten. Broschiert.
ISBN 978-3-407-62731-5

Kindern einen guten Start ins Leben ermöglichen – wer will das nicht? Die Autorinnen dieses Buches haben ein Mentaltraining entwickelt, das Kindern Zuversicht und Selbstvertrauen mit auf den Weg gibt.

Dieses Buch vermittelt pädagogischen Fachkräften, Therapeut/innen und allen, die mit Kindern zu tun haben, Grundlagen des Kindermentaltrainings und liefert ihnen viele Übungen, die sie mit Kindern ab drei Jahren durchführen können:

- Atemübungen
- Entspannungsübungen
- Körperwahrnehmungsübungen
- Fantasiereisen
- Konzentrationsübungen

Mit diesen Übungen lernen Kinder, ihr Denken, ihre Gefühle, ihre Atmung und ihre Handlungen bewusst zu beeinflussen. So entstehen Zufriedenheit, Selbstvertrauen und ein positives Selbstbild.

Ferner erhalten Pädagog/innen umfangreiches Material zum Einsatz der Affirmationskarten »Bärenstarke Gedanken«.

Beltz Verlag · Weinheim und Basel · www.beltz.de

Jugendliche fürs Leben stärken

GabrieleA Petrig/
Saskia Baisch-Zimmer
Mentaltraining für Jugendliche
Übungen zur Stärkung der Persönlichkeit zum Einsatz in Schule und Jugendarbeit
2013. 144 Seiten. Broschiert.
978-3-407-62826-8

Der Glaube an sich selbst und die eigenen Fähigkeiten ist für Jugendliche eine wichtige Voraussetzung, um den Herausforderungen des Alltags gerecht zu werden und voller Vertrauen in die Zukunft zu blicken.
Die Autorinnen haben ein erprobtes ganzheitliches Mentaltraining für Jugendliche (ab ca. 12 Jahren) entwickelt, das Schüler/innen dazu befähigt, diese Kompetenzen in schwierigen Situationen eigenständig und bewusst abzurufen. Das Mentaltraining kann ohne besondere Vorkenntnisse angewandt werden. Das Buch enthält zahlreiche Übungen, die auch in Vertretungsstunden eingesetzt werden können.
- Atemübungen
- Entspannungs-, Imaginations- und Visualisierungsübungen
- Fantasiereisen zur Förderung der Konzentration,
- für die Stärkung des Selbstbewusstseins,
- zur Erreichung von Zielen
- Glaubenssätze, Affirmationen
- Übungen für die Körperhaltung

Saskia Baisch-Zimmer
Bärenstarke Gedanken
Affirmationskarten für jede Gelegenheit
2011. 55 Karten mit Booklet
978-3-407-62733-9

BELTZ

Beltz Verlag · Weinheim und Basel · Weitere Infos und Ladenpreis: www.beltz.de